顾问：纪志宏　谢多

中国资产证券化市场发展报告

CHINA ASSET SECURITIZATION MARKET
DEVELOPMENT REPORT 2018

2018

冯光华　等编著

中国金融出版社

责任编辑：王雪珂
责任校对：孙　蕊
责任印制：程　颖

图书在版编目（CIP）数据

中国资产证券化市场发展报告2018（Zhongguo Zichan Zhengquanhua Shichang Fazhan Baogao 2018）/冯光华等编著.—北京：中国金融出版社，2018.7

ISBN 978 - 7 - 5049 - 9559 - 9

Ⅰ.①中…　Ⅱ.①冯…　Ⅲ.①资产证券化—研究报告—中国—2018　Ⅳ.①F832.51

中国版本图书馆CIP数据核字（2018）第086922号

出版	中国金融出版社
发行	

社址　北京市丰台区益泽路2号
市场开发部　　（010）63266347，63805472，63439533（传真）
网上书店　http://www.chinafph.com
　　　　　　（010）63286832，63365686（传真）
读者服务部　　（010）66070833，62568380
邮编　100071
经销　新华书店
印刷　北京侨友印刷有限公司
装订　平阳装订厂
尺寸　169毫米×239毫米
印张　21.25
字数　275千
版次　2018年7月第1版
印次　2018年7月第1次印刷
定价　56.00元
ISBN 978 - 7 - 5049 - 9559 - 9
如出现印装错误本社负责调换　联系电话（010）63263947

编委会

顾　　问：纪志宏　谢　多
主　　编：冯光华
副 主 编：任东旭
编委会成员：彭向东　冯　翔　胡晓和　高　飞　董　静
　　　　　　樊立新　RALPH WU

编写组

编写组成员(按姓氏笔画排序):

于 潇　王二鹏　王令哲　王夏妮　申 海

冯 帆　伦 杭　李 宁　李 欣　张 博

张子春　张昭蓉　郑玉玲　侯宁嬿　曾 辉

序 一

自2005年国务院批准人民银行牵头开展信贷资产证券化试点以来，我国信贷资产证券化市场发展实践已走过十余年。在此过程中，资产证券化市场稳步发展，市场发行规模逐年增长，市场运行机制日趋完善，产品设计不断规范，投资主体日益多元，二级市场流动性有所改善，市场总体保持持续健康发展。近年来，伴随全面深化改革的纵深推进和供给侧结构性改革的全面铺开，中国经济运行整体缓中趋稳、稳中向好，但仍面临防范和处置重点领域金融风险的艰巨任务。面对经济发展步入提质、增效、转型的新常态，资产证券化在盘活存量资产、服务实体经济、助推经济结构转型升级等方面开始发挥积极作用。2017年，我国共发行信贷资产支持证券134只，发行规模达5 977.29亿元，分别较上年增长了24.07%和52.92%，信贷资产证券化市场持续健康有序发展。

近年来，人民银行以完善市场管理体制为切入点，坚持市场化、规范化、透明化的改革方向，不断优化监管思路、完善监管政策，调整资产证券化风险自留管理，推动"储架式"发行形式落地，增强市场透明度，助力信贷资产证券化市场的持续健康发展。一系列政策的落地实施极大提升了发行管理效率、激活了参与机构能动性和创造性，为信贷资产证券化业务打开了广阔的发展空间。总体而言，2017年我国资产证券化市场继续呈现稳步增长、创新迭出的发展态势。一是市场规模持续上升。资产证券化市场存量超过万亿元，信贷资产支持证券发行数量和规模较上年均有大幅增长。二是基础资产类型不断丰富，标准化程度显著提升。2017年，个人住房、个人汽车、个人消费等标准化程度较高的零售类贷款资产支持证券的发行数量和发行规模均大幅上升，其中个人住房抵押贷款资产支持证券发行规模跃居首位，发行规模占比约为28.57%，个人汽车抵押贷款资产支持证券发行数量跃居首位，发行数量占比约为23.88%；企业贷款资产支持证券发行规模和数量均有所下降。三是交易结构多元化。证券端涵盖了不同的证券期限、不同的证券偿付方式、不同的证券利率设置，为投资者提供了满足不同期限偏好、风险偏好的投资产品，丰富了债券市场的投资品种。四是不良资产证券化试点稳步推进。2016年初国务院批准开展不良资产证券化试点以来，人民银行会同相关部门严格按照国务院相关部署，不断完善制度框架，积极推进试点进程，取得阶段性成效。截止2017年末，累计发行33单不良资产证券化产品，发行规模286亿元。目前不良资产证券化产品基础资产类型已覆盖公司类不良、个人消费不良、个人经营性不良、个人住房不良等银行主要不良贷款类型，拓宽不良资产投资者范围、提升价格发现功能等作用逐步显现，市场接受和认可度不断提高。

  2018年，随着供给侧结构性改革的深入，资产证券化在盘活存量资源、降低杠杆率、助推经济结构转型升级方面的作用也日益突出。但与此同时，我国资产证券化发展的市场需求强烈，出现了各种不规范的现象，也暴露出一些问题，对市场化约束机制和投资者成熟度提出了较高要求。未来，应继续坚持市场化改革方向，按照真实出售、破产隔离原则，统一标准、信息共享，加强监管、防范风险，以及不搞"再证券化"等原则，完善市场运行机制，充分发挥信息披露、信用评级等市场化约束作用，提高产品标准化、规范化、透明化程度，不断扩大试点规模，加强投资者培育，做好风险防范，推进资产证券化市场健康规范发展。

此次，中债资信发布《中国资产证券化市场发展报告2018》（中国资产证券化白皮书），梳理了2017年中国资产证券化政策、市场发行及运行情况，分析了消费贷ABS、RMBS及不良资产证券化等主要产品类型，介绍了金融科技、产品投资价值纵览等市场热点专题，与各方共享研究成果，有助于为相关机构对若干重大问题进行思索和探讨提供建设性参考。希望本书对于资产证券化市场的发展有所裨益，也希望在市场各方的共同努力下，我国资产证券化市场持续平稳健康发展。

纪志宏
中国人民银行金融市场司司长
2018年6月

序 二

2017年，我国资产证券化市场继续稳步增长，在坚持稳中求进的工作总基调指导下，资产证券化逐步发挥盘活存量资产、提高资金配置效率、服务实体经济的作用。2017年银行间市场共发行信贷资产支持证券134只，发行规模达到5 977.29亿元，同比增长52.93%。资产支持票据的注册和发行规模也呈增长态势，2017年共计38家企业注册发行资产支持票据，注册规模达1 596.20亿，发行规模为574.95亿，分别较去年增长6.38倍和2.45倍。在监管部门、自律组织、市场主体等各方的共同努力下，资产证券化市场发行规模不断上升，基础资产类型逐步多样，发起机构不断丰富，投资主体更加多元，市场发展逐步常态化。

信贷资产证券化是实现金融资源优化配置、"用好增量、盘活存量"、提升金融服务实体经济发展能力的重要工具，是鼓励金融创新、完善多层次资本市场的有效手段。我国银行间资产证券化市场在其发展过程中，坚持市场化理念，引入注册发行制度，以发行人信息披露为核心，投资者风险自担为前提，中介机构尽职履责为基础，市场自律管理为保障，激发了债券市场的内生活力。2015年4月人民银行推出了注册制，鼓励一次注册多次发行；2015年至2016年，协会先后发布了《个人住房抵押贷款资产支持证券信息披露指引（试行）》《不良贷款资产支持证券信息披露指引（试行）》等多项信息披露指引及配套表格体系。以上政策措施的推出，在规范信贷资产支持证券信息披露行为，提高证券化业务透明度，维护投资者合法权益等方面发挥了积极的作用。

交易商协会自成立以来，在人民银行的指导下，始终秉持"自律、创新、服务"的宗旨，不断推动金融市场创新发展和制度规范。为促进资产证券化市场的创新规范发展，协会在信贷资产领域之外也进行了有益探索。2017年10月，协会发布了《非金融企业资产支持票据指引（修订稿）》及配套表格体系，并成功注册银行间首单绿色资产支持票据、首单PPP资产支持票据。以上创新举措的推出，较有效地推动了银行间市场非金融企业资产证券化业务的发展，发挥了债务融资工具对创新重点领域的投融资作用，有利于盘活存量资金，以更好地支持实体经济的发展。

总的来看，随着资产证券化市场的发展壮大，资产证券化产品得到了市场各方越来越多的关注。为了记录我国资产证券化产品本土化发展的过程，中债资信推出《中国资产证券化市场发展报告2018》（中国资产证券化白皮书），对已经过去的2017年资产证券化市场进行了较为全面的梳理，概述了目前ABS市场的运行概况，对重点产品类型及前沿技术领域等进行了专题论述，并对未来资产证券化市场进行了展望。内容较为丰富且具有较强的专业性，有助于为证券化市场的各类参与者提供有益参考，也有助于提升社会公众对证券化市场的认知。2018年将是贯彻落实十九大会议精神、深化改革开放的攻坚年，相信在监管部门、自律组织和市场参与者等各方的共同努力下，资产证券化市场可以迎来更加稳健蓬勃的发展。

谢多

中国银行间市场交易商协会执行副会长、秘书长

2018年6月

目录 CONTENTS

第一篇 市场运行情况 …… 1

第一章 资产证券化政策与制度梳理 …… 2
一、国家层面 …… 2
二、市场层面 …… 4
三、地方层面 …… 8

第二章 资产证券化市场发行及运行情况 …… 10
一、信贷资产支持证券发行及运行情况 …… 10
二、资产支持专项计划发行及运行情况 …… 36
三、资产支持票据发行情况 …… 43
四、资产支持计划发行情况 …… 44

第三章 资产证券化基础资产与交易结构 …… 46
一、基础资产特征分析 …… 46
二、交易结构特征分析 …… 71

第四章 资产证券化参与机构概览 …… 79
一、信贷资产支持证券 …… 79
二、资产支持专项计划 …… 85
三、资产支持票据 …… 90
四、资产支持计划 …… 96

第二篇　重点领域专题·· 99

第一章　消费贷资产证券化专题····································· 100
一、消费金融行业分析·· 100
二、消费金融行业参与主体及运营模式分析··························· 107
三、消费贷资产支持证券信用风险分析······························· 130

第二章　个人住房抵押贷款资产证券化专题··························· 144
一、RMBS产品分析·· 144
二、RMBS市场发展的现状总结和问题建议····························· 166

第三章　不良资产证券化专题······································· 176
一、不良资产证券化市场总体概况··································· 176
二、不良资产证券化新特点·· 184
三、存续期表现回顾·· 194

第四章　REITs专题·· 222
一、REITs概况··· 222
二、REITs的结构与特征·· 226
三、类REITs的评级·· 238
四、国内REITs产品案例分析·· 245
五、国内REITs未来发展展望·· 251

第五章　Fintech专题·· 260
一、金融科技发展概况·· 261
二、金融科技在资产证券化领域的应用······························· 266
三、金融科技在ABS领域应用的国际经验······························ 269
四、金融科技在ABS领域应用的国内实践······························ 273

第六章　ABS市场产品投资价值专题·································· 282
一、ABS产品收益分析·· 282
二、ABS产品信用风险分析·· 291

第三篇　资产证券化展望 ... 309

第一章　资产证券化政策展望 ... 310
　　一、监管政策余热开启资产证券化市场新态势 ... 310
　　二、相关政策将更加细化和有针对性 ... 312
　　三、制度和规则建设将进一步优化 ... 313

第二章　资产证券化产品展望 ... 314
　　一、不良资产证券化发行量将进一步增加 ... 314
　　二、租赁市场将迎来更大的机会 ... 315
　　三、PPP资产支持证券将有序开展 ... 315
　　四、消费金融ABS将持续规范发展 ... 316

第三章　资产证券化市场展望 ... 318
　　一、资产证券化的发行规模将进一步扩大 ... 318
　　二、资产证券化产品将逐渐成为我国债券市场组成部分之一 ... 319
　　三、企业资产证券化将在银行间市场进一步扩升 ... 320
　　四、资产证券化一级、二级市场的投资将更加成熟 ... 321
　　五、市场风险逐步显现，信用风险管理仍受关注 ... 322
　　六、Fintech技术在资产证券化产品中的应用进一步成熟 ... 323

第一篇

市场运行情况

第一章　资产证券化政策与制度梳理

2017年，我国资产证券化市场继续稳步增长，在坚持稳中求进的工作总基调指导下，资产证券化逐步发挥盘活存量资产、提高资金配置效率、服务实体经济的作用。同时为贯彻落实党中央、国务院关于"打好防范化解重大风险攻坚战"的工作部署，相关部门围绕防范金融风险出台多项监管指导意见，打击违法违规金融活动，加强薄弱环节监管制度建设，有序推进资产证券化市场持续健康发展。在监管部门、自律组织、市场主体等各方的共同努力下，资产证券化市场发行规模不断上升，创新品种层出不穷，基础资产类型逐步多样，发起机构不断丰富，投资主体更加多元，市场发行逐步常态化。

一、国家层面

积极发挥资产证券化在服务供给侧结构性改革方面的作用，以强化金融监管为导向、以守住不发生系统性金融风险为底线，推动资产证券化市场有序发展，鼓励发展社会资本合作（PPP）资产支持证券、绿色资产支持证券等创新资产证券化产品，促进形成金融和实体经济的良性循环，推动建立融资功能完备、基础制度扎实、市场监管有效、投资者合法权益得到有效保护的资产证券化市场体系。

2017年，是实施"十三五"规划的重要一年。伴随全面深化改革的纵深推进和供给侧结构性改革的全面铺开，中国经济运行整体缓中趋稳、稳中向好，但仍面临防范和处置重点领域金融风险的艰巨任务。面对经济发展步入提质、增效、转型的新常态，资产证券化作为拓展金融体系"宽度"的创新手段，不仅正逐渐成为债券市场深化发展的重要"助推器"，更充实了"用好增量、盘活存量"的市场"工具箱"。为贯彻落实党中央、国务院关于"稳增长、调结构、促改革、惠民生、防风险"的政策精神，积极发挥资产证券化在服务实体经济、推动经济高质量发展中的积极作用，2017年李克强总理在政府工作报告中明确提出"促进企业盘活存量资产，推进资产证券化"，国务院、国家发展改革委、中国人民银行、财政部、银监会、证监会等也先后出台了《关于2017年深化经济体制改革重点工作的意见》（国发〔2017〕27号）、《关于规范开展政府和社会资本合作项目资产证券化有关事宜的通知》（财金〔2017〕55号）、《中国证监会关于支持绿色债券发展的指导意见》（证监会公告〔2017〕6号）、《关于深入推进农业领域政府和社会资本合作的实施意见》（财金〔2017〕50号）、《关于在人口净流入的大中城市加快发展住房租赁市场的通知》（建房〔2017〕153号）和《国家技术转移体系建设方案》（国发〔2017〕44号）等相关指导意见，进一步明确了资产证券化在实现不良资产处置、推进城市基础设施建设、服务工业增效升级、培育发展住房租赁市场、优化信贷资源配置等方面的市场发展方向。

表1　2017年国家层面资产证券化相关政策梳理

时间	政策文件	主要内容
2017年3月2日	《中国证监会关于支持绿色债券发展的指导意见》（证监会公告〔2017〕6号）	对绿色公司债券、绿色产业项目作出界定，明确申报受理及审核实行"专人对接，专项审核"，适用"即报即审"政策，并明确发行绿色资产支持证券参照绿色公司债券相关要求执行。
2017年4月18日	国务院批转发改委《关于2017年深化经济体制改革重点工作的意见》（国发〔2017〕27号）	深化多层次资本市场改革任务，在严格控制试点规模和审慎稳妥前提下，稳步扩大银行不良资产证券化试点参与机构范围。
2017年5月31日	财政部和农业部联合发文《关于深入推进农业领域政府和社会资本合作的实施意见》（财金〔2017〕50号）	引导社会资本积极参与农业领域PPP项目投资、建设、运营，开展农业PPP项目资产证券化试点。

续表

时间	政策文件	主要内容
2017年6月7日	《财政部、中国人民银行、中国证券监督管理委员会关于规范开展政府和社会资本合作项目资产证券化有关事宜的通知》（财金〔2017〕55号）	拓宽资产证券化发行渠道，纳入人行系统各级机构及银行间市场交易商协会；拓展证券化基础资产范围，明确提出收费权、合同债权、股权可以作为基础资产，实施证券化的PPP项目类型涵盖使用者付费、政府付费、可行性缺口补助三类项目；落实风险隔离工作安排；提高项目公司股东开展证券化门槛；优先支持水务、环境保护、交通运输等公共服务行业的PPP项目开展资产证券化。
2017年7月20日	住建部、发改委、财政部等九部委联合发布《关于在人口净流入的大中城市加快发展住房租赁市场的通知》（建房〔2017〕153号）	加大对住房租赁企业的金融支持力度，拓宽直接融资渠道，支持发行企业债券、公司债券、非金融企业债务融资工具等公司信用类债券及资产支持证券，专门用于发展住房租赁业务。鼓励地方政府出台优惠政策，积极支持并推动发展房地产投资信托基金（REITs）。
2017年9月26日	国务院印发《国家技术转移体系建设方案》（国发〔2017〕44号）	加快建设和完善国家技术转移体系，开展知识产权证券化融资试点。

二、市场层面

坚持"促发展"和"防风险"相协调的理念，推动资产证券化市场持续健康发展。一方面拓宽证券化产品基础资产范围、丰富证券投资品种、扩展证券投资主体外延，支持资产支持专项计划、资产支持票据（ABN）在交易所市场和银行间市场规范化、创新化发展，促进形成金融和实体经济、金融体系内部的良性循环；另一方面整顿私募资产证券化、"现金贷"等业务乱象，坚决打击违法违规金融活动，加强薄弱环节监管制度建设，打好防范化解重大金融风险攻坚战。

1. 信贷资产证券化

2017年，信贷资产证券化市场发行规模稳步增长，监管机制日趋完善，产品设计不断规范，投资主体日益多元，二级市场流动性有所改善，市场总体保持持续健康发展。为服务供给侧结构性改革大局，贯彻落实"防范化解重大风险"重点工作，相关部门不断优化监管思路、完善监管政策，坚持"促发展"和"防风险"相协调的理念，先后出台了《中国银监会办公厅关于开展银行业"监管套利、空转套利、关联套利"专项治理工作的通知》（银监办发〔2017〕46号）、《中国银监会关于银行业风险防控工作的指导意见》（银监发〔2017〕6号）、《内地与香港债券市场互联互通合作管理暂行办法》（中国人民银行令〔2017〕第1号）等指导意见，加强重点领域风险防范和处置，坚决打击违法违规金融活动，加强薄弱环节监管制度建设，有效激发证券化市场的内生活力。伴随一系列政策的落地实施，2017年我国信贷资产支持证券基础资产类型进一步多元，与国际接轨的标准化零售类贷款资产证券化产品占比大幅提升，标准化程度显著提高；投资主体多元化趋势明显，内地与香港债券市场实现互联互通，境外投资者参与度明显提升；参与机构市场行为得到进一步规范，监管套利等金融乱象受到专项整治，信贷资产证券化市场得以稳步发展。

2. 企业资产证券化

2017年，企业资产支持专项计划发展迅速，市场规模持续增长，基础资产日趋多元，参与机构日益丰富。但是应该认识到，企业资产证券化迅速发展的同时也面临着挑战。相关部门出台了《深圳证券交易所资产支持证券挂牌条件确认业务指引》（深证上〔2017〕387号）、《关于规范整顿"现金贷"业务的通知》（整治办函〔2017〕141号）和《上海证券交易所企业应收账款资产支持证券挂牌条件确认指南》（上证发〔2017〕28号）等政策，应对市场快速发展过程中可能发生的风险。

3. 资产支持票据

2017年银行间市场交易商协会为促进资产证券化市场的创新规范发展进行了多项有益探索，成功注册了银行间首单绿色资产支持票据（ABN）和首单PPP资产支持票据（PPP-ABN）和首单商业地产抵押贷款支持票据（CMBN），积极发挥债务融资工具对创新重点领域投融资机制、推进基础设施资产证券化的支持作用，助力公共服务的质量和效率的提升。绿色

ABN拓宽ABN产品基础资产范围，满足发行主体多样化融资需求，促进绿色产业持续健康发展。PPP-ABN通过ABN对接PPP项目资产证券化需求，能够切实盘活PPP项目存量资产，丰富融资渠道，降低融资成本，提高社会资本方参与PPP项目的吸引力，有效促进PPP市场的规范化和透明度，有利于落实国家"去杠杆、降成本"政策精神，提升资本市场服务实体经济、服务新型城镇化建设的能力。

表2 2017年市场层面资产证券化相关政策梳理

分类	时间	政策文件	主要内容
信贷资产证券化	2017年3月28日	《中国银监会办公厅关于开展银行业"监管套利、空转套利、关联套利"专项治理工作的通知》（银监办发〔2017〕46号）	重点检查是否穿透各类SPV对底层资产进行资本计提和授信，严控监管套利。
	2017年4月7日	《中国银监会关于银行业风险防控工作的指导意见》（银监发〔2017〕6号）	银行业金融机构要建立贯穿债券交易各环节、覆盖全流程的内控体系，加强债券交易的合规性审查和风险控制。坚持"穿透管理"和"实质重于形式"的原则，将债券投资纳入统一授信，健全债券交易内控制度。银行业金融机构将通过特殊目的载体（SPV）、表外理财等方式开展的债券投资纳入统一监测范围，全面掌握资金真实投向和底层债券资产的基本信息、风险状况、交易变动等情况，实现准入集中、数据集中和退出集中管理，强化业务集中管理。
	2017年6月21日	中国人民银行发布《内地与香港债券市场互联互通合作管理暂行办法》（中国人民银行令〔2017〕第1号）	提出符合央行要求的境外投资者可通过"北向通"投资银行间债券市场，标的债券为可在银行间债券市场交易流通的所有券种；"北向通"没有投资额度限制；境外投资者可使用自有人民币或外汇投资；使用外汇投资的，在其投资的债券到期或卖出后，原则上应兑换回外汇；"北向通"下的资金兑换纳入人民币购售业务管理。

续表

分类	时间	政策文件	主要内容
企业资产证券化	2017年2月17日	中国证券投资基金业协会《关于PPP项目资产证券化产品实施专人专岗备案的通知》上海证券交易所《关于推进传统基础设施领域政府和社会资本合作（PPP）项目资产证券化业务的通知》《深圳证券交易所关于推进传统基础设施领域政府和社会资本合作（PPP）项目资产证券化业务的通知》	鼓励和支持符合条件的PPP项目企业及相关中介依法积极开展PPP资产证券化业务，基金业协会将落实专人专岗要求，明确并公开PPP证券化备案的详细要求；交易所将设立PPP证券化工作小组，落实专项职责。
	2017年3月3日	《深圳证券交易所资产证券化业务问答（2017年3月修订）》	围绕PPP证券化进行多项个补充：包括明确PPP资产证券化业务工作流程和要求，为PPP项目提供"即报即审、专人专审、快速反馈"的绿色审批通道，规范PPP项目现金流来源为有明确依据的政府付费、使用者付费、政府补贴等。新增融资租赁类、应收账款类、公用事业类、入园凭证类、保障房类、商业物业抵押贷款类基础资产的评审关注要点，明确分期、同类项目申报要求，完善对挂牌条件确认申请材料的要求，增加管理人和律师尽职调查内容要求，明确对财务报告有效期的要求，明确召开证券持有人会议及变更管理人应履行的程序要求，优化收益分配、信息披露业务流程等。
	2017年6月19日	《深圳证券交易所资产支持证券挂牌条件确认业务指引》（深证上〔2017〕387号）	规范资产支持证券挂牌条件，包括挂牌条件确认申请及确认程序、中止挂牌条件的特殊事项、参与主体自律管理等。
	2017年12月1日	互联网金融风险专项整治、P2P网贷风险专项整治工作领导小组办公室下发《关于规范整顿"现金贷"业务的通知》（整治办函〔2017〕141号）	明确"现金贷"业务的开展原则，开展对互联网小额贷款清理整顿工作，进一步规范银行业金融机构参与"现金贷"业务。

续表

分类	时间	政策文件	主要内容
企业资产证券化	2017年12月15日	《上海证券交易所企业应收账款资产支持证券挂牌条件确认指南》（上证发〔2017〕28号）	明确企业应收账款资产支持证券的挂牌条件，包括但不限于基础资产合格标准、基础资产池分散度要求、抽样尽调方法和标准等。

三、地方层面

多地地方政府出台相关政策鼓励资产证券化发展，市场发行规模将进一步扩大，有助于拓宽市场经济主体融资渠道，服务深化供给侧结构性改革大局，推动经济高质量发展。

2017年辽宁省、黑龙江省、吉林省、陕西省、山东省、河南省等地先后出台地方政策，鼓励有序推进开展资产证券化相关工作，基础资产范围涵盖企业应收账款、租赁债权等财产权利和基础设施、商业物业等不动产财产或财产权益。具体举措包括鼓励实体经济把符合条件的经营性资产证券化，支持金融机构开展信贷资产证券化业务，引导符合条件的房地产企业发行REITs，提高国有企业资产证券化率，支持PPP项目各参与主体依托不同权益开展资产证券化等。各地地方政府鼓励支持发展资产证券化业务，有助于发挥资产支持证券作为直接融资工具的优势，提高资金使用效率、降低社会融资成本、分散市场信用风险，拓宽符合政策导向的经济主体融资渠道，服务深化供给侧结构性改革大局，推动经济高质量发展。

表3　2017年地方层面资产证券化相关政策梳理

日期	政策文件	主要内容
2017年1月9日	《辽宁省人民政府关于印发辽宁省积极稳妥降低企业杠杆率实施方案的通知》（辽政发〔2016〕82号）	有序开展企业资产证券化。按照"真实出售、破产隔离"原则，积极开展以企业应收账款、租赁债权等财产权利和基础设施、商业物业等不动产财产或财产权益为基础资产的资产证券化业务。支持房地产企业通过发展房地产信托投资基金向轻资产经营模式转型。

续表

日期	政策文件	主要内容
2017年2月4日	《黑龙江省人民政府关于印发黑龙江省降低实体经济企业成本实施细则的通知》（黑政规〔2017〕2号）	推进实体经济经营性资产证券化。鼓励银行金融机构探索开展投贷联动试点方式支持科技创新创业企业。鼓励实体经济企业将符合条件经营性资产证券化，或通过金融租赁、融资租赁方式盘活存量资源。
2017年4月3日	《吉林省人民政府办公厅关于印发吉林省金融业发展"十三五"规划的通知》（吉政办发〔2017〕20号）	推动资产证券化创新。争取国家在吉林省开展绿色债券、基础设施证券化等创新试点，重点为交通运输、能源、水务、农业、生态旅游等建设提供资金支持。积极支持银行机构选择符合政策导向的信贷资产作为基础资产，开展信贷资产证券化业务。支持符合条件的金融机构和企业利用资产证券化融资，拓宽融资渠道，提高融资能力，扩大融资规模。鼓励商业银行探索将钢铁、水泥、煤炭等产能过剩企业的信贷资产证券化，引导符合条件的机构发行房地产投资信托基金（REITs），扩大房地产企业的融资渠道。
2017年4月27日	《陕西省人民政府办公厅关于印发2017年全省金融工作要点的通知》（陕政办发〔2017〕29号）	引进全国十大知名券商与陕西省签署战略合作协议，开展融资对接和产品对接，通过发起设立基金、开展资产证券化等方式，帮助陕西省企业灵活运用多种融资工具缓解资金瓶颈。
2017年8月28日	《中共山东省委省人民政府关于加快推动国有企业改革的十条意见》（鲁发〔2017〕17号）	加快推动国有资本向十大产业和对新旧动能转换具有支撑保障作用的重要基础设施、公共服务等领域集聚；建立支持资产证券化工作机制，2020年年底前，新增3家以上省属国企整体上市或主营业务上市，省属国企资产证券化率提高到60%以上。
2017年9月29日	《河南省财政厅、河南省政府金融办、人民银行郑州中心支行、河南证监局关于支持开展PPP项目资产证券化的通知》（豫财金〔2017〕64号）	支持PPP项目各参与主体依托不同权益开展资产证券化，项目公司作为发起人，可以能够给项目带来现金流的收益权、合同债权为基础资产；项目公司股东作为发起人，在PPP合同约定范围内和项目建成运营2年后，可以能够带来现金流的股权为基础资产；项目公司各类债权人作为发起人，可以合同债权、收益权等作为基础资产。同时，PPP项目资产证券化发起人在向发行主管部门提交申请前，可自主向省财政厅和行业主管部门提出推荐申请。省财政会同行业主管部门按照有关政策规定出具推荐意见并抄报财政部。

第二章　资产证券化市场发行及运行情况

一、信贷资产支持证券发行及运行情况

随着2012年信贷资产证券化的重启，国务院、央行和银监会相继表态大力支持发展信贷资产证券化业务。在5 000亿元ABS试点规模的支持下，2015年4月人民银行推出了注册制，鼓励一次注册多次发行。2015年交易商协会先后发布了《个人汽车贷款资产支持证券信息披露指引（试行）》、《个人住房抵押贷款资产支持证券信息披露指引（试行）》、《棚户区改造项目贷款资产支持证券信息披露指引（试行）》、《个人消费贷款资产支持证券信息披露指引（试行）》及配套表格体系，2016年4月至10月，交易商协会发布《不良贷款资产支持证券信息披露指引（试行）》、《微小企业贷款资产支持证券信息披露指引（试行）》及配套表格体系。这一系列相关政策将极大提升发行管理效率、激活参与机构能动性和创造性，为资产证券化业务打开广阔的发展空间。为服务供给侧结构性改革大局，贯彻落实"防范化解重大风险"重点工作，相关部门不断优化监管思路、完善监管政策，坚持"促发展"和"防风险"相协调的理念，2017年先后出台了《中国银监会办公厅关于开展银行业"监管套利、空转套利、关联套利"专项治理工作的通知》（银监办发〔2017〕46号）、《中国银监会关于银行业风险防控工作的指导意见》（银监发〔2017〕6号）、《内地与香港债券市场互联互通合作管理暂行办法》（中国人民银行令〔2017〕第1号）等指导意见，加强重点领域风险防范和处置，坚决打击违法违规金融活动，加强薄弱环节监管制度建设，有效激发证券化市场的内生活力。在此基础上，2017年我国信贷资产证券化稳步发展，产品结构日趋合理。

发行规模大幅攀升，2017年信贷资产证券化产品发行项目总额达到5 977.29亿元，相较于2016年上涨52.92%。在经济形势并不乐观的情形下，大量市场资金处于持续寻找优质资产的背景下，信贷资产证券化产品受到进一步追捧。

产品结构日趋合理，不同类型证券化产品的发行规模和发行数量趋于均衡。CLO产品的发行规模占比从2016年的36.78%下降到了2017年的20.16%，RMBS的发行规模跃居首位。基于2016年倡导大力发展个人汽车、消费、信用卡等零售类贷款信贷资产证券化政策的持续影响，且发起机构对于满足考核需求、业务发展需求、融资需求的愿望强烈，2017年Auto Loan ABS的发行数量跃居首位，同时消费贷款资产支持证券的发行规模和发行数量均大幅上升。

1. 产品发行概况

2017年共发行资产支持证券134只，发行规模达到5 977.29亿元，总发行规模和发行数量均明显高于2016年，且2017全年发行较集中于下半年。

除公积金贷款支持证券外，2016年涉及的企业贷款资产支持证券（以下简称CLO）、个人汽车抵押贷款资产支持证券（以下简称Auto Loan ABS）、个人住房抵押贷款资产支持证券（以下简称RMBS）、消费贷款资产支持证券、融资租赁资产支持证券、不良贷款资产支持证券在2017年均有发行，且不同类型证券化产品的发行规模和发行数量趋于均衡。其中，发行规模和发行数量历年居于首位的CLO首次出现排名下降，发行规模占比由2016年的36.78%下降为2017年的20.16%，发行数量占比由2016年的38.89%下降为2017年的21.64%，RMBS的发行规模跃居首位，Auto Loan ABS的发行数量跃居首位，同时消费贷款资产支持证券的发行规模和发行数量均大幅上升。其中，商业地产抵押贷款支持证券为新产品。

资料来源：中债资信根据公开资料整理。

图1　2017年各月信贷资产支持证券发行数量及金额

表4　2016年与2017年各类型资产支持证券发行情况对比

类型	2017年		2016年	
	数量（单）	金额（亿元）	数量（单）	金额（亿元）
CLO	29	1 204.83	42	1 437.48
Auto Loan ABS	32	1 094.78	20	587.19
RMBS	19	1 707.51	15	1 049.43
消费贷款支持证券	23	1 489.36	8	200.32
融资租赁资产支持证券	11	345.67	4	130.87
公积金贷款支持证券	—	—	5	347.14
商业地产抵押贷款支持证券	1	5.54	—	—
不良贷款支持证券	19	129.61	14	156.10
总计	134	5 977.29	108	3 908.53

资料来源：中债资信根据公开资料整理。

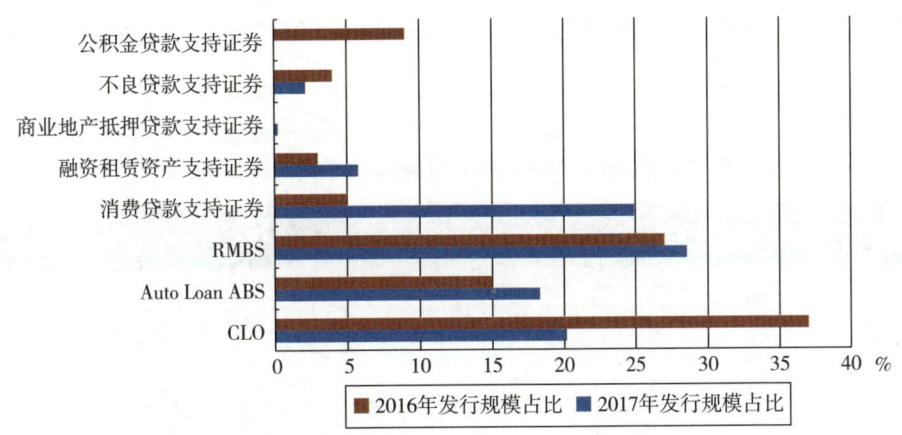

资料来源：中债资信根据公开资料整理。

图2　2016年与2017年各类型资产支持证券发行规模占比

2. 存续产品运行情况

根据《2017年中债资信信贷资产证券化跟踪评级系列分析报告》，截至2017年4月30日存续的121单资产证券化产品，跟踪评级期间，其基础资产信用表现良好、证券信用表现情况良好、证券风险暴露大幅下降。

（1）基础资产信用表现良好

基础资产信用质量方面，受评证券的基础资产信用级别基本稳定，部分项目随着优先级证券的过手偿付，信用增级量的增长在一定程度上支持了证券的级别上调。基础资产加权平均利率方面，跟踪期间内，CLO及Lease ABS、Auto Loan ABS产品基础资产加权平均利率有升有降，RMBS、消费贷ABS产品基础资产加权平均利率较首次或上次评级时有一定幅度下降。资产池逾期及违约方面，跟踪期间内，CLO及Lease ABS产品中基础资产池均未出现逾期或违约情况；Auto ABS、RMBS及消费贷ABS产品基础资产有少量逾期或违约发生，但由于入池资产笔数较多，资产相对分散，对整体风险影响不大。基础资产池提前还款方面，CLO和RMBS产品的提前还款率较高，其他产品类型提前还款率较低。不良贷款资产支持证券产品基础资产整体回收表现良好，但受制于存续期表现较短原因，回收可持续性需要进一步观察。

表5 CLO和Lease ABS基础资产加权平均信用等级变化统计

加权平均级别变化情况	项目数量	CLO	Lease ABS
级别上升4个子级	—	—	—
级别上升3个子级	1	1	—
级别上升2个子级	3	3	—
级别上升1个子级	8	8	—
级别保持不变	31	26	5
级别降低1个子级	9	9	—
级别降低2个子级	1	1	—
合计	53	48	5

资料来源：中债资信根据公开资料整理。

2014—2015年，由于我国处于降息通道中，2016年跟踪时点绝大多数CLO项目入池资产加权平均利率均出现了明显下浮。而由于2016年央行未对基准利率进行调整，随着入池资产的不断偿还，资产池利率结构的变化并无明显规律。本年跟踪期间内，CLO及Lease ABS、Auto Loan ABS产品基础资产加权平均利率有升有降，RMBS、消费贷ABS产品基础资产加权平均利率较首次或上次评级时有一定幅度下降。由于RMBS入池资产中浮动利率资产占比较高，其基础资产加权平均利率的下降幅度大于其他产品类型。

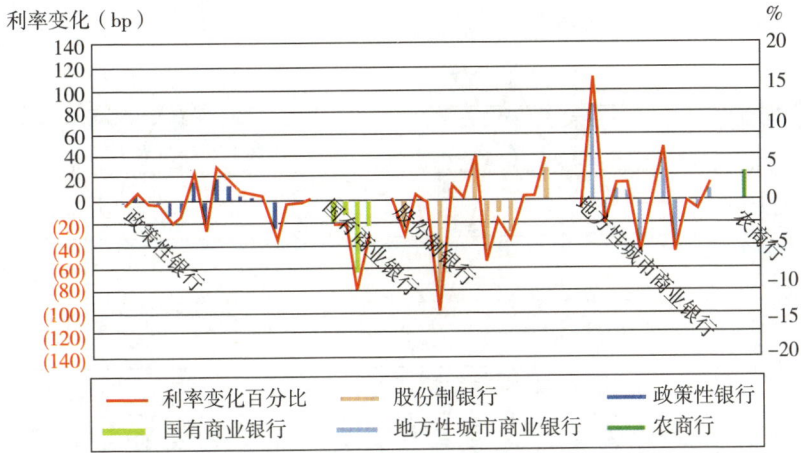

注：不同颜色的数据柱分别代表（从左至右）：政策性银行，国有商业银行，股份制银行，城商行，农商行。

资料来源：中债资信根据公开资料整理。

图3　CLO产品基础资产加权平均利率变化

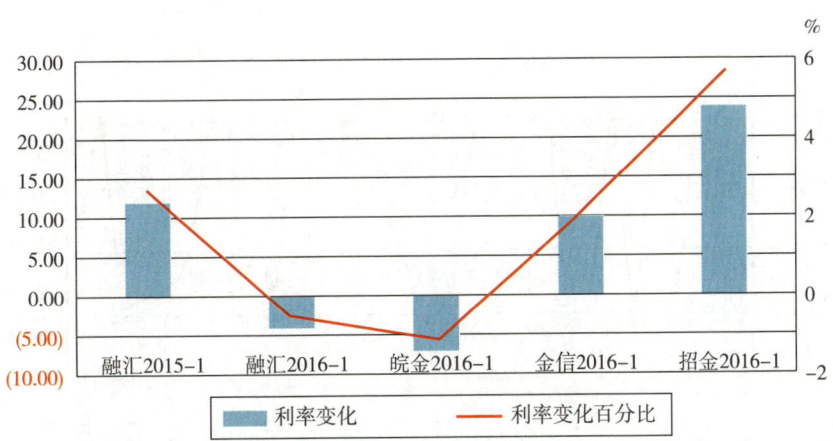

资料来源：中债资信根据公开资料整理。

图4　Lease ABS产品基础资产加权平均利率变化

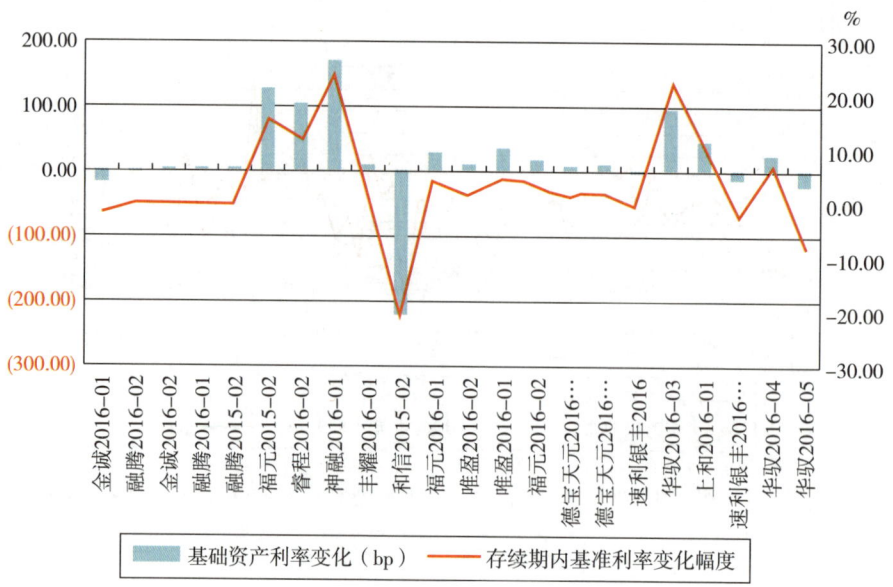

资料来源：中债资信根据公开资料整理。

图5　Auto Loan ABS产品基础资产加权平均利率变化

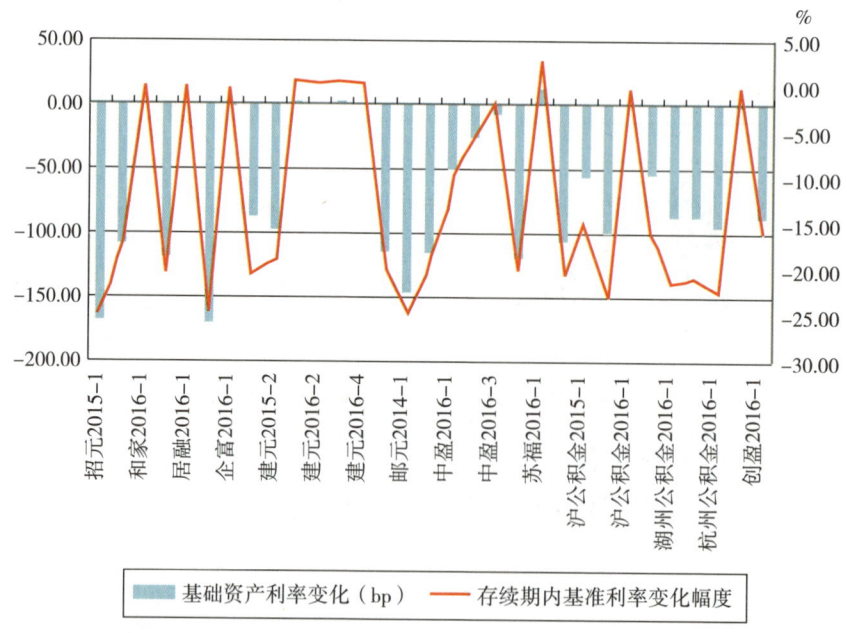

资料来源：中债资信根据公开资料整理。

图6　RMBS产品基础资产加权平均利率变化

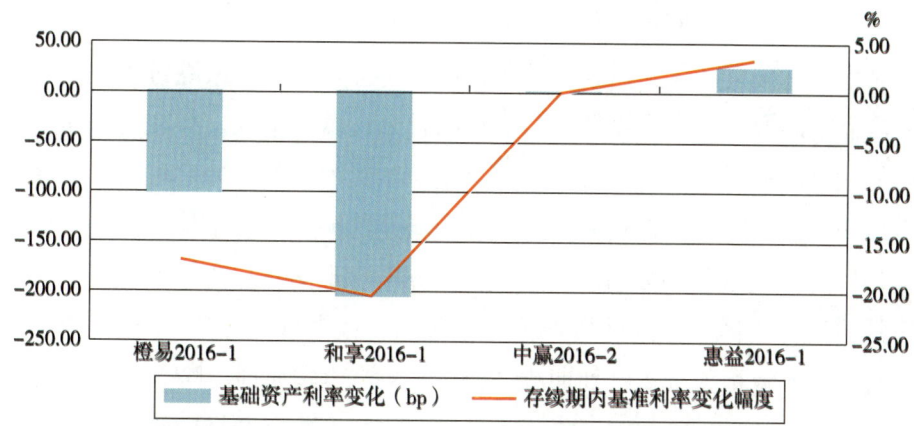

资料来源：中债资信根据公开资料整理。

图7 消费贷 ABS产品基础资产加权平均利率变化

在跟踪期内，入池贷款的本金不断回收，随着资产池贷款余额不断减少，资产池集中度表现也在不断变化。一般而言，由于贷款的结清，资产池集中度会处于不断上升的过程中。图8显示了跟踪评级时点CLO及Lease ABS相对于资产池集中度相对于首次评级时的变化程度，可以看出借款人集中度上升百分比一般情况下高于地区集中度变化，地区集中度变化一般则高于行业集中度变化。其中前五户借款人集中度最高上升60.90%，地区集中度最高上升41.78%，行业集中度最高上升39.71%。

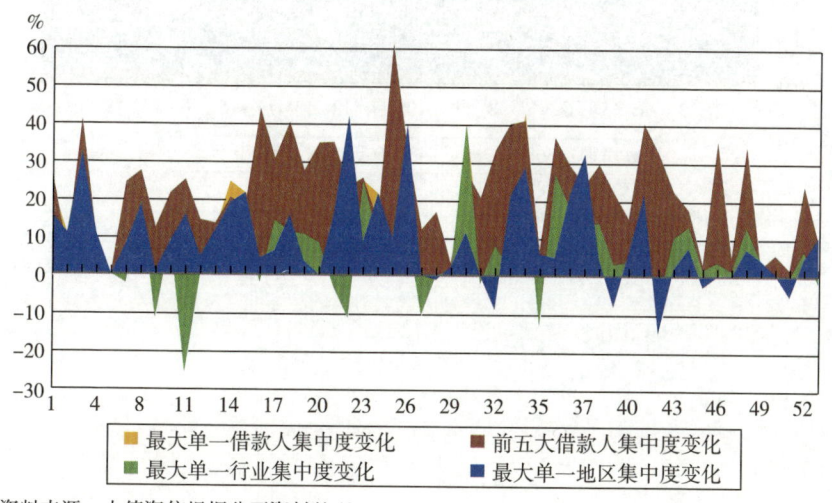

资料来源：中债资信根据公开资料整理。

图8 跟踪评级资产支持证券基础资产集中度变化图

在本次跟踪期间内，根据受托机构报告，所涵盖的CLO及Lease ABS产品中，基础资产均无逾期和违约情况发生。不过，在跟踪过程中发现部分产品基础资产出现未按照发行时还款计划还款的情况，存在潜在违约的可能性，但银行通过置换等方式将该笔贷款提前还款，一定程度上保证了产品的安全。此外，近年来公开债券市场违约频发，在中债资信2018年的项目风险排查过程中发现，存在6单CLO产品涉及公开债券市场发生实质违约的发行主体。但这些资产证券化产品，或者优先A档、B档证券已全部偿付，或者相关贷款已到期或结清，并未产生实质性风险。

Auto Loan ABS、RMBS、消费贷ABS的入池资产笔数较多，出现少量逾期和违约均属于正常现象。同样，由于同质化产品基础资产分散度很高，个别资产的逾期不会引发整体的违约风险。总体上看，被跟踪的同质化产品的基础资产的逾期率处于很低水平，基础资产的信用质量较高。

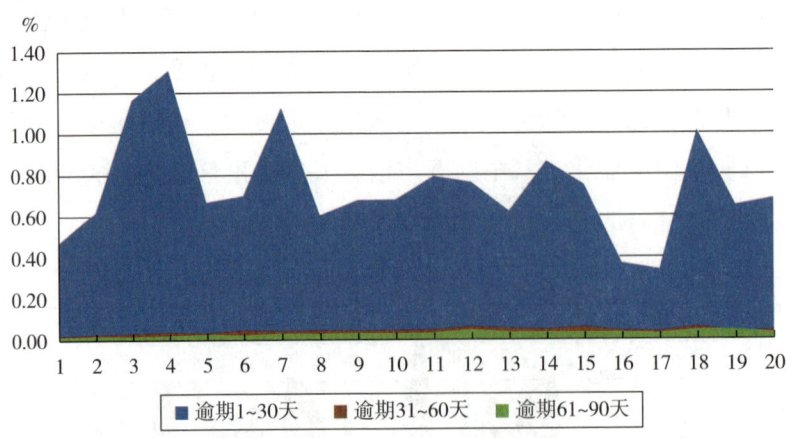

资料来源：中债资信根据公开资料整理。

图9 Auto Loan ABS基础加权平均资产逾期率统计图

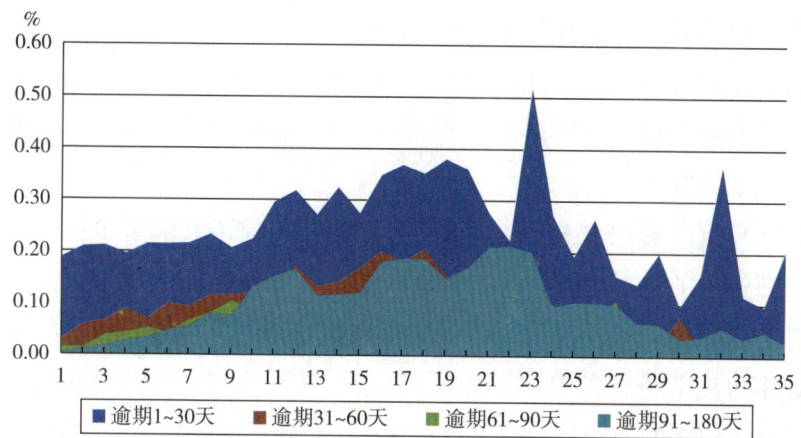

资料来源:中债资信根据公开资料整理。

图10 RMBS基础资产加权平均逾期率统计图

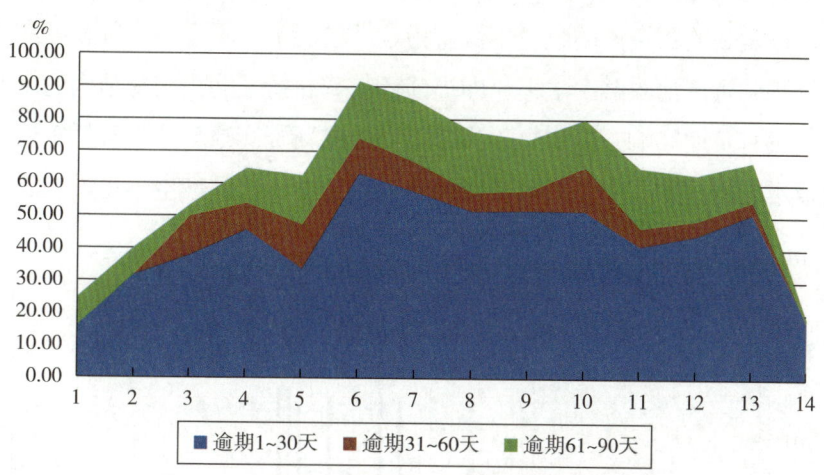

图11 消费贷ABS基础加权平均资产逾期率统计图

CLO产品的提前还款率比较高,年化加权平均提前还款率为10.79%,Lease ABS的则是0.94%。提前还款率较高的产品主要集中于股份制银行和地方性城市商业银行。相较于政策性银行和国有商业银行,股份制银行和地方性城市商业银行的借款人资质一般,银行会给出相对较高的利率定价,而2014—2015年我国处于降息通道中,借款人有动机提前偿还当时利率较高的贷款,以降低债务成本。此外,还存在银行通过贷款置换方式将存在潜在违约的资产提前还款的情况。

2018年跟踪的车贷产品的加权平均年化提前还款率为3.49%，大部分产品基础资产提前还款率多集中在3%~5%。总体来说，基础资产的提前还款率处于较低水平。

2018年跟踪的RMBS产品的加权平均年化提前还款率为10.94%，在本次跟踪所涉及的31单个人住房抵押贷款资产支持证券中，由于存续期较短且抵押物同质化程度较高的原因，截至跟踪日不同类型基础资产的年化提前还款率分化不明显。

2018年跟踪的消费贷ABS产品加权平均年化提前还款率为5.78%，和享2016-1为持续购买交易结构，其余3单产品均为静态交易结构，其中提前还款率最高的为橙易2016-1。和享2016-1由于采用持续购买交易结构，在购买率充足以及新购买资产的收益率保持稳定的情况下，不会因为贷款提前偿还而降低基础资产池收益率水平，即提前还款率对持续购买交易结构的资产支持证券没有负面影响，但如果购买率不充足或新资产池整体收益低于证券端支出成本，持续购买交易结构会对资产支持证券化产品产生不良影响。

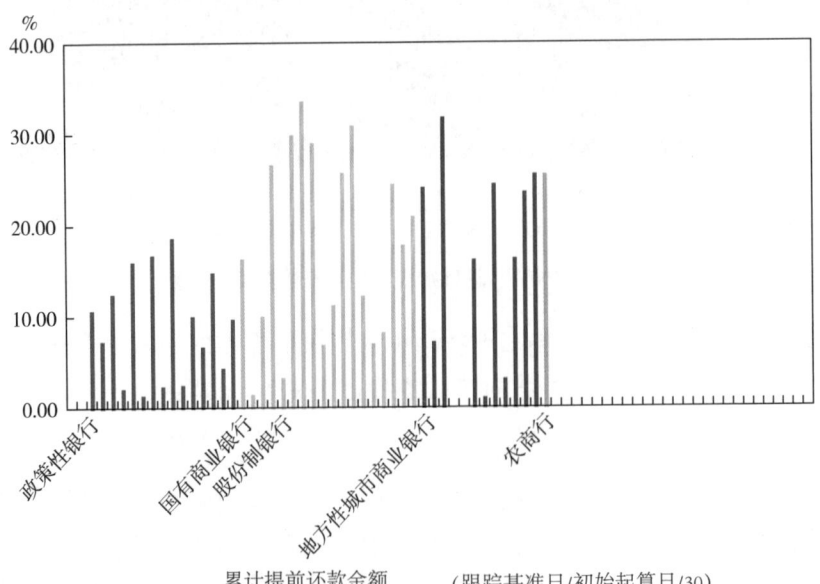

注：年化提前还款率=$\frac{累计提前还款金额}{初始起算日未偿还本金} \div \frac{(跟踪基准日/初始起算日/30)}{12}$。

资料来源：中债资信根据公开资料整理。

图12　CLO基础资产年化提前还款率统计

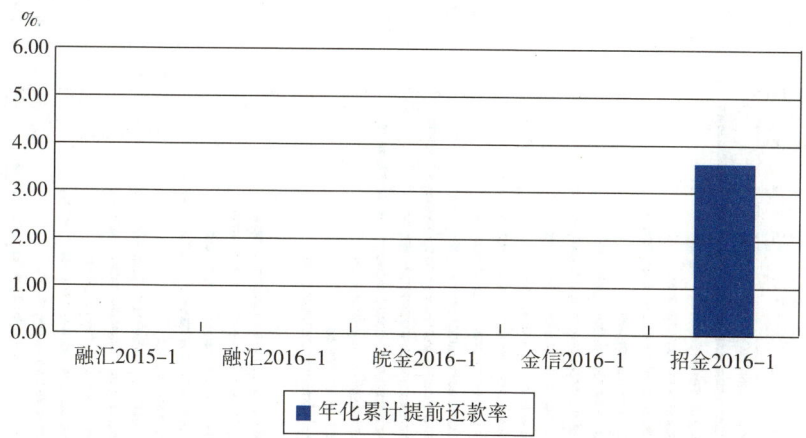

资料来源：中债资信根据公开资料整理。

图13 Lease ABS基础资产年化提前还款率统计

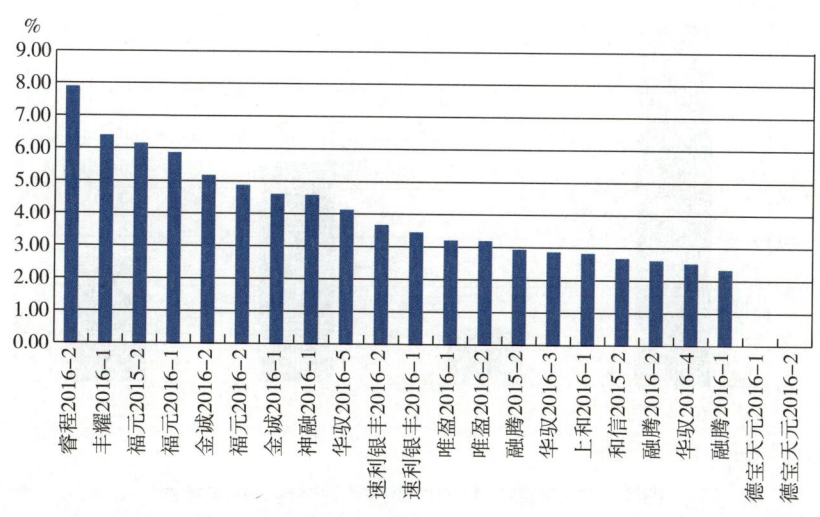

资料来源：中债资信根据公开资料整理。

图14 Auto Loan ABS的基础资产年化提前还款率统计

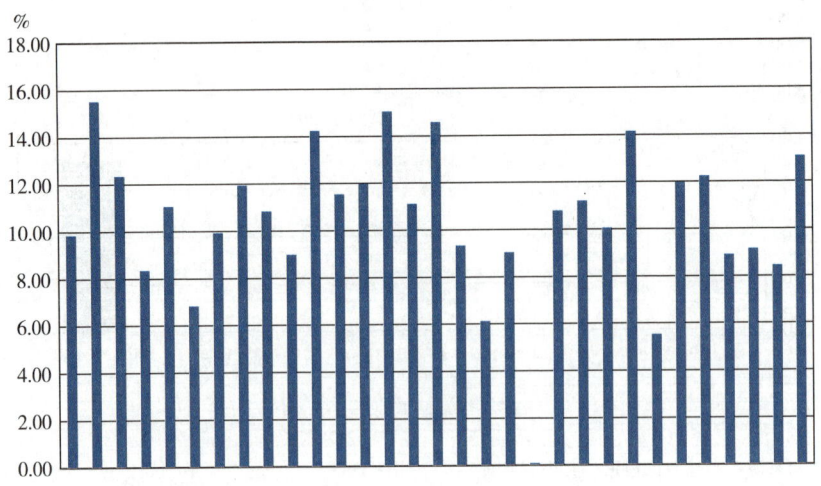

资料来源：中债资信根据公开资料整理。

图15 RMBS的基础资产年化提前还款率统计

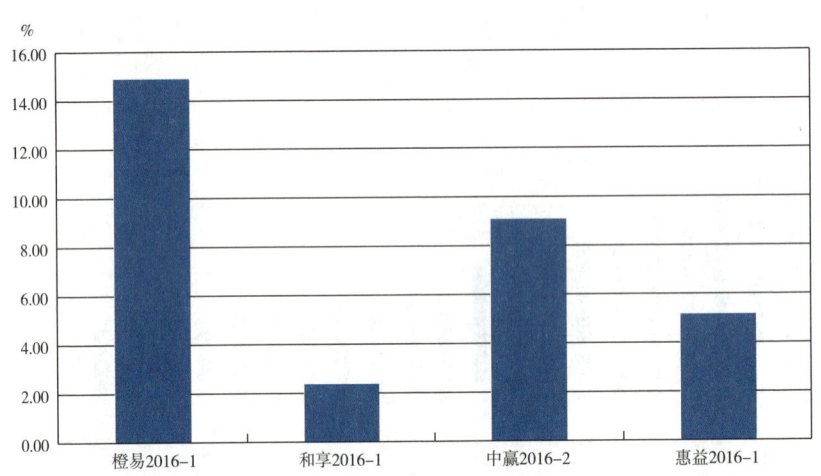

资料来源：中债资信根据公开资料整理。

图16 个人消费贷款资产支持证券提前还款率统计

2016年银行间市场共发行了7单以对公不良贷款为基础资产的资产证券化项目，7单以个贷不良贷款为基础资产的资产证券化项目。其中，7单对公不良资产证券化产品今年全部列入跟踪范围，4单抵押类个贷不良资产证券化产品被列入跟踪评级名单，其余3单信用类个贷不良资产证券化产品：和萃2016-1项目已被发起机构清仓回购，16建鑫3优先、16工元2优先已偿付完毕，不再符合跟踪评级的要求，因此未列入此次跟踪评级范围。

总体来看，跟踪期内不良资产证券化产品基础资产回收情况整体表现良好。跟踪期内4单个贷不良资产证券化产品的基础资产在首期的回收表现良好，均高于发行时预估的回收金额。但受制于个贷不良资产证券化产品底层资产笔数较多，逐一统计核对其回收来源难度较大。同时，由于截至各资产池跟踪时点，此次跟踪的个贷不良资产证券化产品处于处置初期，仅约一成[①]贷款完成催收，浙江、河北、重庆等地区贷款回收表现突出，未来现金流具有很强的不确定性，回收可持续性需要进一步观察。

跟踪期内，7单对公不良贷款证券化项目基础资产回收情况整体表现良好。从回收率来看，跟踪期内已处置完毕的78户对公不良贷款的平均回收率略低于35%，涉及安徽、广东等共计9个省市，浙江省处置完毕的不良债权数量居多，平均回收率达50%以上。除浙江和江苏外，广西等其余7个地区处置完毕的不良债权样本量较少（均低于10户），地区实际对公不良贷款回收率有待后续跟踪观察。从回收方式来看，7单对公不良资产证券化项目处置完毕的不良债权中，抵押物处置和债权转让的回收金额分别占本期实际回收金额总额的47.17%和23.32%，破产重组/重整、借款人现金偿还、保证人现金代偿、贷款减免等回收金额占比均低于10.00%，对公不良贷款的回收方式仍以抵（质）押物处置为主。

---

① 截至各资产池跟踪时点，此次跟踪的个贷不良资产证券化产品处于处置初期，回收仍在处置中的资产占比90.57%，已处置完毕的资产占比9.15%。

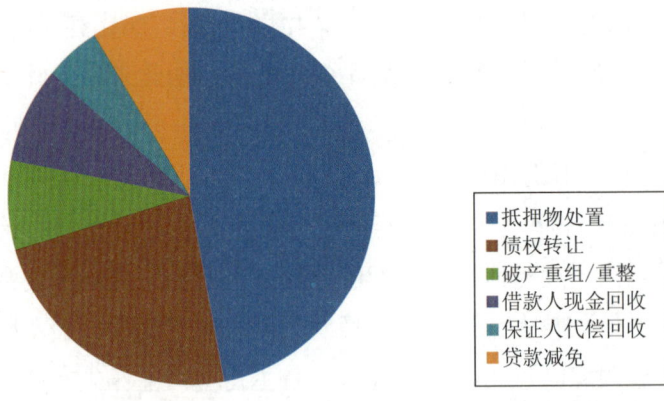

图17　跟踪期内对公不良贷款证券化项目实际回收方式统计图

跟踪期内，7单对公不良贷款证券化项目共计处置完毕78户不良债权，其中14户涉及抵押物处置且全部为不动产类抵押物处置（包括工业房地产、商铺、住宅），不动产类抵押物的回收率①高于70%，跟踪期内抵押不动产从计入不良到实现清收平均耗时18个月，住宅、商铺在整个处置周期内花费的时间普遍高于工业房地产；跟踪期内，累计处置成交动产类抵押物共计4处，处置成交的动产类抵（质）押物全部集中在江苏和浙江两省，回收价值方面，各处抵押物的清收价值占证券初始起算日未偿本息和的比例均在10%以下，对不良债权的回收贡献率较低。回收时间方面，4处动产类抵押物从计入不良到法院裁定耗时在9～12个月，从法院裁定到实现清收价值回收耗时在3～19个月，回收时间整体长于不动产类抵押物。跟踪期内，不良债权回收方式除抵（质）押物处置、债权转让以及现金回收外，还涉及不良贷款重组、贷款减免等回收方式，鉴于该类回收方式样本量较小，实际回收情况统计有待后续跟踪观察。

---

① 抵押物回收率=抵押物处置清收价值/证券初始起算日的本息和。

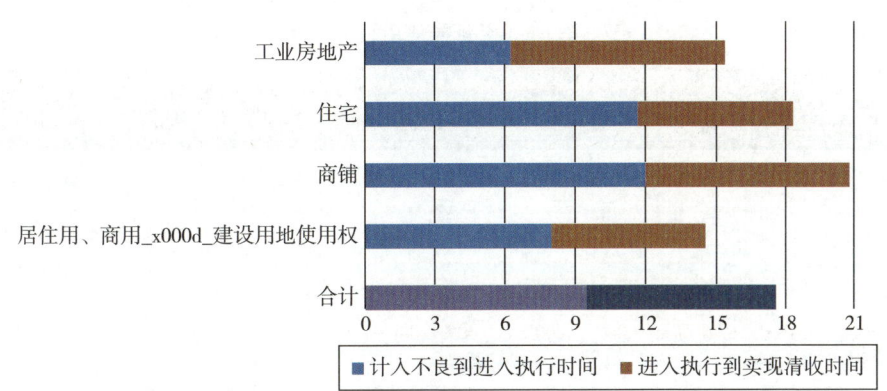

图18　跟踪期内各类型不动产类抵押物拍卖成交的回收时间统计（月份数）

（2）证券信用表现情况良好

跟踪评级共涉及112单资产证券化产品，涵盖了CLO、Lease ABS、Auto Loan ABS、RMBS、消费贷ABS、对公不良ABS、个贷不良ABS七种类型。从证券的信用表现情况来看，本次跟踪的7单对公不良ABS所涉及的7只优先档证券、4单对公不良ABS所涉及的4只优先档证券与上次评级获得的信用级别保持一致。其他产品证券未发生级别调降现象，各类型证券均出现了级别调升现象，尤其是优先B档证券级别上升显著，证券信用表现情况良好。

表6　CLO证券信用级别迁移表

CLO		跟踪评级各证券信用等级								
		AAAsf	AA+sf	AAsf	AA-sf	A+sf	Asf	A-sf	WR	Tranches	Wgtd Notch Δ
首次评级各证券信用等级	AAAsf	54.22%	0.00%	0.00%	0.00%	0.00%	0.00%	0.00%	45.78%	83	0.0
	AA+sf	50.00%	50.00%	0.00%	0.00%	0.00%	0.00%	0.00%	0.00%	20	1.0
	AAsf	66.67%	16.67%	16.67%	0.00%	0.00%	0.00%	0.00%	0.00%	6	2.2
	AA-sf	28.57%	42.86%	0.00%	28.57%	0.00%	0.00%	0.00%	0.00%	7	2.0
	A+sf	44.44%	44.44%	0.00%	0.00%	11.11%	0.00%	0.00%	0.00%	9	3.6
	Asf	100.00%	0.00%	0.00%	0.00%	0.00%	0.00%	0.00%	0.00%	1	6.0
	A-sf	0.00%	0.00%	0.00%	0.00%	100.00%	0.00%	0.00%	0.00%	1	2.0
	Tranches	66	18	1	2	2	0	0	38	127	—

资料来源：中债资信根据公开资料整理。

表7 Lease ABS证券信用级别迁移表

Lease ABS		跟踪评级各证券信用等级								
		AAAsf	AA+sf	AAsf	AA-sf	A+sf	Asf	A-sf	WR	Tranches	Wgtd Notch Δ
首次评级各证券信用等级	AAAsf	63.64%	0.00%	0.00%	0.00%	0.00%	0.00%	0.00%	36.36%	11	0.0
	AA+sf	66.67%	33.33%	0.00%	0.00%	0.00%	0.00%	0.00%	0.00%	3	1.3
	AAsf	0.00%	0.00%	0.00%	0.00%	0.00%	0.00%	0.00%	0.00%	0	0.0
	Tranches	9	1	0	0	0	0	0	4	14	—

资料来源：中债资信根据公开资料整理。

表8 Auto Loan ABS证券信用级别迁移表

Auto Loan ABS		跟踪评级各证券信用等级								
		AAAsf	AA+sf	AAsf	AA-sf	A+sf	Asf	WR	Tranches	Wgtd Notch Δ
首次评级各证券信用等级	AAAsf	76.67%	0.00%	0.00%	0.00%	0.00%	0.00%	23.33%	30	0.0
	AA+sf	90.00%	10.00%	0.00%	0.00%	0.00%	0.00%	0.00%	10	1.8
	AAsf	66.67%	0.00%	33.33%	0.00%	0.00%	0.00%	0.00%	3	2.0
	AA-sf	0.00%	0.00%	0.00%	0.00%	0.00%	0.00%	0.00%	0	0.0
	A+sf	0.00%	50.00%	0.00%	0.00%	0.00%	0.00%	0.00%	2	1.5
	Asf	0.00%	100.00%	0.00%	0.00%	0.00%	0.00%	0.00%	1	4.0
	Tranches	34	3	1	1	0	0	7	46	—

资料来源：中债资信根据公开资料整理。

表9　RMBS证券信用级别迁移表

RMBS		本年度跟踪级别								
		AAAsf	AA+sf	AAsf	AA-sf	A+sf	Asf	A-sf	WR	Tranches	Wgtd Notch Δ
初评或上次跟踪级别	AAAsf	77.27%	0.00%	0.00%	0.00%	0.00%	0.00%	0.00%	22.73%	66	0.0
	AA+sf	100.00%	0.00%	0.00%	0.00%	0.00%	0.00%	0.00%	0.00%	1	2.0
	AAsf	85.71%	0.00%	14.29%	0.00%	0.00%	0.00%	0.00%	0.00%	7	2.6
	AA-sf	100.00%	0.00%	0.00%	0.00%	0.00%	0.00%	0.00%	0.00%	3	4.0
	A+sf	0.00%	0.00%	0.00%	0.00%	0.00%	0.00%	0.00%	0.00%	0	0.0
	Asf	0.00%	0.00%	0.00%	0.00%	0.00%	0.00%	0.00%	0.00%	0	0.0
	A-sf	0.00%	0.00%	0.00%	0.00%	0.00%	0.00%	0.00%	0.00%	0	0.0
	Tranches	61	0	1	0	0	0	0	15	77	—

资料来源：中债资信根据公开资料整理。

表10　消费贷ABS证券信用级别迁移表

消费贷ABS		跟踪评级各证券信用评级										
		AAAsf	AA+sf	AAsf	AA-sf	A+sf	Asf	A-sf	BBB+sf	BBBsf	WR	Tranches	Wgtd Notch Δ
首次评级各证券信用等级	AAAsf	62.50%	0.00%	0.00%	0.00%	0.00%	0.00%	0.00%	0.00%	0.00%	37.50%	8	0.0
	AA+sf	50.00%	50.00%	0.00%	0.00%	0.00%	0.00%	0.00%	0.00%	0.00%	0.00%	2	1.0
	AAsf	100.00%	0.00%	0.00%	0.00%	0.00%	0.00%	0.00%	0.00%	0.00%	0.00%	1	3.0
	AA-sf	0.00%	0.00%	0.00%	0.00%	0.00%	0.00%	0.00%	0.00%	0.00%	0.00%	0	0.0
	A+sf	0.00%	0.00%	0.00%	0.00%	0.00%	0.00%	0.00%	0.00%	0.00%	0.00%	0	0.0
	Asf	0.00%	0.00%	0.00%	0.00%	0.00%	0.00%	0.00%	0.00%	0.00%	0.00%	0	0.0
	A-sf	0.00%	0.00%	0.00%	0.00%	0.00%	0.00%	0.00%	0.00%	0.00%	0.00%	1	4.0
	BBB+sf	0.00%	0.00%	0.00%	0.00%	0.00%	0.00%	0.00%	0.00%	0.00%	0.00%	0	0.0
	BBBsf	0.00%	0.00%	0.00%	0.00%	0.00%	0.00%	0.00%	0.00%	0.00%	0.00%	0	0.0
	# Tranches	7	1	1	0	0	0	0	0	0	3	0	—

资料来源：中债资信根据公开资料整理。

表11 对公类不良资产支持证券信用级别迁移表

		跟踪评级各证券信用等级							# Tranches	Wgtd Notch Δ
		AAAsf	AA+sf	AAsf	AA-sf	A+sf	Asf	WR		
首次评级各证券信用等级	AAAsf	100.00%	0.00%	0.00%	0.00%	0.00%	0.00%	42.86%	7	0.0
	AA+sf	0.00%	0.00%	0.00%	0.00%	0.00%	0.00%	0.00%	0	0.0
	AAsf	0.00%	0.00%	0.00%	0.00%	0.00%	0.00%	0.00%	0	0.0
	AA-sf	0.00%	0.00%	0.00%	0.00%	0.00%	0.00%	0.00%	0	0.0
	A+sf	0.00%	0.00%	0.00%	0.00%	0.00%	0.00%	0.00%	0	0.0
	Asf	0.00%	0.00%	0.00%	0.00%	0.00%	0.00%	0.00%	0	0.0
	# Tranches	7	0	0	0	0	0	3	7	—

资料来源：中债资信根据公开资料整理。

表12 个贷类不良资产支持证券信用级别迁移表

		跟踪评级各证券信用等级							Tranches	Wgtd Notch Δ
		AAAsf	AA+sf	AAsf	AA-sf	A+sf	Asf	WR		
首次评级各证券信用等级	AAAsf	57.14%	0.00%	0.00%	0.00%	0.00%	0.00%	42.86%	7	0.0
	AA+sf	0.00%	0.00%	0.00%	0.00%	0.00%	0.00%	0.00%	0	0.0
	AAsf	0.00%	0.00%	0.00%	0.00%	0.00%	0.00%	0.00%	0	0.0
	AA-sf	0.00%	0.00%	0.00%	0.00%	0.00%	0.00%	0.00%	0	0.0
	A+sf	0.00%	0.00%	0.00%	0.00%	0.00%	0.00%	0.00%	0	0.0
	Asf	0.00%	0.00%	0.00%	0.00%	0.00%	0.00%	0.00%	0	0.0
	Tranches	4	0	0	0	0	0	3	7	—

资料来源：中债资信根据公开资料整理。

（3）证券风险暴露大幅下降

跟踪期内，各产品均积累了一定的超额利差，优先档证券的信用增级量普遍升高，得到了良好的信用支持。证券账龄及剩余期限方面，随着账龄延长，剩余期限减少，资产支持证券的风险暴露期限大幅缩短。证券提前兑付方面,已兑付完毕的证券实际兑付日期和发行时预计到期日基本一致,对资产池现金流的预测大致与实际情况相符,证券提前还款风险较小。

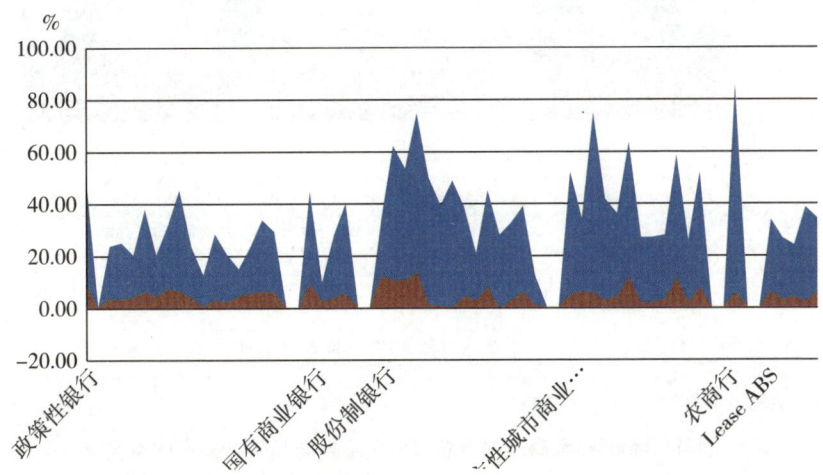

资料来源:中债资信根据公开资料整理。

图19 CLO及Lease ABS跟踪基准时点各项目次级档与超额抵押占比

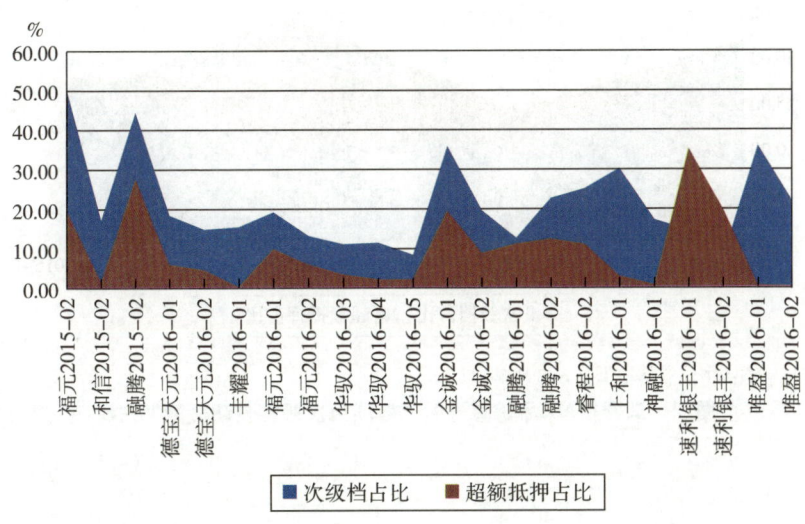

资料来源:中债资信根据公开资料整理。

图20 Auto Loan ABS跟踪基准时点各项目次级档与超额抵押占比

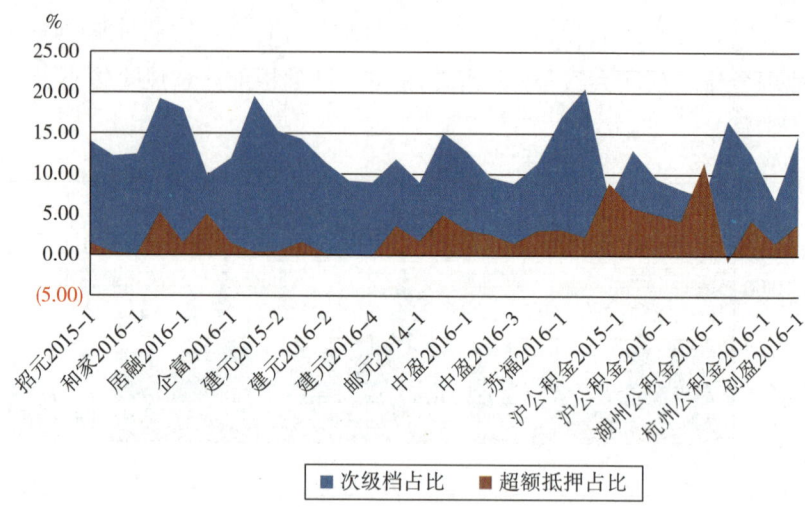

资料来源：中债资信根据公开资料整理。

图21 RMBS跟踪基准时点各项目次级档与超额抵押占比情况

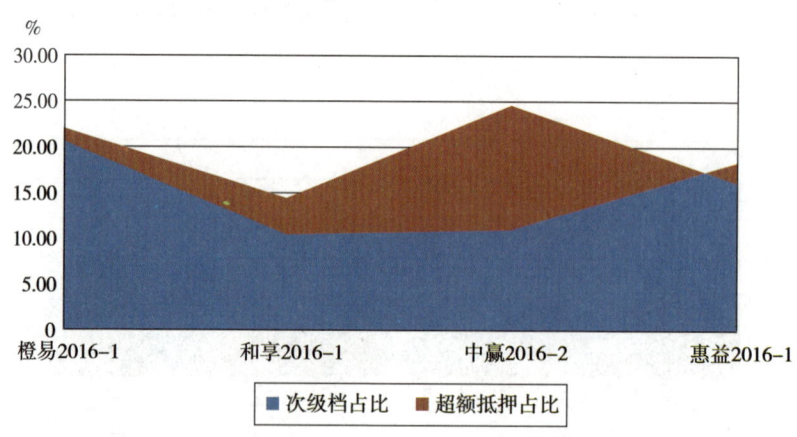

资料来源：中债资信根据公开资料整理。

图22 消费贷ABS跟踪基准时点各项目次级档与超额抵押占比

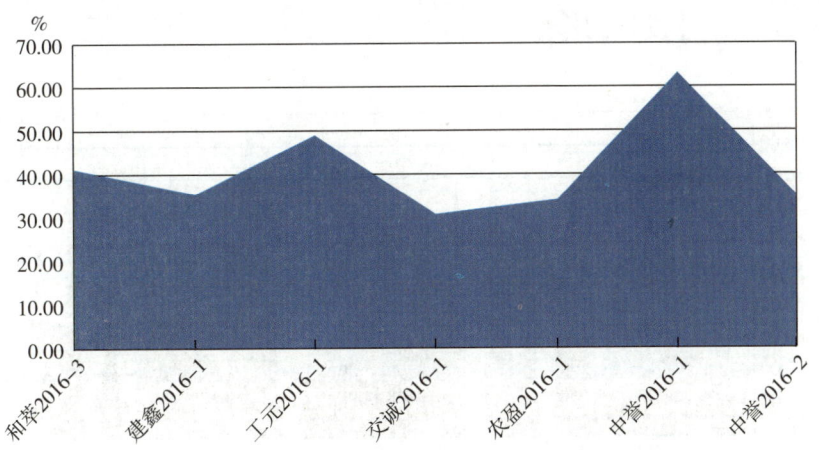

图23 对公类不良资产支持证券跟踪基准时点各项目次级档占比

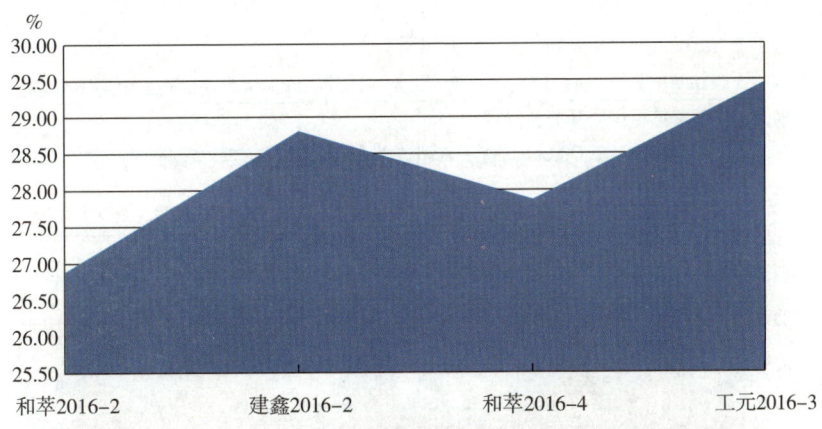

图24 个贷类不良资产支持证券跟踪基准时点各项目次级档占比

在资产信用质量这一因素之外,信用增级措施是各证券能够获得相应信用等级的主要原因,资产证券化产品的信用增级措施包括优先级/次级结构、初始超额抵押和超额利差。跟踪评级证券级别迁移矩阵的对比分析显示,绝大部分优先档证券出现级别调升的情况,这主要是由于随着优先级证券的过手偿付,证券信用增级量的增长对证券的级别提升起到了很大作用,因此有必要对各证券的信用增级量的变化进行统计,并分析各信用增级措施在其中发挥的作用[①]。

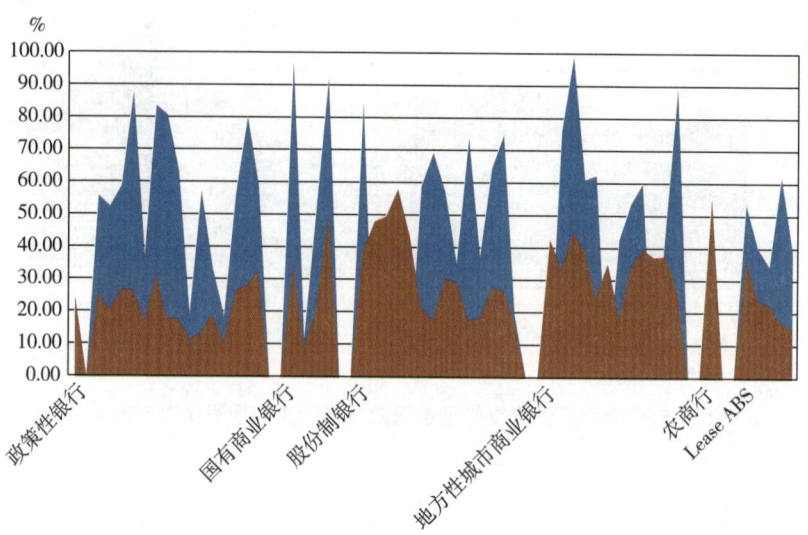

资料来源：中债资信根据公开资料整理。

图25 CLO&Lease优先A档证券信用增级量变化情况

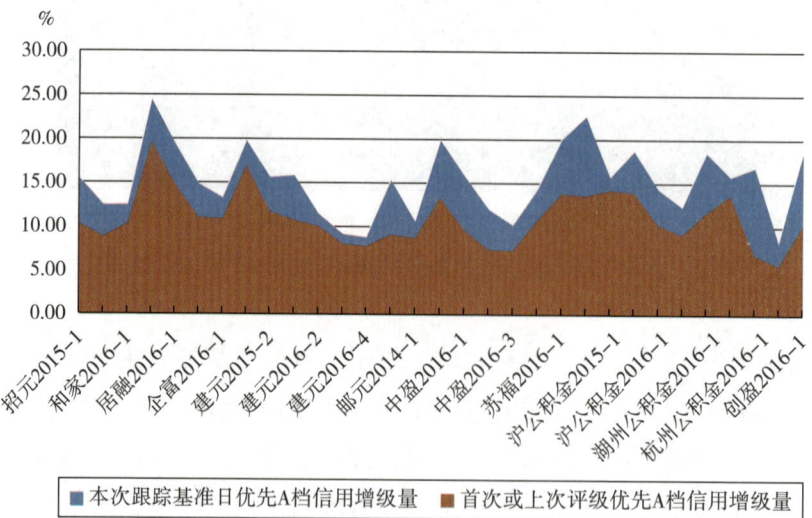

资料来源：中债资信根据公开资料整理。

图26 Auto Loan ABS优先A档证券信用增级量变化情况

---

① 此次跟踪期内所跟踪的不良资产支持证券均采用优先级/次级结构，优先级证券未划分优先A级和优先B级证券。

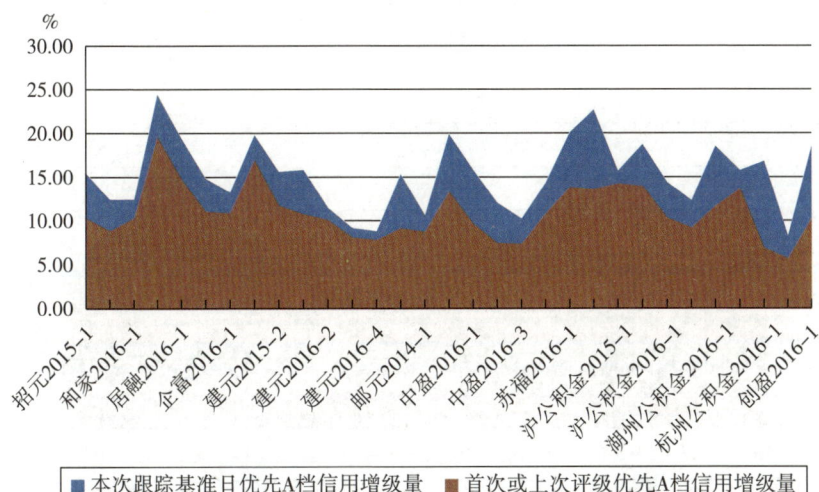

图27 RMBS优先A档证券信用增级量变化情况

注：招元2015年第一期个人住房抵押贷款资产支持证券优先A-1档证券，和家2015年第一期个人住房抵押贷款资产支持证券优先A-1档证券，和家2015年第一期个人住房抵押贷款资产支持证券优先A-2档证券，京诚2015年第二期个人住房抵押贷款资产支持证券优先A-1档证券，居融2015年第一期个人住房抵押贷款资产支持证券优先A-1档证券，中盈2015年第二期个人住房抵押贷款资产支持证券的优先A-1档，建元2015年第一期个人住房抵押贷款资产支持证券优先A-1档证券，建元2015年第二期个人住房抵押贷款资产支持证券优先A-1档证券，建元2016年第一期个人住房抵押贷款资产支持证券优先A-1档证券，中盈2015年第二期个人住房抵押贷款资产支持证券优先A-2档证券，中盈2016年第一期个人住房抵押贷款资产支持证券优先A-1档证券，中盈2016年第二期个人住房抵押贷款资产支持证券优先A-1档证券，信融2016年第一期个人住房抵押贷款资产支持证券优先A-1档证券，沪公积金2015年第一期个人住房贷款资产支持证券1号优先A-1档证券，工元2016年第四期个人住房抵押贷款资产支持证券优先A-1档证券均在跟踪基准日前兑付完毕，此处统计无意义，该图中未体现。

资料来源：中债资信根据公开资料整理。

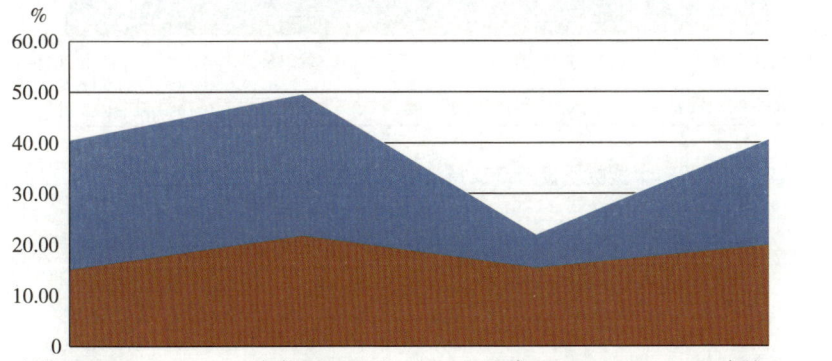

图28 消费贷ABS优先A档信用增级量变化情况

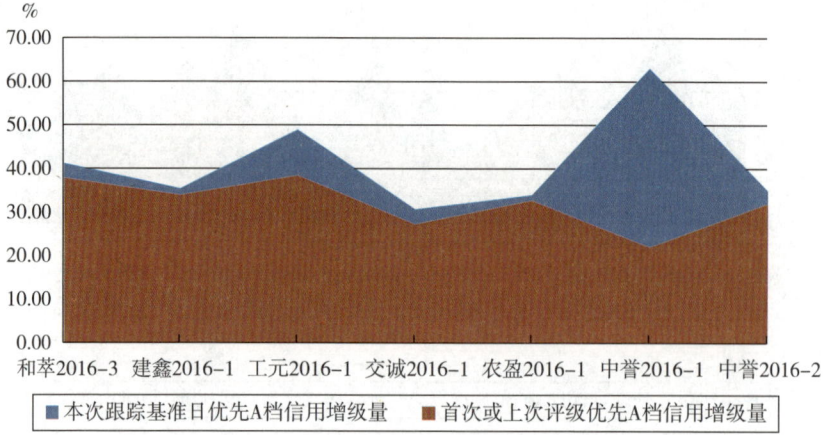

图29 对公类不良资产支持证券优先档信用增级量变化情况

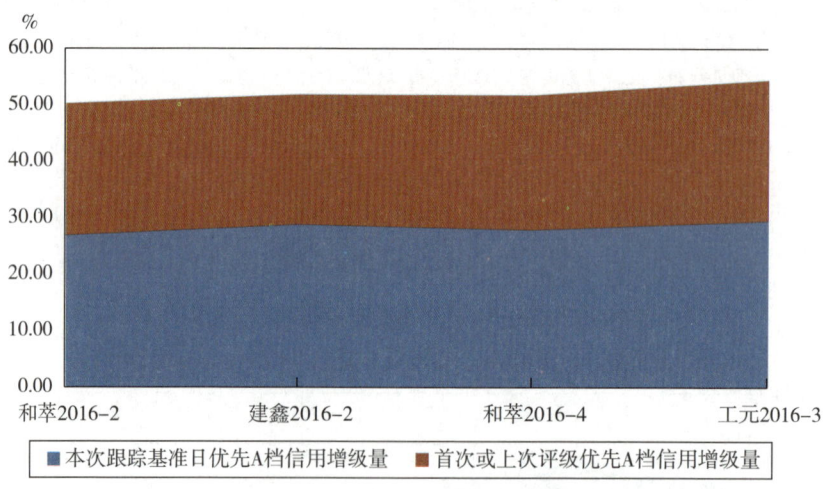

图30 个贷类不良资产支持证券优先档信用增级量变化情况

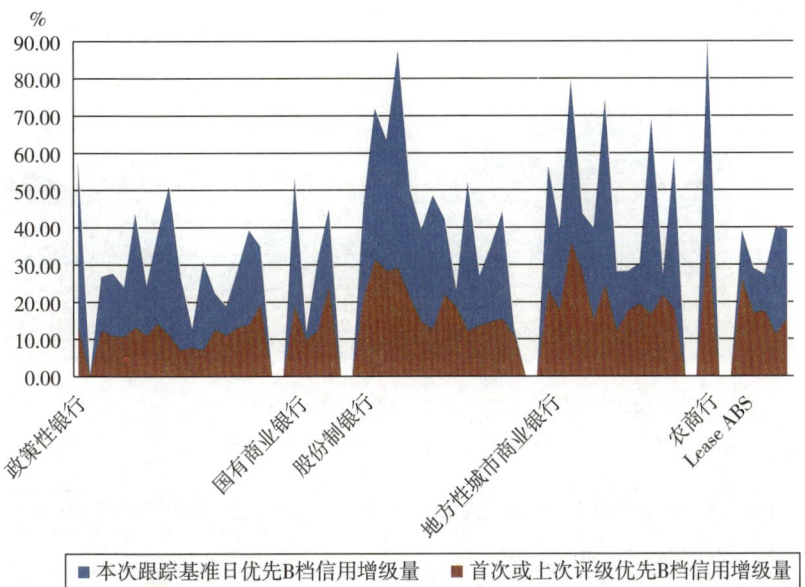

资料来源:中债资信根据公开资料整理。

图31 CLO& Lease优先B档证券信用增级量变化情况

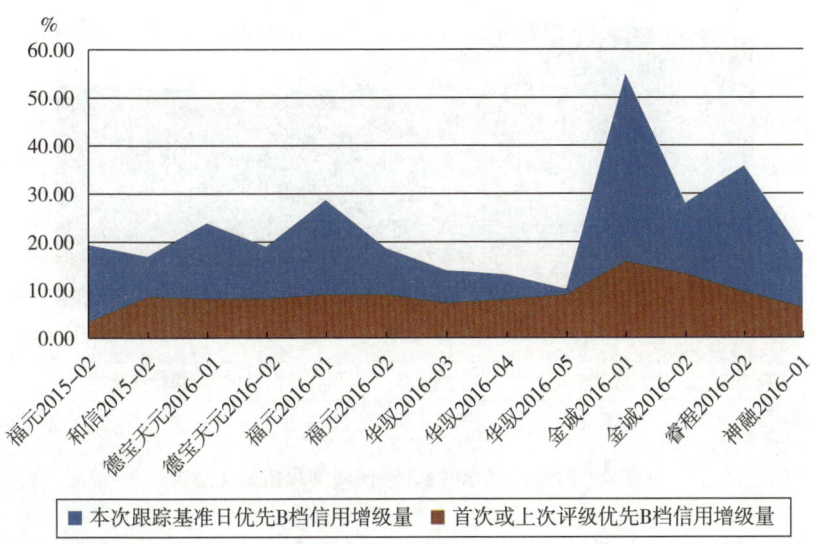

注:此次跟踪对象中共有13单产品设置了优先B档。
资料来源:中债资信根据公开资料整理。

图32 Auto Loan ABS优先B档证券信用增级量变化情况

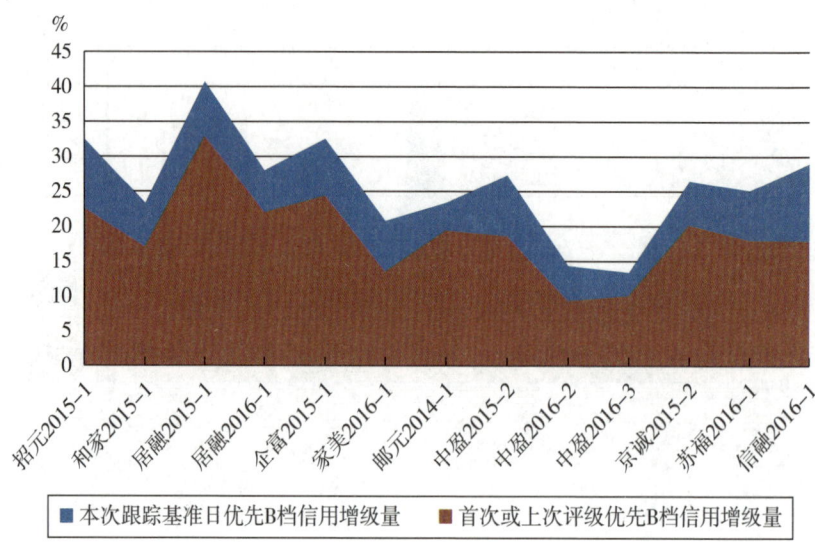

注：其余18单未设置优先B档证券。
资料来源：中债资信根据公开资料整理。

图33　RMBS优先B档证券信用增级量变化情况

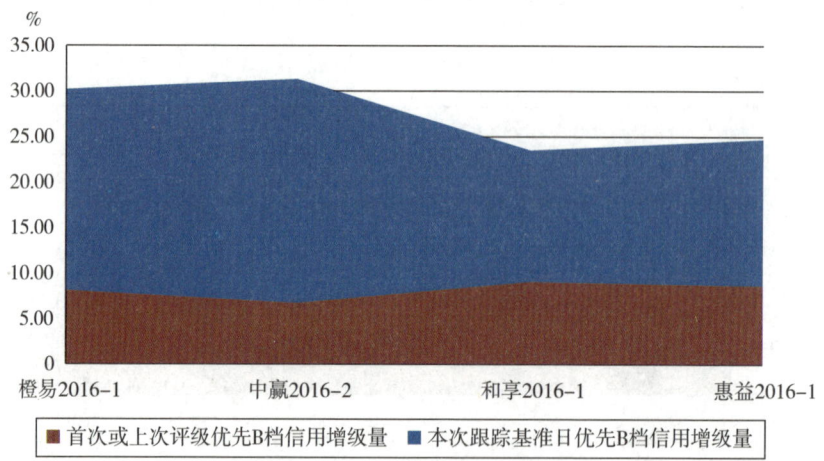

资料来源：中债资信根据公开资料整理。

图34　消费贷优先B档证券信用增级量变化情况

二、资产支持专项计划发行及运行情况

1. 产品发行概况

2014年11月19日，中国证券监督管理委员会（以下简称证监会）正式

发布了《证券公司及基金管理公司子公司资产证券化业务管理规定》及配套工作指引（以下简称《规定与指引》）。随着管理规定与指引的发布，资产支持专项计划（以下简称专项计划）由事前行政审批发行转为中国证券投资基金业协会（以下简称基金业协会）事后备案和基础资产负面清单管理，提升了专项计划的发行效率。

继2016年12月26日，国家发改委和证监会发布的《关于推进传统基础设施领域政府和社会资本合作（PPP）项目资产证券化相关工作的通知》（发改投资〔2016〕2698号）之后，2017年2月17日"两所一会"同时发布通知，上交所与深交所将实行"即报即审、专人专岗负责"，基金业协会在备案标准不放松的前提下，由专人负责即报即审、提高效率，加快备案速度。2017年6月7日，财政部、中国人民银行、中国证监会发布了《关于规范开展政府和社会资本合作项目资产证券化有关事宜的通知》（财金〔2017〕55号），依托资本市场，积极推进符合条件的PPP项目通过资产证券化方式实现市场化融资，提高资金使用效率，更好地支持传统基础设施项目建设。

2017年3月3日，时隔半年，深交所发布了最新修订版《深圳证券交易所资产证券化业务问答（2017年3月修订）》，最新问答明确不同基础资产类型的评审关注点，明确PPP项目资产证券化工作流程和要求，优化信息披露业务流程，有利于资产证券化项目进一步规范开展。2017年6月20日，上交所为规范资产支持证券挂牌条件确认相关业务行为，维护正常市场秩序，保护投资者合法权益，发布了《上海证券交易所资产支持证券挂牌条件确认业务指引》，对上交所资产证券化业务规则进行简要梳理。

2017年12月5日，深交所、上交所分别发布了《深圳证券交易所企业应收账款资产支持证券挂牌条件确认指南》、《上海证券交易所资产支持证券挂牌条件确认业务指引》，规范企业应收账款资产证券化业务，便于管理人和原始权益人等参与机构开展业务和加强风险管理，保护投资者合法权益，促进资产证券化业务健康发展。

2017年，专项计划产品发行数量和发行规模都继续增长。截至2017年末，资产支持专项计划产品的发行量与发行规模分别为484单和7 906.52亿元，分别是2016年发行数量与发行规模的1.26倍和1.71倍。

表13 资产支持专项计划发行规模与发行数量

发行年份	发行数量	发行规模（亿元）
2005	2	100.80
2006	7	164.21
2011	1	12.79
2012	2	31.80
2013	8	73.98
2014	27	400.83
2015	199	1 946.02
2016	385	4 630.26
2017	484	7 906.52
总计	1 115	15 267.21

资料来源：中债资信根据公开资料整理。

2017年资产支持专项计划产品在基础资产种类方面较上年相比，首次出现了PPP项目资产支持证券，自2016年12月发改委、证监会联合发布《关于推进传统基础设施领域政府和社会资本合作（PPP）项目资产证券化相关工作的通知》以来，"两所一会"同时发文，支持PPP项目资产证券化，并设立绿色通道，落实专人专岗，提高审核效率，2017年6月财政部、中国人民银行、中国证监会联合发文，进一步规范PPP项目的相关事宜。在政策支持下，2017年共发行PPP资产支持专项计划9单，合计89.09亿元，占2017年资产支持专项计划的1.13%。

2017年出现了首单公寓行业资产证券化产品：1月11日，长租公寓运营商魔方公寓公开宣布"魔方公寓信托受益权资产支持专项计划"已成功设立，成为国内ABS发行历史上的首单公寓行业资产证券化产品。

按大类基础资产来看，以债权类基础资产发行的资产支持专项计划产品，无论是发行总规模还是发行数量均明显比收益权类高。截至2017年末，债权类基础资产发行数量和发行规模占比分别为86.98%和91.55%。

在发行利率方面,资产支持专项计划产品2017年发行利率变动范围为2.90%~10.00%,发行利率多集中在5.20%~5.80%区间段。相比于2016年集中于3.40%~4.80%的区间,今年的发行利率有较大程度的上升。截至2017年末,优先A级资产支持证券最高发行利率为8.50%,最低为2.90%,加权平均(以证券发行金额为权重)为5.45%;优先B级资产支持证券最高发行利率为10.00%,最低为4.15%,加权平均为6.05%,高于优先A级资产支持证券达60个基点。

表14 优先A级与优先B级证券发行利率情况

证券类型	最高利率(%)	加权平均利率(%)	最低利率(%)
优先A级	8.50	5.24	2.90
优先B级	10.00	5.63	4.15

资料来源:中债资信根据公开资料整理。

2017年,资产支持专项计划产品的加权平均发行利率稳中有升,但存在部分产品证券发行利率较高,优先A级最高发行利率为8.5%,优先B级最高发行利率达10%,与平均水平差异较大。可见部分企业资产证券化产品由于过分依赖于主体信用、破产隔离制度安排不完善、基础资产信用风险较高,导致投资者认可程度较低,发行利率居高不下。

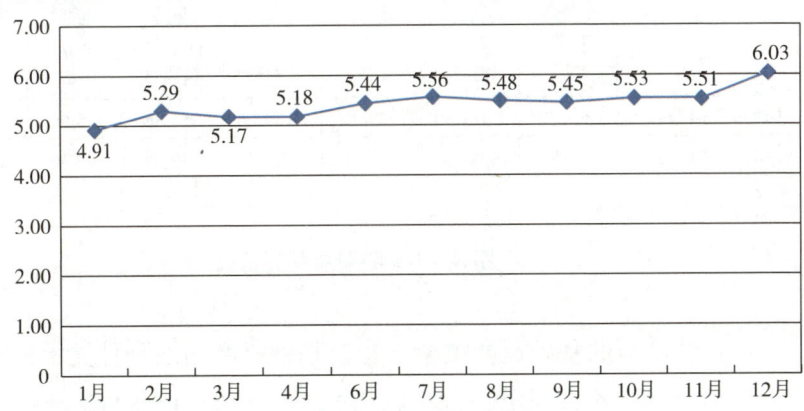

注:共1 158只优先A档证券,其中有41只证券未披露发行利率。
资料来源:中债资信根据公开资料整理。

图35 2016年资产支持专项计划优先A级平均发行率情况

2. 存续产品运行情况

中债资信通过公开数据整理截至2017年末，优先级/次级档证券仍未到期的资产支持专项计划的相关数据，并对基础资产与证券的表现进行了分析。

从存续期证券的金额来看，其初始的发行规模为13 186.90亿元；截至各证券的管理报告发布日，证券未偿本金余额为11 037.85亿元，由于所有证券均采用了优先级/次级的内部增信措施，同时优先A级证券的本金与利息优先于劣后证券获得偿付，随着优先A级证券的本息优先得到偿付，信用增级量也将随之上升。

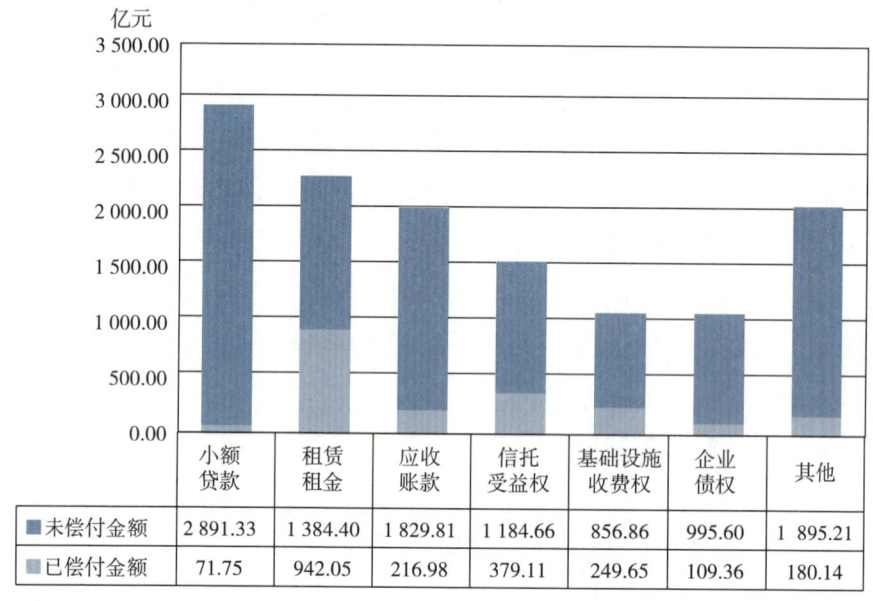

	小额贷款	租赁租金	应收账款	信托受益权	基础设施收费权	企业债权	其他
未偿付金额	2 891.33	1 384.40	1 829.81	1 184.66	856.48	995.60	1 895.21
已偿付金额	71.75	942.05	216.98	379.11	249.65	109.36	180.14

资料来源：中债资信根据公开资料整理。

图36 存续期证券偿付情况

从存续证券的基础资产类型来看，基础资产的细分种类十分丰富。其中占比最高的为小额贷款，规模约为26.76%。超过5%的基础资产类型包括了小额贷款、应收账款、信托受益权、租赁租金、企业债权、基础设施收费权、商业房地产抵押贷款、不动产投资信托。其中小额贷款、应收账款、信托受益权、租赁租金、企业债权和商业房地产抵押贷款全部为债权类基础资产，基础设施收费权为收益权类基础资产。可以看出债权类资产在存续期证券中仍占据着最重要的地位。

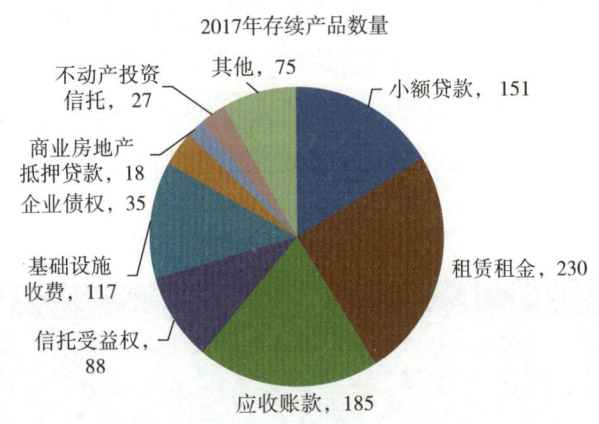

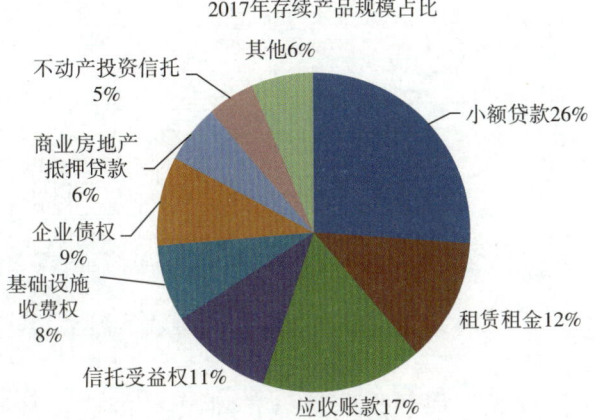

资料来源：中债资信根据公开资料整理。

图37　存续期产品数量和规模占比情况

中债资信通过公开渠道收集截至2017年末，优先级/次级档证券仍未到期资产支持专项计划的数据，并对证券的级别变化进行了分析。截至2017年末，共有1 077单资产支持专项计划存续，以下分析了通过公开资料可查级别的1 036单资产支持专项计划。

在存续的1 036单资产支持专项计划中，共涉及3 881只优先档证券，各级别序列证券信用等级在2017年级别出现调整或保持不变。其中3 777只证券维持原有级别，占存续证券数量的97.32%，93只证券级别调升，占存续证券数量的2.40%，5只证券级别调降，占存续证券数量的0.13%。

总的来说，在证券存续期随着现金流的流入，优先档证券本金不断获付，信用增级量不断上升，个别产品基础资产加权平均信用等级有所上升，初始评级在A+级及以上的证券表现出明显的级别上调。

表15 最新评级各证券信用等级

		最新评级各证券信用等级									
初始评级各证券信用等级		AAA级	AA+级	AA级	AA-级	A+级	A级	A-级	BBB+级	BBB-级	# Tranches	Wgtd Notch Δ
	AAA	100%	—	—	—	—	—	—	—	—	2 216	0.00
	AA+	2.80%	96.76%	0.44%	—	—	—	—	—	—	1 142	0.1
	AA	3.62%	6.76%	89.61%	—	—	—	—	—	—	414	0.2
	AA-	4.84%	8.06%	12.90%	74.19%	—	—	—	—	—	62	0.5
初始评级各证券信用等级		AAA级	AA+级	AA级	AA-级	A+级	A级	A-级	BBB+级	BBB-级	# Tranches	Wgtd Notch Δ
	A+级	—	—	5.56%	5.56%	88.89%	—	—	—	—	18	0.2
	A级	—	—	—	—	—	100%	—	—	—	16	0.0
	A-级	—	—	—	—	—	—	100%	—	—	6	0.0
	BBB+级	—	—	—	—	—	—	—	100%	—	1	0.0
	BBB-级	—	—	—	—	—	—	—	—	100%	6	0.0
	# Tranches	2 266	1 138	385	47	16	16	6	1	6	3 881	—

资料来源：中债资信根据公开资料整理。

信用风险方面，资产支持专项计划风险事件逐步暴露，2017年共有6单产品触发评级下调、差额支付等风险事件。其中，华源热力ABS评级下调并触犯差额支付启动事件，宝信租赁ABS、吉林水务ABS、庆汇租赁一期ABS触发评级下调，庆汇租赁二期ABS和庆汇租赁三期ABS虽未调级，但因基础资产债务问题触发风险关注。

由于基础制度安排不完善、业务规章和标准不统一、信息披露不规范等问题，资产证券化市场存在一定的潜在风险隐患。例如"吉林水务供水收费权资产支持专项计划"，吉林水务在专项计划持有人不知情的情况下，多次从本计划的监管账户转出资金用于公司运营，使得专项计划资产出现被侵占和挪用风险；"营口经济技术开发区华源热力供暖有限公司供热合同债权1号资产支持专项计划"，原始权益人华源热力的基础资产产生的现金流未按时转入监管账户，部分现金流未按时归集，监管账户由于执行法院判决转出资金，也使专项计划面临较高资金混同风险。

三、资产支持票据发行情况

2016年12月，交易商协会组织市场成员起草并发布了《非金融企业资产支持票据指引（修订稿）》以及《非金融企业资产支持票据公开发行注册文件表格体系》，此次修订引入了特定目的载体（SPV），同时保留"特定目的账户+应收账款质押"的既有操作模式，明确了参与机构职责，丰富了合格基础资产类型，强化了风险防范和投资人保护要求，明确了信息披露要求，可操作性更强。

《指引》发布一年以来，ABN发行规模增长迅速。截至2017年底，共发行资产支持票据66单，发行各档票据219只，累计发行规模970.72亿元。2017年共计38家企业注册发行资产支持票据，注册规模达到1 596.20亿元，较上年增长6.38倍，发行规模为574.95亿元，较上年增长2.45倍。

表16　资产支持票据发行数量与发行规模

发行年份	发行数量（单）	发行数量（只）	发行规模（亿元）
2012	6	14	57.00
2013	5	18	48.00

续表

发行年份	发行数量（单）	发行数量（只）	发行规模（亿元）
2014	10	28	89.20
2015	3	9	35.00
2016	8	38	166.57
2017	34	112	574.95

资料来源：中债资信根据公开资料整理。

四、资产支持计划发行情况

2014年《国务院关于加快发展现代保险服务业的若干意见》（国发〔2014〕29号）明确提出，支持保险机构探索发起资产证券化产品，鼓励保险机构通过资产支持计划形式，直接对接存量资产，为实体经济提供资金支持。

2015年8月，保监会为推动资产支持计划在2016年的发展与进一步规范业务操作，根据试点经验起草并发布了《资产支持计划业务管理暂行办法》，规范了四方面的内容：第一，按照资产证券化原理，以基础资产本身现金流作为偿付支持，构建了资产支持计划业务运作框架；第二，立足于服务保险资金配置需要，建立相互制衡的运作机制，强调稳健、安全和资产负债匹配原则；第三，坚持"放开前端、管住后端"的监管思路，在业务资质管理、发行机制等方面体现市场化原则，建立基础资产负面清单管理机制，提高业务运作效率；第四，重视风险管控，按照"卖者尽责、买者自负"原则，强化信息披露和风险提示，强调市场主体的风险管理责任。该办法的发布有利于扩大保险资产管理产品创新空间，满足保险资金配置需求，促进保险资金直接对接存量资产，进一步支持实体经济发展；另外，在当前国内资产证券化业务取得较快发展的背景下，也有利于进一步推动资产证券化的业务创新，丰富其产品形式，加快市场发展。

2016年6月12日，上海保险交易所（以下简称保交所）挂牌成立，是在国务院批准下主要为国内保险公司参股、发起设立的国内首家保险交易所，定位于为保险资管产品提供发行、转让的平台。其成立为庞大的保险资管产品的成立、交易及发展都带来积极的影响。并于同年11月10日，首单在保交所发行的资产支持计划产品问世。

截至2017年末，保险机构累计发起设立45只资产支持计划，总规模达到1 496亿元。其中，2017年，9家保险资产管理机构发起设立13只资产支持计划，总规模253亿元。相比2016年，参与的保险资产管理机构增加了3家，发起设立的产品数量增加了6只。

第三章 资产证券化基础资产与交易结构

一、基础资产特征分析

1. 信贷资产支持证券基础资产主要特点

（1）CLO产品

对于CLO产品而言，入池资产整体信用水平较好，有一定的账龄，且剩余期限较短，资产笔数和贷款利率适中。

具体来看，在基础资产信用质量方面，CLO产品在基础资产加权平均信用等级和借款人加权平均信用等级上跨度较大，借款人加权平均信用等级从BB-s/B+s级别一直到AA-s/A+s级别，入池贷款加权平均信用等级从BB-s/B+s级别一直到AA-s/A+s级别，但多数产品的基础资产加权平均信用等级在BBB+s附近，借款人加权平均信用等级在BBB-s附近，整体信用水平较好。在资产池集中度方面，不同CLO产品中入池资产笔数与入池借款人户数跨度较大，从13户、18笔贷款到987户、1 022笔贷款。但是平均来看，入池借款人的平均户数以及平均贷款笔数主要集中在20~100笔，比较适中，主要是发起机构出于降低集中度、分散风险的考虑，对资产池有所调整。在入池资产利率方面，CLO产品加权平均贷款利率为4%~6%，较2016年基础资产加权平均贷款利率下降明显，整体利率分布左移，平均加权平均贷款利率为4.94%，贷款利率水平下降明显。在基础资产账龄方面，多数CLO产品的加权平均账龄在0~1年，具有良好的历史信用表现。在基础资产的剩余期限方面，多数CLO产品的加权平均剩余期限在0~2年，账龄相对较短，已发行产品的加权平均剩余期限在0.29~2.73年，加权平均剩余期限的平均值为1.16年，剩余期限较短，能有效降低基础资产信用风险的暴露时间。

表17 CLO基础资产概览

基础资产特征	最大值	最小值	平均值
基础资产户数（户）	987	13	46.82
基础资产笔数（笔）	1 022	18	69.35
加权平均贷款利率（%）	1 0.22	4.34	4.94
借款人加权平均级别	AA-s/A+s	BB-s/B+s	—
基础资产加权平均级别	AA-s/A+s	BB-s/B+s	—
加权平均账龄（年）	5.27	0.22	0.95
加权平均剩余期限（年）	2.73	0.29	1.16

资料来源：中债资信根据公开资料整理。

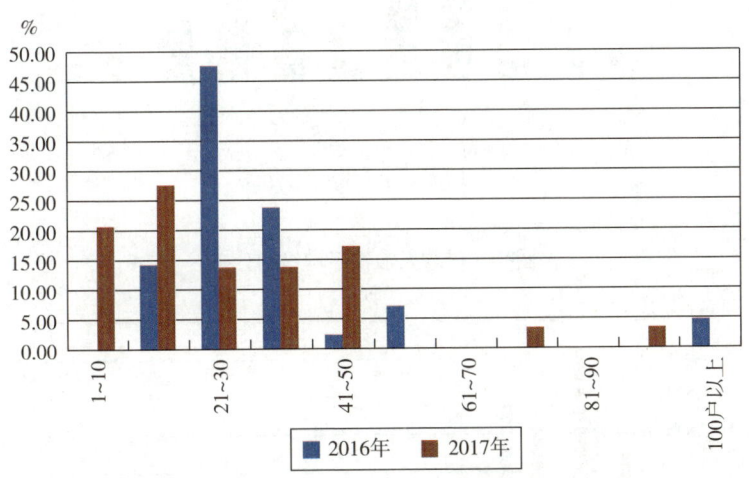

资料来源：中债资信根据公开资料整理。

图38 借款人户数分布

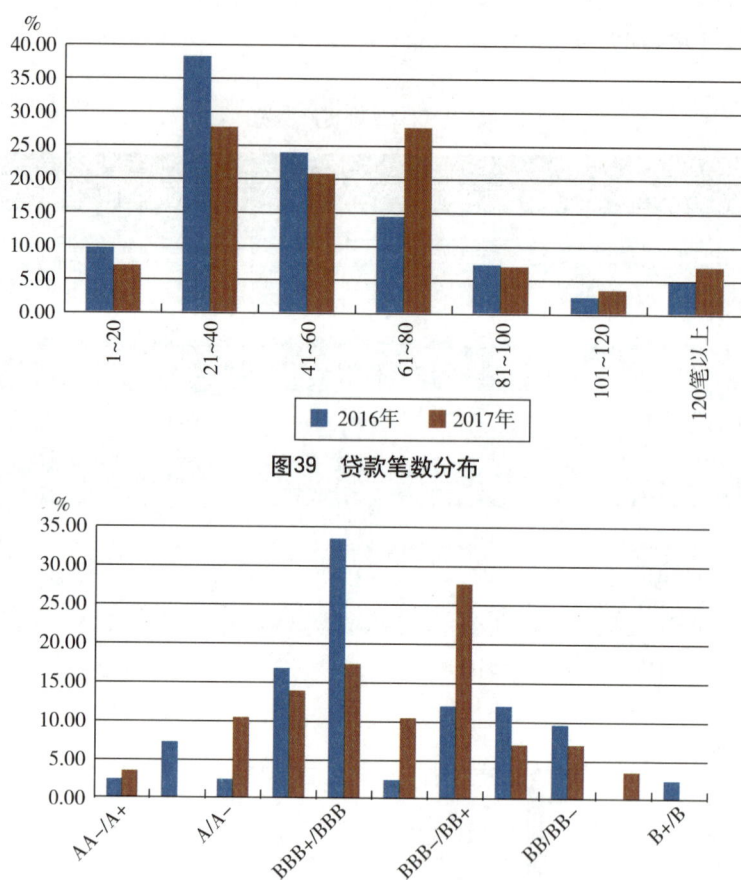

图39 贷款笔数分布

资料来源：中债资信根据公开资料整理。

图40 借款人加权平均级别分布

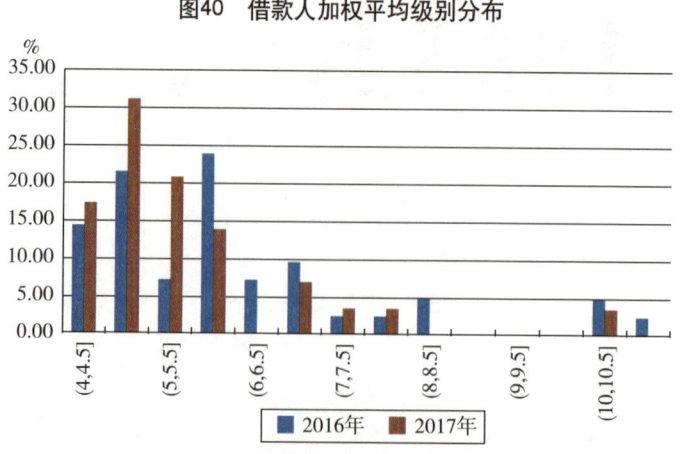

图41 贷款加权平均利率分布

与2016年相比，2017年所发行CLO产品在借款人户数和笔数的分布上有右移也就是向右更加分散的趋势，主要集中在20~100，加权平均贷款笔数自2016年的59.82上升到2017年的69.35，集中度风险有所缓解。在加权平均级别分布方面，略有右移，低级别的资产略有上升，即基础资产的信用质量略有下降。在加权平均利率分布方面，分布左移，部分是因为入池资产有一定比例的贷款为浮动利率贷款，贷款利率有所下降。

（2）LEASE产品

对于LEASE产品而言，入池资产整体信用水平较好，有一定的账龄，且剩余期限较短，资产笔数和贷款利率适中。

具体来看，在基础资产信用质量方面，LEASE产品在基础资产加权平均信用等级和借款人加权平均信用等级上跨度较小，借款人加权平均信用等级从BBB+s/BBBs级别一直到A-s/BBB+s级别，入池贷款加权平均信用等级从BBB+s/BBBs级别一直到As/A-s级别，但多数产品的基础资产加权平均信用等级在A-s附近，借款人加权平均信用等级在BBB+s附近，整体信用水平较好。在资产池集中度方面，不同LEASE产品中入池资产笔数与入池借款人户数跨度较小，从14户、15笔贷款到51户、69笔贷款。但是平均来看，入池借款人的平均户数以及平均贷款笔数主要集中在15~50笔，比较适中，主要是发起机构出于降低集中度，分散风险的考虑，对资产池有所调整。在入池资产利率方面，LEASE产品加权平均贷款利率在4%~8%之间，与2016年基础资产加权平均贷款利率基本持平，平均加权平均贷款利率为5.73%，贷款利率水平下降明显。在基础资产账龄方面，多数LEASE产品的加权平均账龄在0~2年，具有良好的历史信用表现。在基础资产的剩余期限方面，多数LEASE产品的加权平均剩余期限在2~4年，剩余期限相对较短，已发行产品的加权平均剩余期限在1.61~5.57年，加权平均剩余期限的平均值为3.66年，剩余期限较短，能有效降低基础资产信用风险的暴露时间。

表18 LEASE基础资产概览

基础资产特征	最大值	最小值	平均值
基础资产户数（户）	51	14	24.31
基础资产笔数（笔）	69	15	28.40
加权平均贷款利率（%）	7.63	4.50	5.73
借款人加权平均级别	A-s/BBB+s	BBB+s/BBBs	—
基础资产加权平均级别	As/A-s	BBB+s/BBBs	—
加权平均账龄（年）	2.20	0.20	1.08
加权平均剩余期限（年）	5.57	1.61	3.66

资料来源：中债资信根据公开资料整理。

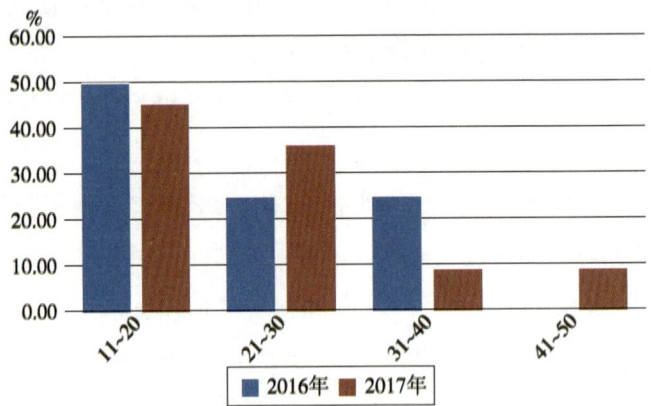

资料来源：中债资信根据公开资料整理。

图42 借款人户数分布

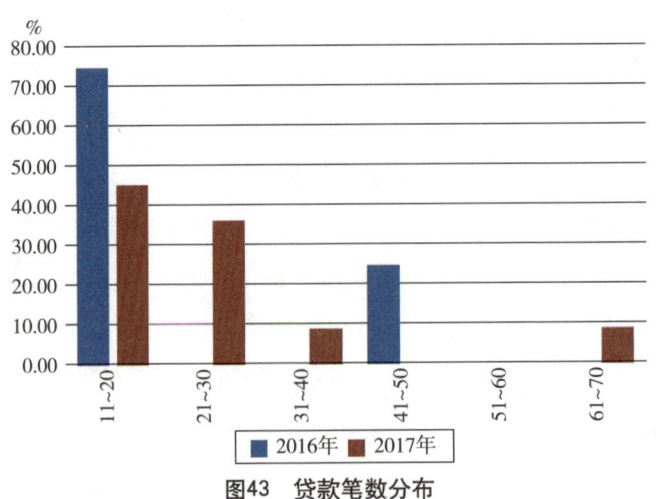

图43 贷款笔数分布

第一篇 市场运行情况

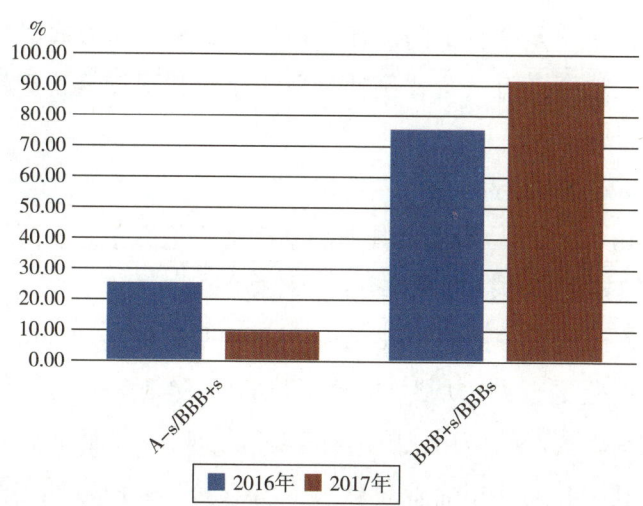

资料来源：中债资信根据公开资料整理。

图44 借款人加权平均级别分布

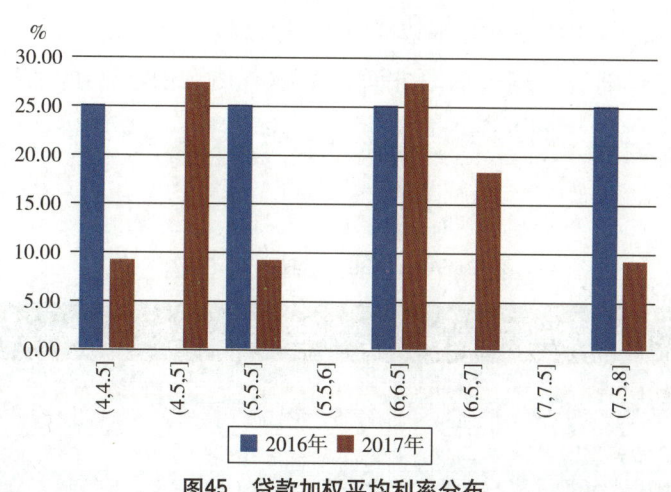

图45 贷款加权平均利率分布

与2016年相比，2017年所发行LEASE产品在借款人户数和笔数的分布上有右移也就是向右更加分散的趋势，主要集中在15~50，加权平均贷款笔数自2016年的27.59上升到2017年的28.40，集中度风险有所缓

51

解。在加权平均级别分布方面，略有右移，低级别的资产略有上升，即基础资产的信用质量略有下降。在加权平均利率分布方面，分布左移，部分是因为入池资产有一定比例的贷款为浮动利率贷款，贷款利率有所下降。

（3）Auto ABS产品

对于Auto ABS产品而言，其产品基础资产笔数较多，且有一定的账龄，剩余期限较短，加权平均利率一般较高。

在基础资产笔数方面，Auto ABS产品的基础资产均为个人贷款，笔数较多，跨度范围较大，从5 416笔到116 183笔不等，分散度较高，能够有效分散基础资产的信用风险。在基础资产利率方面，Auto ABS产品的加权平均利率相对于以企业贷款为主的CLO产品而言处于较高水平，加权平均贷款利率的均值为6.49%，但相较于2016年加权平均利率7.37%仍有显著下降，主要是受降息影响及贴息贷款入池影响。在基础资产账龄方面，Auto ABS的账龄多数在0~1.5年之间，有一定的账龄，还款记录良好。在基础资产剩余期限方面，多数Auto ABS产品的加权平均剩余期限在1.5~2.5年之间，剩余期限较短，能有效降低基础资产违约风险的暴露时间。

表19 Auto ABS产品基础资产概览

基础资产特征	最大值	最小值	平均值
基础资产笔数（笔）	116 183	5 416	63 945.81
加权平均贷款利率（%）	15.92	1.85	6.49
加权平均账龄（年）	1.35	0.22	0.79
加权平均剩余期限（年）	2.62	1.51	2.00

资料来源：中债资信根据公开资料整理。

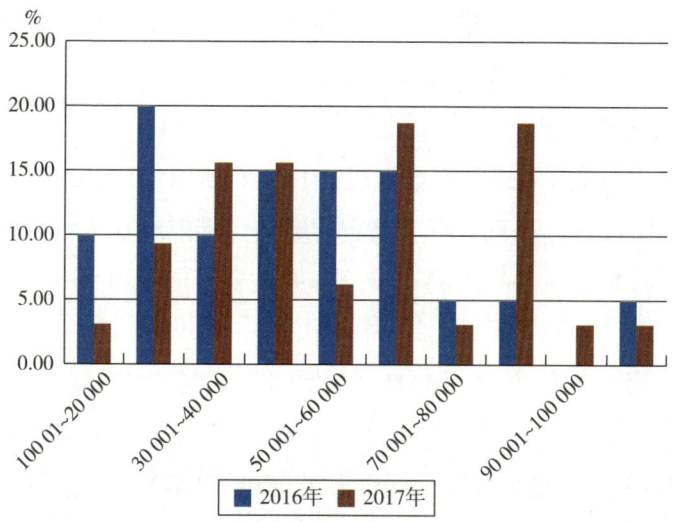

资料来源：中债资信根据公开资料整理。

图46　32单产品基础资产笔数分布

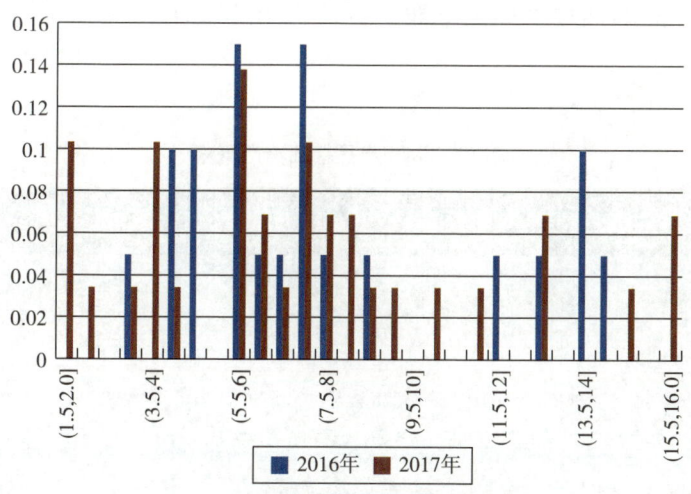

图47　32单产品贷款加权平均利率分布

与2016年相比，2017年Auto ABS基础资产笔数分布更广更平均。而利率分布更靠近低利率区域，整体利率有所下降。

（4）RMBS产品

2017年发行的RMBS产品数量较2016年有所增加，其基础资产笔数较多，集中风险较低，基础资产有一定的账龄，能够增加借款人违约成本，但剩余期限很长，风险暴露周期较长，加权平均贷款利率一般，容易产生负利差风险。

在基础资产笔数方面，RMBS产品的基础资产均为个人贷款，笔数较多，跨度范围较大，从4 523笔到74 420笔不等，基础资产平均笔数在42 573笔左右，分散度较高，能够有效分散基础资产的信用风险。在基础资产利率方面，RMBS产品的加权平均利率一般，加权平均贷款利率的均值为4.77%。在基础资产账龄方面，RMBS产品的账龄多数在1.5~5年左右，有一定的账龄，还款记录良好。在基础资产剩余期限方面，多数RMBS产品的加权平均剩余期限较长，平均为10.04年，风险暴露期限较长。

表20 RMBS产品基础资产概览

基础资产特征	最大值	最小值	平均值
基础资产笔数（笔）	74 420	4 523	42 573.16
加权平均贷款利率（%）	4.99	4.22	4.77
加权平均账龄（年）	5.20	1.68	3.07
加权平均剩余期限（年）	18.69	7.16	10.04

资料来源：中债资信根据公开资料整理。

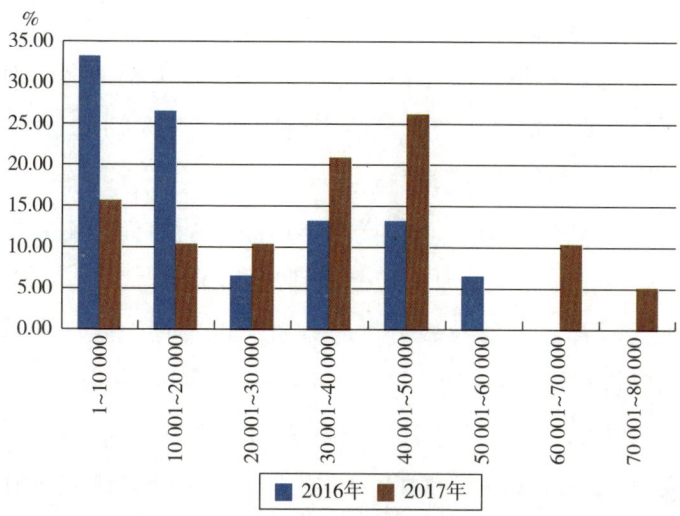

图48　19单RMBS产品基础资产笔数分布

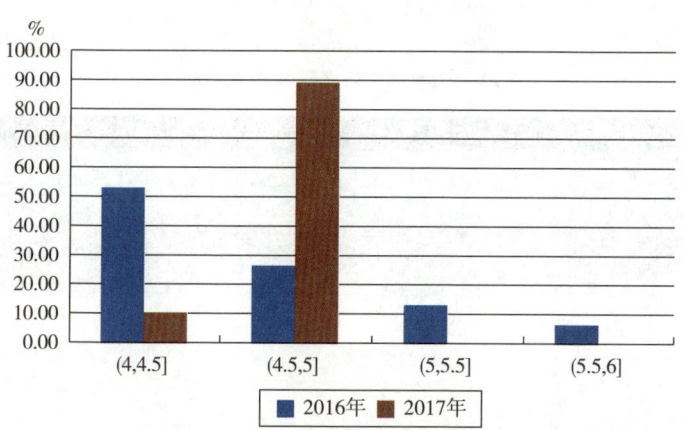

图49　19单RMBS产品贷款加权平均利率分布

与2016年相比，2017年所发行RMBS产品在借款人户数和笔数的分布上有右移也就是更加分散的趋势，加权平均贷款笔数从2016年的26 445.12上升到2017年的42 573.16。在加权平均利率分布方面，分布左移，利率高于6%的资产显著减少，这也是因为个人住房贷款多为浮动利率，受利率下行影响，基础整体利率下降。

（5）消费贷ABS产品

2017年发行23单消费贷ABS产品，较2016年大幅增多，对于消费贷ABS产品而言，其产品基础资产笔数有所增加，账龄有所减少，剩余期限基本持平，加权平均利率一般较高。

在基础资产笔数方面，消费贷ABS产品的基础资产均为个人贷款，笔数较多，跨度范围较大，从11 765笔到2 038 801笔不等，差异较大，总体来说分散度较高，能够有效分散基础资产的信用风险。在基础资产利率方面，消费贷ABS产品的加权平均利率相对于以企业贷款为主的CLO产品而言处于较高水平，加权平均贷款利率的均值为9.16。在基础资产账龄方面，消费贷ABS的账龄多数在0~1年之间，有一定的账龄，还款记录良好。在基础资产剩余期限方面，消费贷ABS产品的加权平均剩余期限较短，能有效降低基础资产违约风险的暴露时间。

表21　消费贷ABS产品基础资产概览

基础资产特征	最大值	最小值	平均值
基础资产笔数（笔）	2 038 801	11 765	792 665.89
加权平均贷款利率（%）	22.69	5	9.16
加权平均账龄（年）	0.94	0.03	0.33
加权平均剩余期限（年）	2.09	0.39	1.14

资料来源：中债资信根据公开资料整理。

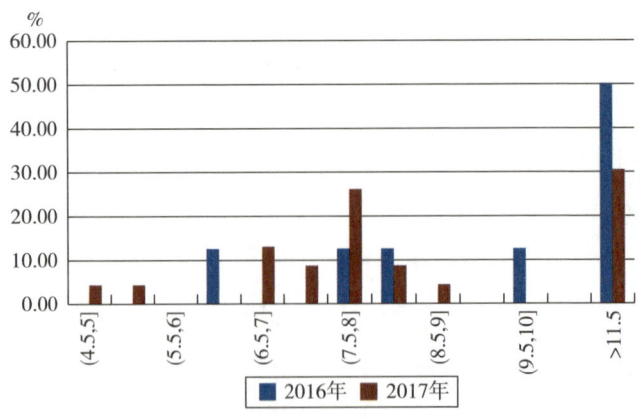

图50　23单产品贷款加权平均利率分布

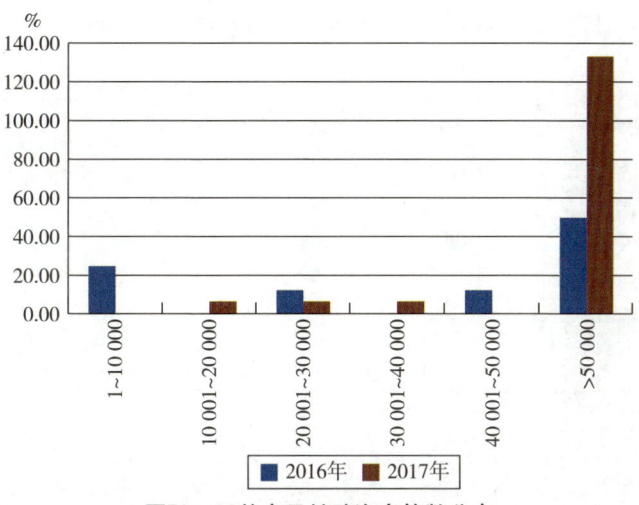

图51　23单产品基础资产笔数分布

（6）不良贷款证券化产品

截至2017年12月31日，银行间市场已成功发行19单不良资产支持证券，共计发行金额129.61亿元，累计处置银行信贷不良资产494.13亿元；基础资产类别涵盖对公不良贷款、个人经营不良贷款（包含小微不良贷款）、个人住房不良贷款和个人消费不良贷款（包含信用卡不良贷款）。已发行的19单产品中对公和个贷不良分别为3单和16单，其中，对公类不良资产支持证券发行金额19.65亿元，累计处置银行对公类信贷不良资产57.30亿元，占总不良资产证券化处置金额的11.60%；个贷类不良资产支持证券发行金额109.96亿元，累计处置银行个贷类信贷不良资产436.83亿元，占总不良资产证券化处置金额的88.40%。不良资产证券化的发行进入第二年，不良资产证券化的创新性和灵活性得到充分展现，与常规的处置手段相比，其具有以下几个优势：第一，显著优化财务数据，降低经营成本；第二，处置手段和资源更加丰富；第三，投资者受众更广；第四，超额服务费的机制，为发起机构保留剩余价值分配的权利，激励发起机构的尽职意愿。

表22 已发行不良资产证券化产品总结

项目名称	年限	贷款类别	贷款笔数	担保方式（%）	入池本息（亿元）	回收率（%）	发行规模（亿元）	优先级/入池本金（%）	次级发行价格	超额抵押比率（%）
2017交诚1	3.15	对公	508	抵押1.27%、保证0.42%、抵押+保证95.61%、抵押+保证+质押2.70%	13.74	48.13	5.70	32.17	104	2.41
2017浦鑫1	0.94	信用卡	31 202	信用100%	21.47	10.98	1.64	5.93	104	13.07
2017苏誉1	2.87	对公	208	抵押16.98%、保证17.17%、保证+抵押64.01%、抵押+质押0.42%、抵押+质押0.50%、抵押+质押0.92%	23.33	34.24	7.25	23.36	107	3.22
2017建鑫1	2.83	个人住房	8 205	抵押99.46%、抵押+保证0.27%、抵押加阶段性保证0.27%	26.71	81.19	14.00	39.69	110	—
2017龙兴1	1.57	对公	86	保证6.57%、抵押+抵押89.97%、保证+抵押+质押3.46%	20.22	44.52	6.70	24.72	113	3.02
2017兴瑞1	0.92	信用卡	63 829	信用100%	16.20	14.52	1.59	8.27	110	10.19
2017和萃2	2.50	小微、个人住房	640	抵押95.35%、抵押+保证4.65%	5.08	52.08	2.10	31.49	100	—
2017工元2	2.58	个人经营、个人消费、个人住房	13 926	抵押76.13%、抵押+保证23.75%、抵押+质押0.12%	83.47	53.77	36.00	34.50	106	2.32
2017工元1	1.00	信用卡	155 797	信用100%	33.14	13.48	4.06	9.23	104	8.16

续表

项目名称	年限	贷款类别	贷款笔数	担保方式（%）	入池本息（亿元）	回收率（%）	发行规模（亿元）	优先级/入池本金（%）	次级发行价格	超额抵押比率（%）
2017和萃1	1.08	信用卡	48 119	信用100%	16.99	17.90	2.30	10.59	100	7.39
2017鸿富1	0.99	信用卡	34 869	信用100%	24.06	10.66	2.05	6.65	108	11.74
2017中誉2	2.16	个人住房	2 725	抵押73.32%、抵押+保证24.21%、抵押+保证+质押2.32%、抵押+阶段性保证0.09%、抵押+质押0.06%	10.71	56.65	5.36	39.04	116	—
2017中誉1	0.92	信用卡	12 011	信用100%	21.39	14.25	1.88	47.17	108	11.38
2017和萃3	0.58	信用卡	48 794	信用100%	15.79	16.82	2.10	10.51	100	—
2017建鑫2	0.58	信用卡	135 671	信用100%	29.72	24.26	5.00	13.46	105	5.94
2017农盈2	1.10	信用卡	27 803	信用100%	21.30	12.95	1.95	6.56	101	10.28
2017臻金1	1.10	小微、个人住房	167	抵押+保证57.38%、抵押42.62%	2.82	57.01	1.33	33.75	122	—
2017工元7	3.08	个人经营、个人消费、个人住房	12 913	抵押67.02%、抵押+保证32.98%	57.18	52.36	23.50	32.18	103	2.20
2017工元6	1.00	信用卡	156 047	信用100%	50.81	11.60	5.10	7.97	101	9.96

资料来源：中债资信根据公开资料整理。

从发行结果来看，与正常类贷款证券化产品发行金额一般为入池资产未偿本金余额不同的是，不良贷款证券化产品的发行总额小于资产池未偿本息总额，小于资产池预期回收金额，因为不良贷款证券化产品尚在试点阶段，产品的发行方和投资方处于探索期：发行规模在10亿元以上的只有3单，分别为建鑫2017年第一期不良资产支持证券14亿元、工元2017年第二期不良资产支持证券36亿元、工元2017年第七期不良资产支持证券23.5亿元。19单产品优先档发行利率为4.5%~6.0%，平均水平高于同期其他可比产品。

根据监管机构的要求，不良资产证券化所有入池资产截至评估基准日均为不良类贷款，也就是商业银行贷款五级分类中的次级、可疑以及损失类贷款。综合19单产品情况来看，次级类贷款的未偿本息余额在总入池贷款中的占比为21.06%，可疑类贷款的未偿本息余额在总入池贷款中的占比为40.37%，损失类贷款的未偿本息余额占比为38.57%。从贷款五级分类的分布可以看出，相较于上年次级类贷款占比较高的情况，2018年银行挑选的入池资产向可疑贷款和损失贷款倾斜，可见经过去年的尝试，不良资产证券化一定程度上得到了投资人的认可，银行进一步利用不良资产证券化的手段来处理资产。

表23 入池不良贷款五级分类情况

	次级		可疑		损失	
	未偿本息余额（万元）	余额占比（%）	未偿本息余额（万元）	余额占比（%）	未偿本息余额（万元）	余额占比（%）
2017交诚1	6 973.23	5.07	103 711.29	75.47	26 728.00	19.45
2017浦鑫1	15 551.55	7.24	32 825.20	15.29	166 331.77	77.47
2017苏誉1	99 063.49	42.46	115 362.07	49.44	18 898.57	8.10
2017建鑫1	141 168.92	52.86	121 770.59	45.59	4 140.93	1.55

续表

	次级		可疑		损失	
	未偿本息余额（万元）	余额占比（%）	未偿本息余额（万元）	余额占比（%）	未偿本息余额（万元）	余额占比（%）
2017龙兴1	186 448.80	92.19	15 796.15	7.81	0.00	0.00
2017兴瑞1	11 860.81	7.32	45 892.13	28.34	104 197.43	64.34
2017和萃2	28 636.98	56.37	16 995.65	33.45	5 170.68	10.18
2017工元2	153 470.82	18.39	676 751.51	81.07	4 506.85	0.54
2017工元1	18 625.92	5.62	50 787.84	15.32	261 999.87	79.06
2017和萃1	44 560.40	26.23	40 630.95	23.91	84 719.85	49.86
2017鸿富1	37 271.99	15.49	68 327.00	28.40	135 004.71	56.11
2017中誉2	21 963.48	20.52	39 370.60	36.78	45 722.33	42.71
2017中誉1	13 147.83	6.15	26 457.00	12.37	174 266.64	81.48
2017和萃3	25 189.84	15.95	34 482.08	21.83	98 266.66	62.22
2017建鑫2	39 115.77	13.16	75 248.05	25.32	182 821.07	61.52
2017农盈2	14 593.36	6.85	27 936.13	13.12	170 477.52	80.03
2017臻金1	13 335.35	47.37	14 500.53	51.51	314.64	1.12
2017工元7	140 817.16	24.63	424 598.15	74.25	6 413.98	1.12
2017工元6	28 924.62	5.69	63 415.31	12.48	415 713.31	81.82
总计	1 040 720.32	21.06	1 994 858.33	40.37	1 905 694.81	38.57

对于对公类贷款而言，根据商业银行贷款五级分类标准，次级贷款的预计损失率为30%~50%，可疑贷款的预计损失率为50%~75%，而损失贷款的预计损失率为75%~100%。目前已发行的3单产品中五级分类主要集中在次级类、可疑类。

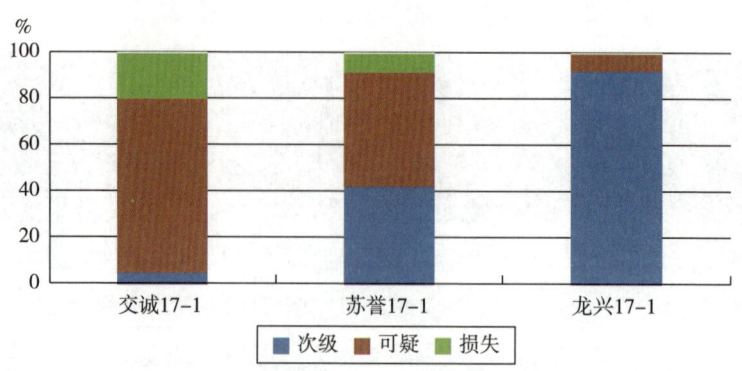

数据来源：中债资信根据发行说明书整理。

图52　对公入池不良基础资产五级分类

我国商业银行个人贷款主要按照逾期天数、担保方式与风险特征进行五级分类划分。信用类主要集中在可疑类、损失类，抵押类主要集中于次级类、可疑类。

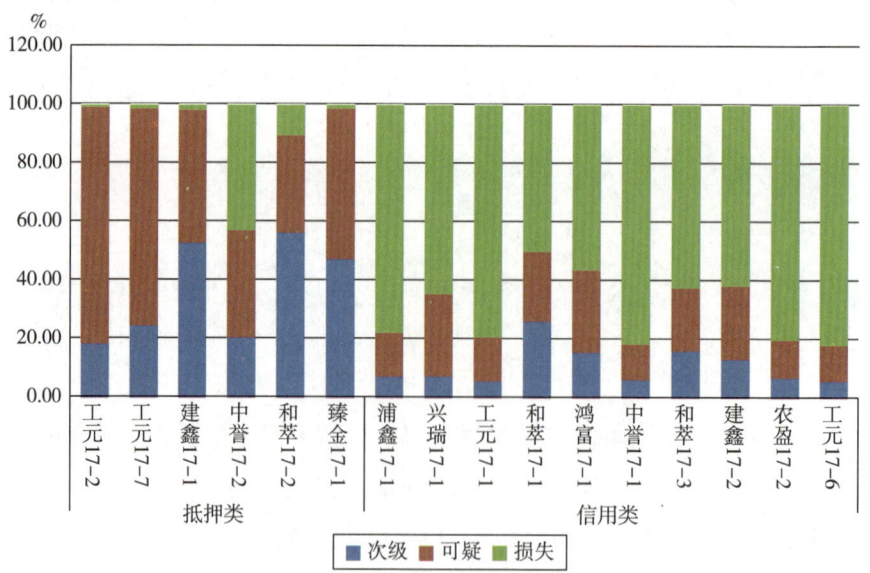

图53　个贷入池不良基础资产五级分类

入池贷款笔数在86~156 047笔之间，2017交诚1、2017苏誉1、2017龙兴1这3单的基础资产均为对公不良贷款，地区集中度很高，集中地区主要为江苏、河北、广东、安徽、浙江等不良贷款高发地区，不过以上地区的市场经济较发达，司法环境相对较好，有利于不良资产的回收，另外16单的基础资产地区分布则较为分散。

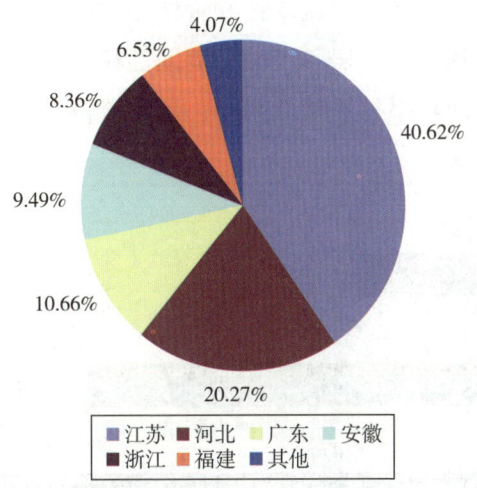

资料来源：中债资信根据公开资料整理。

图54　借款人地区分布（对公类）

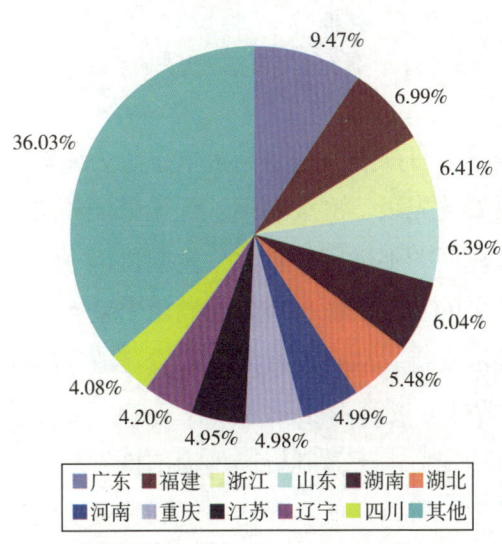

资料来源：中债资信根据公开资料整理。

图55　借款人地区分布（个贷类）

从回收率来看，已发行19单产品中，回收率最高为2017建鑫1的81.19%，回收率最低为2017鸿富1的10.66%，回收率的差异主要来源于入池贷款类型的不同，个人住房抵押贷款以个人住房为抵押物，对资产池回收可靠性和预期回收水平形成了很好的支撑，所以回收率也最高；小微贷款抵押物多数为商铺和住宅，流动性和价值相对高，所以回收率也相对较高；对公贷款抵押物多为厂房和土地，流动性相对低，且有一定比例的贷款是信用保证的，回收率处于较低水平；信用卡贷款是纯保证贷款，没有抵押物，回收率最低。

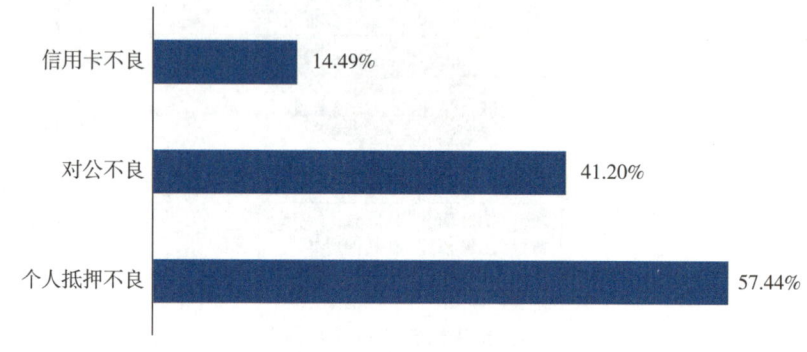

资料来源：中债资信根据公开资料整理。

图56 各类型不良基础资产回收率

从交易结构来看，目前不良项目均采取了较为谨慎的安排，19单产品在分层结构上仅设置优先级、次级两档，优先级证券均采用过手型偿付；由于不良贷款回收时间的不确定性较大，发起机构一般会提供流动性支持以保证期间债券利息的及时偿付，有时为满足出表需求，也会寻找其他机构为证券提供流动性支持。从已发行产品来看，证券的存续期在2.85~6.67年之间，由于5年后部分资产可能还未处置完毕，交易文件中会对剩余资产的处置形式进行约定；由于基础资产均为不良贷款，在回收过程中需要较高金额的处置费用，所以一般会设立一定的处置费用，同时为实现最大化的贷款回收，一般会设立超额奖励服务费以激励贷款服务机构的尽职能力。

2.资产支持专项计划基础资产主要特点

2017年专项计划按照基础资产大类来分，收益权类基础资产集中于公用事业行业、交通运输行业与房地产行业，整体占比较去年有所下降；债权类基础资产2018年消费贷款行业超过融资租赁行业，占比居首。伴随着我国对PPP项目资产支持证券的支持及住房租赁市场的鼓励，2017年发行的产品中首次出现了以PPP资产支持证券及以长租公寓的租金收入为底层资产的ABS。本节将对这两类专项计划的基础资产特点和2018年市场情况进行阐述。

（1）收益权类基础资产

2017年全年，以收益权类基础资产发行的资产支持专项计划共计63单，发行金额为667.83亿元，2016年收益权类资产证券化占所有类型资产支持专项计划发行规模的比例达到19.22%，今年该比例有所下滑，仅为8.52%，说明在市场接受程度方面，收益权类仍不及相对较为成熟的债权类。收益权类基础资产相比于债权类基础资产，更依附于单一经营实体，经营实体的运行情况与未来现金流流入情况密切相关，所以在风险分析中，也更关注宏观经济风险以及原始权益人的运营能力。2017年，收益权类资产证券化的基础资产类型主要集中于公用事业、交通运输、房地产等几大行业领域，不同于2016年的地方在于公用事业类型中出现了PPP资产支持专项计划。

公用事业行业主要包括以供热费、电费、天然气费、环保处理费收益权为基础资产的专项计划，2017年新增以PPP项目的收费收益权为基础资产的专项计划。首先，公用事业行业属于城市建设的基础型行业，整体投资规模庞大，建设周期长，资金回收期长；其次，这些收费权属于自然垄断行业，提供服务的价格通常遵循政府定价，消费需求和价格均比较稳定，能够产生稳定、可预测的现金流；最后，这些民生资源的终端用户数量多，违约风险较小，且在用户违约时，可以及时采取措施以控制损失。

正因为上述诸多特点，公用事业属于非常适合通过资产证券化进行融资的一类行业。今年新增9单PPP项目，底层资产包括道路经营权收入、园区建设、隧道通行补贴、供热费收益权、环保处理费收益权、停车场收费收益权等。

运输行业中，主要包括车辆通行费收益权、公交经营收费收益权和公路客运收费收益权为基础资产的专项计划，公交经营收费收益权还款来源为居民，未来的现金流较为可靠、稳定。公路客运收费收益权和车辆通行费收益权的未来现金流的可靠性主要取决于当地的人口密度、客流量和地区发展情况。

房地产行业中物业收费权，原始权益人与客户签订的物业合约通常期限较长，包括物业管理费、停车费等服务收费产生的现金流也较为稳定，发行企业ABS是较为合适的大规模融资渠道。而且若物业公司服务的业主越多，收费对象的地域性越分散，则风险将进一步降低。2017年REITs产品发行12单，较2016年发行8单产品有一定的增长，基础资产中首次出现了住房租赁类REITs，落实我国"加大对住房租赁企业的金融支持力度，拓宽直接融资渠道，支持发行企业债券、公司债券、非金融企业债务融资工具等公司信用类债券及资产支持证券，专门用于发展住房租赁业务。鼓励地方政府出台优惠政策，积极支持并推动发展房地产投资信托基金（REITs）"的政策指示，新派公寓发行首单长租公寓资产类REITs，由基金管理人设立私募基金，私募基金持有项目公司股权，同时向项目公司发放委托贷款，项目公司持有入池物业资产。原始权益人将其持有的私募基金份额作为基础资产转让给专项计划发行资产支持证券。

PPP项目的付费方式包括使用者付费、政府付费和可行性缺口补贴三大类，还款来源的稳定性是PPP是否可以证券化的前提，对于公用事业类的项目，使用者多为居民，支付受外界经济环境影响较小，还款较为稳定；对于政府付费的项目，关键看政府信用及财政预算，来判断政府未来的还款能力。

表24 按收益权类基础资产所属行业统计发行规模与发行数量

基础资产类型	发行数量	发行规模（亿元）
公用事业		
电费收益权	5	43.57
供热费收益权	5	40.77
天然气收费收益权	3	22.25
环保处理费收益权	3	19.55
PPP	9	89.09
交通运输		
通行费收益权	3	23.50
公交经营收费收益权	4	46.37
公路客运收费收益权	2	11.93
房地产		
REITs	13	253.94
物业费收益权	4	52.62
其他类型		
门票收益权	2	4.73
票据收益权	9	47.11
总计	63	667.83

资料来源：中债资信根据公开资料整理。

（2）债权类基础资产

2017年全年，使用债权类基础资产发行的资产支持专项计划共计420单，发行金额达到7 169.70亿元，占全年所有产品发行总规模的91.48%，该比例较上一年度有小幅度上升，继续作为企业资产证券化市场中的主要成分，说明债权类资产仍是目前相对较为成熟和获得市场广泛认可的基础资产类型。

债权类基础资产中，以个人消费贷款为基础资产的专项计划的发行规模占据首位，但其中蚂蚁金服系列借呗、花呗共发行96单产品，发行规模占消费贷ABS的91.41%。消费贷款ABS规模迅速增长的原因，一是普惠金融政策的提出；二是居民消费习惯的改变及消费理念的升级；三是互联网金融平台可以借助于资产证券化的渠道提高资金周转率，发放更多的消费贷款获取收益，其发行的积极性较高。此外，消费金融类资产笔数多、金额小、分散度高、期限短、利率水平高的特点使得其较为适合资产证券化。但同时，由于消费贷款多为信用类贷款，对我国征信体系及发起人的风控模型提出了新的挑战，如何持续跟踪借款人的还款行为、贷款用途进而防控拖欠、违约风险也成为投资人重点考虑的因素。

首先，以融资租赁租金为基础资产的专项计划的发行规模与发行数量仍然处于高位，主要原因是融资租赁款的法律权属比较清晰，绝大部分专项计划中单笔融资租赁款的规模较小，可以有效降低专项计划资产池集中度；其次，融资租赁应收款利率水平较高存在较高利差；同时大部分融资租赁应收款均有保证金作为增信方式且专项计划拥有租赁物件所有权，基础资产安全性较高。从租赁市场情况来看，租赁公司总体业务量近年保持高速增长，租赁债权类ABS在未来仍拥有广阔空间。

以保理融资债权为基础资产的专项计划在发行规模和发行数量上较去年都有大幅上升，发行数量较去年增长6.3倍，发行规模增长7.51倍，占资产支持专项计划发行总量的7.22%。保理融资债权为债权人因申请保理服务而转让于原始权益人的应收账款债权，该转让的应收账款债权是基于债权人向债务人提供货物、服务而享有的债权。未来现金流的稳定性主要依赖于债务人到期付款的情况，债务人能否还款会受到整个经济周期及其所处行业的影响。

表25 按债权类基础资产所属行业统计发行规模与发行数量

基础资产类型	发行数量	发行规模（亿元）
个人消费贷款	121	2 790.86
租赁租金	69	790.61
保理融资债权	59	567.70
应收账款	56	815.20

续表

基础资产类型	发行数量	发行规模（亿元）
信托受益权	43	854.19
小额贷款	19	114.34
企业债权	19	785.58
商业房地产抵押贷款	15	460.30
融资融券债权	9	135.69
委托贷款	6	63.53
股票质押回购债权	3	24.46
保单贷款	2	15.00
总计	421	7 238.69

资料来源：中债资信根据公开资料整理。

3. 资产支持票据基础资产主要特点

2016年发行的资产支持票据基础资产类型主要是应收债权和租赁债权，2016年12月，交易商协会组织市场成员起草并发布了《非金融企业资产支持票据指引（修订稿）》，引入了特定目的载体（SPV）的同时，丰富了合格基础资产类型，基础资产可以是企业应收账款、租赁债权、信托受益权等财产权利等。2017年发行的资产支持票据基础资产在应收债权、租赁债权的基础上新增了PPP项目债权、基础设施收费债权、票据收益、消费贷款债权、信托受益债权等类型，其中租赁债权仍然占多数，发行规模占ABN发行总额的51.99%。

票据收益。建信（北京）投资基金管理有限责任公司2017年第一期资产支持票据，国内首单以理财资产为基础资产的资产支持票据。

基础设施收费债权。江苏扬子大桥股份有限公司2017年度第一期资产支持票据，基础资产为某个特定期限的特定金额的车辆通行费收益权。

消费贷款债权。北京京东世纪贸易有限公司2017年度第一期京东白条信托资产支持票据，为国内首单消费金融信托型ABN，基础资产为京东白条应收账款债权。

PPP项目债权。伴随国家政策不断推进符合条件的PPP项目通过资产证券化方式实现市场化融资，提高资金使用效率，更好地支持传统基础设施项目建设。2017年8月，华夏幸福固安新型城镇化PPP项目市政物业服务2017年度第一期资产支持票据作为首单银行间市场PPP资产证券化项目成功发行，以固安新型城镇化PPP项目市政物业收费收益权为基础资产。

表26 按基础资产类型统计发行规模与发行数量

基础资产类型	发行数量	发行规模（亿元）
租赁债权	17	298.93
应收债权	9	136.15
商业房地产抵押贷款	3	106.00
票据收益	1	2.00
信托受益债权	1	9.60
基础设施收费债权	1	5.27
PPP项目债权	1	2.00
消费贷款债权	1	15.00
合计	34	574.95

资料来源：中债资信根据相关资料整理。

4. 资产支持计划基础资产主要特点

2014年，《国务院关于加快发展现代保险服务业的若干意见》（国发〔2014〕29号）和《关于创新重点领域投融资机制鼓励社会投资的指导意见》（国发〔2014〕60号）均明确提出，支持保险机构探索发起资产证券化产品，鼓励保险机构通过资产支持计划形式对接存量资产。2015年保监会发布《资产支持计划业务管理暂行办法》，以促进资产支持计划业务创新，规范管理行为，加强风险控制，维护投资者合法权益，办法从基础资产、交易结构、发行登记转让、运作管理、信息披露等方面作出了明确规定。经过三年的发展，资产支持计划整体运作比较平稳，更好地对接了保险资金配置需求，同时盘活了存量资产，成为保险资金支持实体经济的有效手段。一是基础资产更加多样，涵盖保单质押贷款、融资租赁租金、小额贷款等领域。在满足实体经济融资需求的同时，也结合保险业特点，探索保险行业自身资产证券化。比如，以太平洋寿险保单质押贷款为基础资产的"长江养老—太平洋寿险保单贷款资产支持计划"，成为探索保险资产证券化的有益尝试。二是产品形式更符合保险资金需求。期限分布以5年期以上为主，充分发挥保险资金长期、稳定的优势，既满足保险资金长期配置需求，也为实体经济提供稳定的资金来源。三是风险管控进一步强化。资产支持计划对投资者的信息披露和风险提示标准逐步完善，保险机构内部风险责任人机制逐步健全，市场主体的风险管理责任进一步落实。

截至2017年末，保险机构累计发起设立45只资产支持计划，总规模达到1 496亿元。其中，2017年，9家保险资产管理机构发起设立13只资产支持计划，总规模252.78亿元。相比2016年，参与的保险资产管理机构增加了3家，发起设立的产品数量增加了6只。

表27　按基础资产类型统计发行规模与发行数量

基础资产类型	发行数量	发行规模（亿元）
租赁租金	10	210.78
小额贷款	2	17
其他	1	25
总计	13	252.78

资料来源：中债资信根据相关资料整理。

二、交易结构特征分析

1. 信贷资产支持证券交易结构

从支付类型来看，采用过手型支付的证券占据主导地位。

从产品统计来看，各档证券全部采用过手型证券的产品有113单，发行金额4 668.95亿元，占比78.18%；既有固定摊还型证券又有过手型证券的产品有20单，发行金额1 302.81亿元，占比21.82%；无到期一次还本型证券产品。过手型支付仍占主导地位，但相较去年有所下降，市场结构设计趋于复杂化、精细化，参与机构的设计尽职能力有进一步提升。

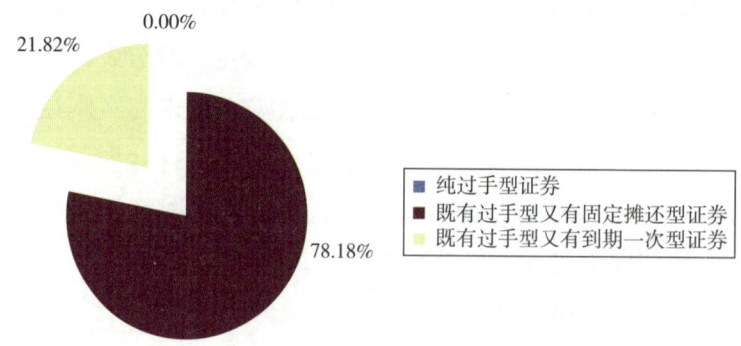

注：此统计未包括兴业皖新阅嘉一期房地产投资信托基金（REIT）资产支持证券相关数据。根据发行说明书，该资产支持证券未设次级证券，优先A级按年等额偿还本息，优先B级到期一次性还本。

图57　信贷资产支持证券偿还类型占比

从证券只数统计来看，过手型证券发行金额4 979.10亿元，占比83.38%；摊还型证券发行金额349.60亿元，占比5.85%；无到期一次还本型证券产品；次级证券发行金额643.06亿元，占比10.77%。过手型证券的发行金额是摊还型证券发行金额的14倍左右，可见在实践中过手型证券的使用频率更高，与基础资产现金流的匹配程度更高。虽然市场上逐步加大固定摊还型产品占比，但从各档证券来看，过手型依旧占据主流，产品设计精细化程度仍需进一步提升。

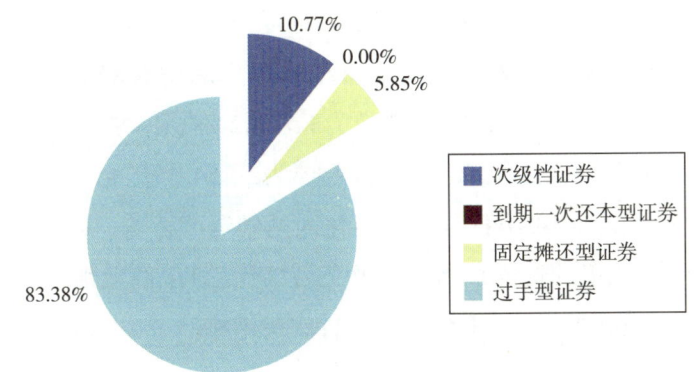

注：此统计未包括兴业皖新闽嘉一期房地产投资信托基金（REIT）资产支持证券相关数据。

图58　各档证券偿还方式占比

在信用增级措施方面，所发行的大部分产品均采用了优先/次级结构、分层设计，以及超额抵押的内部增信措施。其中，对于CLO产品和租赁资产支持证券，次级证券为优先级证券提供的信用增级量跨度比较大，平均来看，次级证券为优先级证券提供13.57%的信用增级量，处于较高水平。这是因为CLO和租赁资产支持证券的基础资产的信用质量参差不齐，但发起机构一般又对优先级证券的信用等级有一定要求。因此次级证券为优先级证券提供的信用增级量需要体现基础资产的信用风险，使其与优先级证券的级别相匹配。对于不良资产证券化产品，由于其基础资产特殊，回收估计较为复杂，故使用了简单的优先A级、次级交易结构，因此次级证券为优先级证券所需提供的信用增级量更高为22.06%。

对于Auto Loan ABS、RMBS以及消费贷款ABS产品，次级证券为优先级证券提供的信用增级量相对较低，分别为9.77%、10.46%、7.88%，而且各产品的内部增信结构也比较稳定，这是因为这三类产品的基础资产均为个人贷款，信用质量比较接近且入池资产笔数较多、分散度较高，基础资产的违约及损失分布比较稳定，因此优先级证券获得与之信用等级相匹配的信用增级量也较稳定。在优先级级别设置上，绝大部分产品仅设置了优先A级，风险收益水平较大的优先B级证券设置较少。

从产品统计来看，2017年发行的134单产品中有87单采取了优先A级、优先B级的证券设计，发行规模为3 723.24亿元，占全年发行规模的62.29%；47单未设置优先B档，发行规模为2 254.05亿元，占全年发行规模的37.71%，其中19单不良资产证券化因基础资产特殊，回收估计较为复杂，故使用了简单的优先A级、次级交易结构，1单商业地产抵押贷款证券化未采用优先A级、优先B级、未设置次级结构。

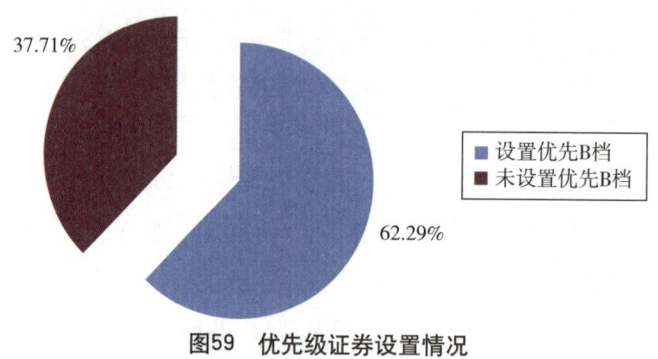

图59　优先级证券设置情况

优先B级证券作为夹层证券，风险大于优先A级证券低于次级证券，收益高于优先A级证券，且相较于次级证券的无票面利率，更能锁定收益，利于投资者估计收益水平，其设置为部分风险偏好投资者提供了较好的投资品种。

2. 资产支持专项计划交易结构

（1）交易结构特点

在交易所发行的资产支持专项计划在交易结构方面与银行间市场的信贷资产证券化产品相比既有一定的相似之处也有不同的特点。资产支持专项计划的大部分产品也采用了单SPV的交易结构，与银行间市场的信贷资产证券化产品采用信托计划作为SPV不同，交易所产品SPV的角色一般为券商或基金子公司设立的专项计划。由于两者属性的不同和具体实现破产隔离的方式上也有所不同。在信托计划作为SPV的模式下，基础资产的破产隔离受《信托法》的保护。《信托法》中规定，信托财产具有所有权和收益权相分离的特征，其所有权归属于受托人，在委托人破产时，信托财产不作为委托人的清算财产。在资产支持专项计划中，专项计划不是法人主体，不满足《信托法》中的相关规定，但在《证券公司及基金管理子公司资产证券化管理规定》中对破产时专项计划财产的处理做了明确：原始权益人、管理人、托管人及其他业务参与人因依法解散、被依法撤销或者宣告破产等原因进行清算的，专项计划资产不属于其清算财产。可见两者在同为单SPV的情况下，实现破产隔离所依据的法律法规并不相同，在出现纠纷时能实现的破产隔离效果都有待在实践中得到检验。

同时由于专项计划下基础资产的特点也产生了较多双SPV交易结构的产品。因为在《证券公司及基金管理子公司资产证券化管理规定》中可以进行证券化的合格资产必须满足以下条件，包括资产权属明确，在未来可以产生独立、可预测的现金流且可特定化的财产权利或财产。但对于收费收益权类型的基础资产包括学费、门票收入、影院票款、租金收入、应收账款等类型的资产来讲，很多主体未来的现金流金额在实际中可能存在较大的不确定性或者是现金流的分布有较大的不确定性，同时现金流的产生也与主体的经营情况密切相关，从这两个角度来讲不能完全满足进行证券化项目的基础资产所需要的条件。但是在专项计划SPV之前再设立信托计划作为第一层SPV，即由委托人向融资人通过信托计划发放委托贷款，融资人通过其拥有的相关收益权的底层基础资产偿还委托贷款，由于贷款的发放产生了具有明确还款计划的债权，因此再将该信托受益权作为基础资产转让给第二层SPV专项计划时，该基础资产就具有了相对明确的现金流。2017年基础资产为信托收益权的资产支持专项计划规模也有了较大的扩升。

（2）增信措施特点

增信措施方面，资产支持专项计划所采用的增信措施与信贷资产支持证券相比在内部增信措施上比较相似,即一般通过证券化结构的内部调整,将现金流重新分配,使债券达到所需的信用等级,包括优先与次级分层结构、现金流储备账户、超额抵押、信用触发机制等。在外部增信措施方面,虽然可使用的方式也比较类似,但由于专项计划下对应的基础资产,尤其是收费收益权类的资产在很大程度上依靠原始权益人的生产经营情况难以实现真实出售,在原始权益人经营情况出现问题时,内部增信措施难以实现有效增信。因此该种情况下一般都会引入外部增信措施包括差额支付承诺、质押担保、第三方保证人担保等。其中差额支付承诺是指当现金流流入不足以支付优先级资产支持证券本金或利息时,原始权益人或原始权益人母公司对差额部分承担补足义务的条款,该种方式在资产支持专项计划中较为常见。质押担保是指通过将原始权益人在证券存续期内未来的收费收益权质押给资产支持专项计划,取得增信的方式,如在星美国际影院信托受益权资产支持专项计划中,23家借款人将所有影院在质押期间内因进行电影放映经营而对购票人取得的票房收入应收账款的权利进行质押,该种方式在收费收益权或信托收益权为基础资产的专项计划中较为常见。第三方保证担保的方式一般通过引入外部担保机构,由原始权益人向担保机构支付一定的担保费用,获得对证券的信用增级,担保费用一般取决于担保机构的级别及交易文件约定的担保内容。

3.资产支持票据交易结构

(1)特殊目的信托

2016年底交易商协会发布了《非金融企业资产支持票据指引(修订稿)》,修订稿中针对交易结构方面既保留了原来的操作模式也引入了特定目的载体(SPV)的模式。在原有的规定中未允许SPV作为资产支持票据的发行人,发起机构一般通过设立资金监管账户,同时将基础资产进行质押,达到一定程度的风险隔离。新版ABN的规定中,未禁止原有的交易结构模式,但是支持了引入特殊目的载体(SPV)作为基础资产的受让方以及资产支持票据的发行人，这里一般是通过将基础资产转让给信托机构，成立信托计划，由信托机构设立资产支持票据。由于信托机构的引入，使发起机构的基础财产实现了相对原来较好的破产隔离和真实出售的效果。在2017年发行的34单，发行金额约570亿元的资产支持票据中全都引入了信托机构作为SPV，设立资产支持票据，较传统结构的ABN项目达到了更好的破产隔离效果。

（2）一次注册多次发行

2017年6月16日，民生银行2017年度第一期企业应收账款资产支持票据（17民生ABN001）成功发行，标志着银行间市场首单采用一次注册批量发行的信托型ABN（资产支持票据）的落地。该期项目打破了ABN原有的单次注册、单次发行的模式，由于在注册文件中详细披露了基础资产的准入机制、尽职调查机制、资产操作管理办法等一系列操作制度，通过了"一次注册、多次发行"的批量发行方案。同时该项目为首单引入发起机构代理人角色的项目，由银行代理对接多家企业发起机构，打包多家发起机构的应收账款债权作为基础资产，配合一次注册、多次发行的发行模式，极大地提高了企业作为发起机构通过ABN实现融资的方式。同时民生银行为相应的入池资产提供了信用证、付款保函等担保措施，整体提高了入池资产的信用级别，为企业融资降低了融资成本。未来ABN市场有望出现更多一次注册、多次发行的项目，提高整体的发行效率。

（3）增信措施

资产支持票据（ABN）的增信措施与信贷资产证券化产品和资产支持专项计划类似也分为内部增信及外部增信。其中内部增信的主要措施有[①]：优先级/次级结构、超额利差、超额现金流覆盖、超额抵押、保证金账户、现金储备账户、信用触发机制等。外部增信的主要措施有：第三方担保、原始权益人差额支付、原始权益人回购承诺、原始权益人流

[①] 各单产品具体选用的增信措施可能不同，不一定全部选用。外部增信同。

动性支持、收益权质押、基础资产抵押、金融产品担保及发起人购买次级产品等，与企业发起的资产支持专项计划类似，由于基础资产较大程度与原始权益人的生成经营情况相关，当原始权益人出现严重的现金流问题时内部增信措施往往不能起到增信的作用，故在ABN中使用差额支付承诺、第三方担保、收益权质押担保等外部增信方式的也比较普遍。增信措施的使用使原资产支持票据产品得到了来自内部或外部的增信支持，增强了投资者的信心，也为其顺利发行和降低发行成本起到了重大的作用。

4. 资产支持计划交易结构

经过三年的发展，资产支持计划的发行机制更加顺畅。资产支持计划首单核准，同类产品报告的机制运作逐步成熟。2017年，共有约130亿元规模的资产支持计划采取报告方式设立，占比51%。在把牢风险防控的同时，提高了产品发行设立的效率。在交易结构设置上，资产支持计划与资产支持证券、资产支持专项计划近似。另外在增信措施方面，除了优先级/次级分层结构、基础资产池利率与优先级受益凭证利率的超额利差、原始权益人提供的流动性支持以及回购安排等常见措施之外，部分资产支持计划也出现了一些具有保险行业特点的设置，如保险公司对原始权益人的回购及债务偿付义务提供履约保证保险，相当于在证券化过程中以证券化产品为保险标的向保险公司进行投保。

第四章 资产证券化参与机构概览

一、信贷资产支持证券

1. 发起机构

发起机构通过将资产证券化的手段来实现增强资产的流动性、盈利等目的，发起机构虽然转让了资产，但是由于其具有现成的贷款管理系统和客户关系，所以一般其会顺理成章地成为交易的贷款服务机构，其主要负责管理基础资产的日常运作，负责收取本金和利息，追收拖欠资金等工作，并向受托机构和投资者定期提供资产服务管理报告。贷款服务机构尽职能力直接影响着资产的回收情况。贷款服务机构是接受受托机构委托管理资产池的，因此其会按所管理资产的一定比例收取服务费，这也构成了发起机构一项收入来源。

2017年，信贷资产支持证券的发起机构类型进一步丰富，仍然呈现多元化趋势，政策性银行、国有商业银行、股份制商业银行、汽车金融公司、城市商业银行、消费金融公司、农商行和金融租赁公司仍然有发行，受监管的规定，公积金中心今年没有发行。其中，从发起机构数量和发行金额看，股份制商业银行依然是发行的主力军，国有商业银行发行金额及数量迅速崛起，稳站第一的位置，汽车金融公司发行金额和发行量也大幅增加。

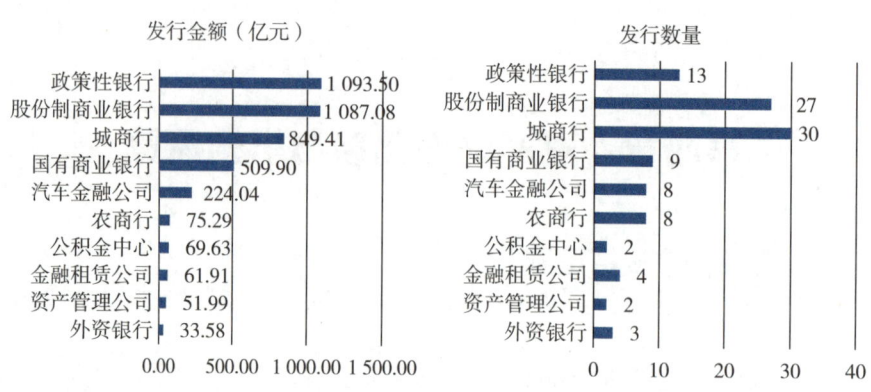

资料来源：中债资信根据公开资料整理。

图60　2016年已发行信贷资产支持证券发起机构类型分布

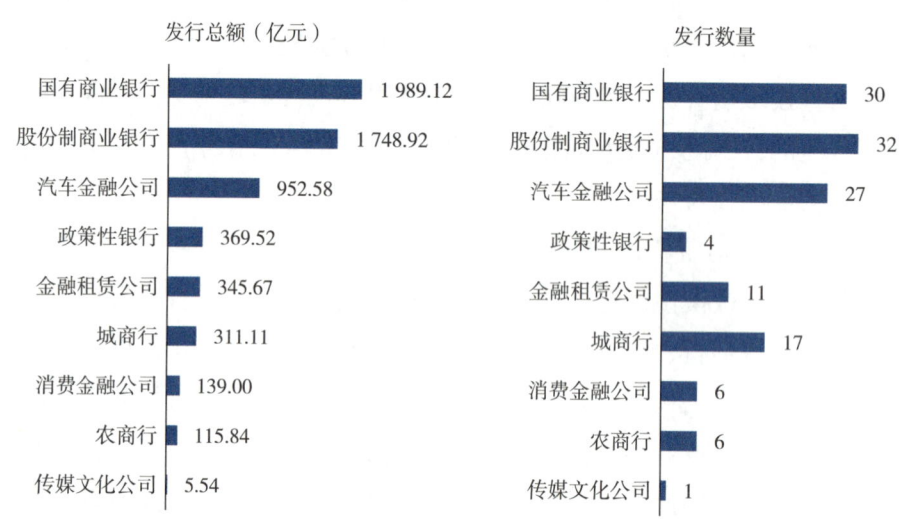

资料来源：中债资信根据公开资料整理。

图61　2017年已发行信贷资产支持证券发起机构类型分布

发起机构及贷款服务机构方面[①]，2012年至2017年，共有125家机构参与资产支持证券的发起，排名前十的发起机构共发行9 980.42亿元，占总

---

① 实际业务中，发起机构与贷款服务机构一致。

发行规模近58.32%。2017年的发起机构数量为63家，其中发行规模最大的中国建设银行股份有限公司占比超过10%。

表28　2012—2017年发行金额排名前十的发起机构发行情况

发起机构	发行金额（亿元）	全市场占比（%）
国家开发银行	2 907.91	16.99
中国建设银行股份有限公司	1 344.35	7.86
招商银行股份有限公司	1 341.00	7.84
中国工商银行股份有限公司	898.11	5.25
中国银行股份有限公司	869.08	5.08
交通银行股份有限公司	661.96	3.87
兴业银行股份有限公司	651.01	3.80
中国民生银行股份有限公司	504.69	2.95
中信银行股份有限公司	421.09	2.46
上海市公积金管理中心	381.22	2.23
合计	9 980.42	58.32

数据来源：Wind、中债资信资产证券化信息服务平台http://abs.chinaratings.com.cn/。

表29　2017年发行金额排名前十的发起机构发行情况

发起机构	发行金额（亿元）	全市场占比（%）	占比较上年变化情况（%）
中国建设银行股份有限公司	857.66	14.35	4.27
招商银行股份有限公司	714.92	11.96	8.07
中国工商银行股份有限公司	465.65	7.79	3.71
交通银行股份有限公司	385.70	6.45	4.00
国家开发银行	369.52	6.18	−4.44
中信银行股份有限公司	272.61	4.56	3.85
中国银行股份有限公司	263.83	4.41	−3.83
兴业银行股份有限公司	215.29	3.60	2.25
中国光大银行股份有限公司	191.93	3.21	3.21
广发银行股份有限公司	127.71	2.14	0.81
总计	3 864.82	64.66	

数据来源：中债资信根据公开资料整理。

2. 受托机构

受托机构一般是信托机构,代表投资者对于资产实施监督、管理,其一般会设立专门账户,将账户内流入的资金定期支付给投资者。受托机构主要职能为依照信托合同约定负责管理信托财产,持续披露信托财产和资产支持证券信息,依照信托合同约定分配信托利益等。2017年发行人数量达到23家,与2016年发行人数量(22家)基本持平。其中2017年排名前三的发行人发行规模占比均超过10%,发行金额达3 226.47亿元。

表30 2017年发行金额排名前十的发行人发行情况

发行机构	发行金额(亿元)	全市场占比(%)	占比较上年变化情况(%)
中信信托有限责任公司	1 286.12	21.52	1.86
华润深国投信托有限公司	1 054.26	17.64	13.53
建信信托有限责任公司	886.08	14.82	0.52
交银国际信托有限公司	811.92	13.58	6.16
上海国际信托有限公司	520.63	8.71	−5.92
安徽国元信托有限责任公司	199.96	3.35	3.35
英大国际信托有限责任公司	193.98	3.25	2.54
兴业国际信托有限公司	191.28	3.20	1.99
中国对外经济贸易信托有限公司	187.74	3.14	−2.25
中粮信托有限责任公司	160.00	2.68	−1.88
总计	5 491.97	91.88	1.86

数据来源:中债资信根据公开资料整理。

3. 主承销商

主承销商一般是证券公司,主要职能是中华人民共和国有关法律、法规组织承销团,全面实施优先级资产支持证券的承销事宜。实践中主承销商会协助发起机构向银监会进行备案登记并协助发起机构获得人民银行关于发行本合同项下资产支持证券的批准，协助发行人发行资产支持证券，协助发行人完成资产支持证券的簿记建档工作。2017年机构数量达到38家，较2016年（23家）有所增加。从2017年数据来看，主承销商中参与发行规模最大的是招商证券股份有限公司，发行规模占比近51.71%。

表31　2017年发行金额排名前十的主承销商及发行情况

主承销商	发行金额（亿元）	全市场占比（%）
招商证券股份有限公司	3 091.14	51.71
中信证券股份有限公司	2 317.06	38.76
中信建投证券股份有限公司	1 779.74	29.78
中国工商银行股份有限公司	917.90	15.36
中国银行股份有限公司	518.79	8.68
国开证券股份有限公司	485.04	8.11
交通银行股份有限公司	475.25	7.95
华泰证券股份有限公司	464.92	7.78
国泰君安证券股份有限公司	419.41	7.02
光大证券股份有限公司	381.24	6.38
总计	10 850.49	

注：存在一个项目由多个承销商联主，统计时该项目发行金额同时计入相关的承销商，存在重复统计。
全市场占比=主承销商承销金额/全市场发行总额，由于存在重复统计情况，故全市场占比加总大于100%。
数据来源：中债资信根据公开资料整理。

4. 资金保管机构

资金保管机构负责保管信托财产资金的安全，依照资金保管合同约定方式，向资产支持证券持有人支付本金及收益，定期向受托机构提供资金保管报告，报告资金管理情况和资产支持证券收益支付情况。2017年参与资产证券化资金保管的机构共有25家，与2016年全年机构数量25家持平。2017年排名前十的机构总保管资金规模为4 943.27亿元，占总规模的82.70%，较2016年的前十大机构占比（80.94%）有所上升。

表32 2017年排名前十的资金保管机构及资金保管情况

资金保管机构	发行金额（亿元）	全市场占比（%）
中国工商银行股份有限公司	968.08	16.20
招商银行股份有限公司	630.36	10.55
中国民生银行股份有限公司	617.88	10.34
中国银行股份有限公司	609.76	10.20
中国建设银行股份有限公司	524.80	8.78
兴业银行股份有限公司	401.44	6.72
华夏银行股份有限公司	385.32	6.45
上海浦东发展银行股份有限公司	314.84	5.27
中国邮政储蓄银行股份有限公司	246.12	4.12
中国农业银行股份有限公司	244.68	4.09
合计	4 943.27	82.70

数据来源：中债资信资产证券化信息服务平台http://abs.chinaratings.com.cn/。

5. 评级机构

在资产证券化交易中，评级机构需要对入池资产的信用质量以及证券最后的分层结果出具专业的风险评估意见，并且在证券发行后如果优先档证券的本金未偿付完毕，评级机构仍然会持续地对证券跟踪监督。银行间市场信贷资产证券化产品采用的是双评级模式，投资人付费模式的评级机构为中债资信评估有限责任公司，发行人付费模式的评级机构主要有5家，2017年参与评级最多的机构是中诚信国际信用评级有限责任公司，占比为53.37%，相较于2016年的占比49.93%有所上升。

表33　2017年评级机构发行金额及发行金额占比（除中债资信外）

评级机构	发行金额（亿元）	全市场占比（%）	占比较上年变化情况（%）
中诚信国际信用评级有限责任公司	3 189.80	53.37	3.44
联合资信评估有限公司	2 428.75	40.63	5.42
大公国际资信评估有限公司	151.35	2.53	1.28
东方金诚国际信用评估有限公司	105.30	1.76	−4.01
上海新世纪资信评估投资服务有限公司	102.10	1.71	0.46
总计	5 977.29	100.00	

数据来源：中债资信根据公开资料整理。

二、资产支持专项计划

1. 原始权益人

2017年资产支持专项计划发行人分布于55个行业（Wind行业分类）。按基础资产大类分，收益权类基础资产的发行人主要集中于公用事业行业、房地产行业和交通运输；债权类基础资产的发行人则主要集中于消费贷款、租赁租金和保理融资等。

表34　按发行人所属行业统计发行规模与发行数量

发行人行业（Wind行业分类）	发行数量	发行规模（亿元）
特殊金融服务	138	2 860.85
其他多元金融服务	96	980.25
多元化银行	32	921.38

续表

发行人行业（Wind行业分类）	发行数量	发行规模（亿元）
房地产开发	22	477.48
资产管理与托管银行	13	384.04
消费信贷	15	295.57
建筑与工程	20	229.75
投资银行业与经纪业	12	209.96
信息科技咨询与其他服务	12	179.50
原始权益人待定	8	175.43
综合类行业	11	135.72
区域性银行	7	80.55
房地产经营公司	2	72.90
多元化保险	9	60.25
电力	7	54.81
电子设备和仪器	1	52.00
多样化房地产活动	2	51.51
多领域控股	6	45.46
公路运输	4	43.43
多元金融服务	3	42.85
制药	2	40.70
房地产服务	5	39.42
综合支持服务	4	34.41
水务	6	33.27
酒店、度假村与豪华游轮	2	29.12
复合型公用事业	2	28.20
药品零售	2	27.10
工业机械	3	24.09
家庭装饰零售	1	24.00
技术产品经销商	2	22.07

续表

发行人行业（Wind行业分类）	发行数量	发行规模（亿元）
综合货品商店	2	19.69
公路与铁路	2	18.50
教育服务	3	17.23
互联网软件与服务	3	15.66
人寿与健康保险	2	15.00
铁路运输	1	15.00
电气部件与设备	2	14.30
医疗保健设备	1	13.48
半导体设备	1	12.40
百货商店	1	12.40
海运	1	11.51
特殊消费者服务	1	11.43
多元资本市场	2	10.88
消费电子产品	1	10.55
金属非金属	1	10.01
综合性石油天然气	1	8.20
燃气	1	6.50
环境与设施服务	1	6.25
调查和咨询服务	2	4.59
公用事业Ⅱ	1	4.20
煤炭与消费用燃料	1	3.90
航天航空与国防	1	3.13
休闲设施	1	2.61
航空	1	2.55
贵金属与矿石	1	0.48
总计	484	7 906.52

资料来源：中债资信根据公开资料整理。

从发起人/原始权益人机构来看，2017年，无论在发行数量或发行规模上，阿里巴巴集团旗下小微小额贷款公司均独占鳌头，以蚂蚁金服的"借呗"和"花呗"等小额债权作为基础资产，当年合计发行93单资产支持专项计划，发行规模总额达到2 521.10亿元，占全年所有发起人总发行额的31.89%。

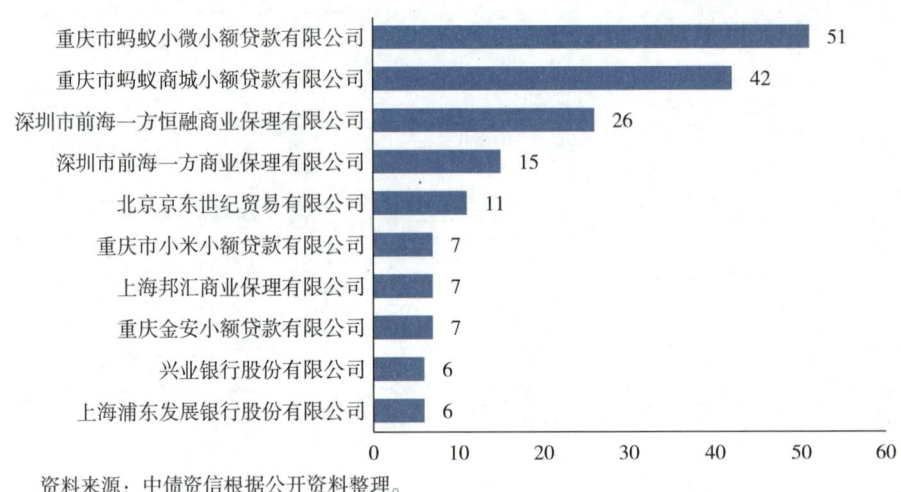

资料来源：中债资信根据公开资料整理。

图62　专项计划发行数量前十名发起人/原始权益人情况

资料来源：中债资信根据公开资料整理。

图63　专项计划发行规模前十名发起人/原始权益人情况

2. 计划管理人

参与到专项计划中的发行人/计划管理人数量由2016年的83家减少到了2017年的81家。截至2017年末，该职责大多数为证券公司和资产管理公司所担任，此外还有少量的基金管理子公司等。发行专项计划的数量与规模前十名发行人/计划管理人分别统计如下：

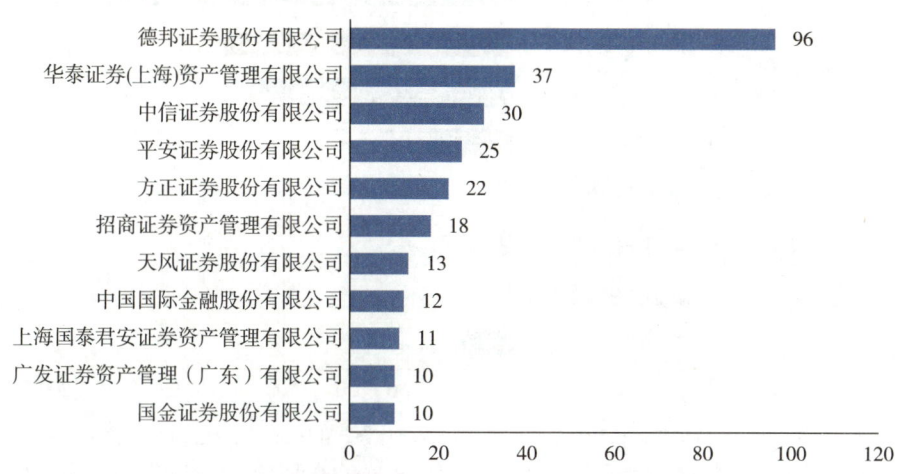

资料来源：中债资信根据公开资料整理。

图64 专项计划发行数量前十名发行人/计划管理人情况

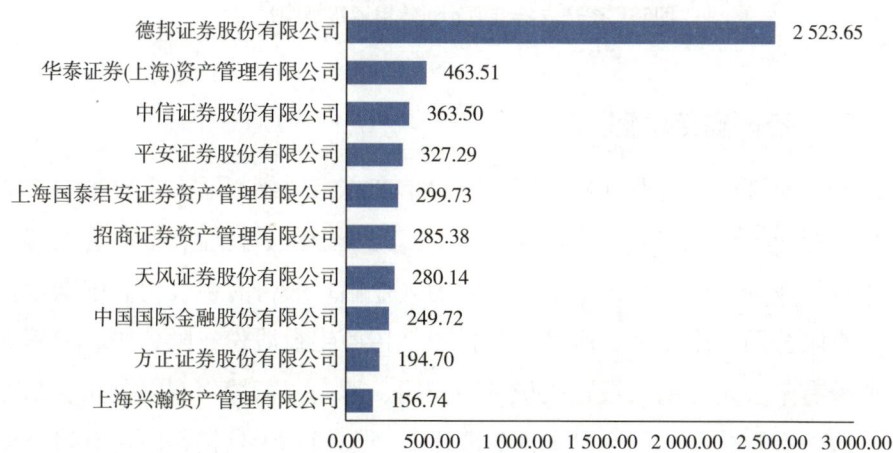

资料来源：中债资信根据公开资料整理。

图65 专项计划发行规模前十名发行人/计划管理人情况

3. 评级机构

相比于信贷资产支持证券要求双评级，资产支持专项计划暂无相关要求。目前我国市场上拥有资产支持专项计划评级资格的信用评级机构共7家，2017年各评级机构参与评级的专项计划数量如图66所示。

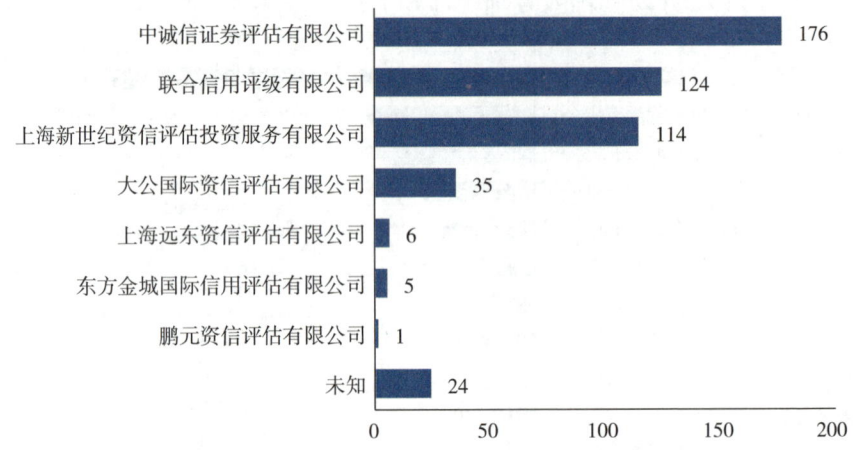

注：由于"中民-科瑞物业信托受益权资产支持专项计划"由上海远东资信评估有限公司和上海新世纪资信评估投资服务有限公司两家评级机构进行评级，故存在重复统计，评级机构产品数量大于发行项目数量。

资料来源：中债资信根据公开资料整理。

图66 资产支持专项计划信用评级规模情况

三、资产支持票据

2017年资产支持票据共公开发行34单产品，原始权益人主要集中于消费信贷行业、综合货品商店行业、其他多元金融服务行业和资产管理与托管银行行业等。前十大主承销商分别为兴业银行股份有限公司、中国银行股份有限公司、中泰证券股份有限公司、招商银行股份有限公司、中信证券股份有限公司、南京银行股份有限公司、浙商银行股份有限公司、东方证券股份有限公司、国泰君安证券股份有限公司和中信银行股份有限公司等。前十大受托机构分别为云南国际信托有限公司、兴业国际信托有限公司、华润深国投信托有限公司、华能贵诚信托有限公司、上海国际信托有限公司、建信信托有限责任公司、中铁信托有限责任公司、中信信托有限责任公司、中国金谷国际信托有限责任公司和交银国际信托有限公司等。

表35 2017年资产支持票据发行参与机构概览

产品名称	发行主体	主承销商	受托机构
前海结算2017年度第一期碧桂园供应链应付账款资产支持票据	前海结算商业保理（深圳）有限公司	光大证券股份有限公司 浙商银行股份有限公司	五矿国际信托有限公司
飞驰—建融招商长租公寓系列2017年度第一期定向资产支持票据	建银国际（深圳）投资有限公司	中国建设银行股份有限公司	建信信托有限责任公司
中国中铁股份有限公司2017年度第一期资产支持票据	中国中铁股份有限公司	浙商银行股份有限公司 中信证券股份有限公司	中铁信托有限责任公司
中铁建（北京）物业管理有限公司2017年度第一期非公开定向发行资产支持票据	中铁建（北京）物业管理有限公司	中信银行股份有限公司 中信建投证券股份有限公司	昆仑信托有限责任公司
聚信国际租赁股份有限公司2017年度第二期资产支持票据	聚信国际租赁股份有限公司	南京银行股份有限公司 华泰证券股份有限公司	云南国际信托有限公司
远东租赁2017年度第三期资产支持票据	远东国际租赁有限公司	东方证券股份有限公司 招商银行股份有限公司	华润深国投信托有限公司
中远海运租赁有限公司2017年度第一期资产支持票据	中远海运租赁有限公司	中信建投证券股份有限公司 中国银行股份有限公司	华能贵诚信托有限公司
中国华能集团公司2017年度第一期资产支持票据	中国华能集团有限公司	光大证券股份有限公司 中国农业银行股份有限公司	华能贵诚信托有限公司
中电投融和融资租赁有限公司2017年度第一期绿色资产支持票据	中电投融和融资租赁有限公司	中国光大银行股份有限公司 中国银行股份有限公司 中泰证券股份有限公司	云南国际信托有限公司

续表

产品名称	发行主体	主承销商	受托机构
海通恒信国际租赁股份有限公司2017年度第一期资产支持票据	海通恒信国际租赁股份有限公司	招商银行股份有限公司 海通证券股份有限公司	华润深国投信托有限公司
悦达融资租赁有限公司2017年度第一期资产支持票据	悦达融资租赁有限公司	兴业银行股份有限公司	国投泰康信托有限公司
建信（北京）投资基金管理有限责任公司2017年第一期资产支持票据	建信（北京）投资基金管理有限责任公司	中国建设银行股份有限公司	建信（北京）投资基金管理有限责任公司
新城控股集团股份有限公司2017年度第一期资产支持票据	新城控股集团股份有限公司	中信银行股份有限公司 中信证券股份有限公司	云南国际信托有限公司
君信租赁2017年度第一期资产支持票据	君信融资租赁（上海）有限公司	渤海银行股份有限公司 中泰证券股份有限公司	华润深国投信托有限公司
上海易鑫融资租赁有限公司2017年度第二期资产支持票据	上海易鑫融资租赁有限公司	中国银行股份有限公司 中泰证券股份有限公司	中信信托有限责任公司
江苏扬子大桥股份有限公司2017年度第一期资产支持票据	江苏扬子大桥股份有限公司	交通银行股份有限公司	交银国际信托有限公司
南京金鹰天地2017年度第一期资产支持票据	南京金鹰国际集团有限公司	南京银行股份有限公司	上海国际信托有限公司
上海世茂国际广场有限责任公司2017年度第一期资产支持票据	上海世茂国际广场有限责任公司	兴业银行股份有限公司	兴业国际信托有限公司
国药控股（中国）融资租赁有限公司2017年度第一期资产支持票据	国药控股（中国）融资租赁有限公司	南京银行股份有限公司 国泰君安证券股份有限公司	交银国际信托有限公司
华夏幸福固安新型城镇化PPP项目市政物业服务2017年度第一期资产支持票据	幸福基业物业服务有限公司	中信银行股份有限公司 中信证券股份有限公司	华润深国投信托有限公司

续表

产品名称	发行主体	主承销商	受托机构
上海易鑫融资租赁有限公司2017年度第一期资产支持票据	上海易鑫融资租赁有限公司	中国银行股份有限公司 中泰证券股份有限公司	中信信托有限责任公司
中建投租赁股份有限公司2017年度第一期资产支持票据	中建投租赁股份有限公司	北京银行股份有限公司	中建投信托有限责任公司
聚信国际租赁股份有限公司2017年度第一期资产支持票据	聚信国际租赁股份有限公司	中国光大银行股份有限公司 中泰证券股份有限公司 华泰证券股份有限公司	云南国际信托有限公司
远东租赁2017年度第二期资产支持票据	远东国际租赁有限公司	中国银行股份有限公司 中国国际金融股份有限公司	华能贵诚信托有限公司
华润医药商业集团有限公司2017年度第一期信托资产支持票据	华润医药商业集团有限公司	中信银行股份有限公司 上海浦东发展银行股份有限公司	华润深国投信托有限公司
嘉事堂药业股份有限公司2017年度第一期信托资产支持票据	嘉事堂药业股份有限公司	上海浦东发展银行股份有限公司	中诚信托有限责任公司
民生2017年度第一期企业应收账款资产支持票据	中国民生银行股份有限公司	中国民生银行股份有限公司	中诚信托有限责任公司
中民国际融资租赁股份有限公司2017年度第一期信托资产支持票据	中民国际融资租赁股份有限公司	上海浦东发展银行股份有限公司	上海国际信托有限公司
中信海洋直升机股份有限公司2017年度第一期信托资产支持票据	中信海洋直升机股份有限公司	光大证券股份有限公司 浙商银行股份有限公司	中信信托有限责任公司
北控水务（中国）投资有限公司2017年第一期绿色资产支持票据	北控水务（中国）投资有限公司	东方证券股份有限公司 招商银行股份有限公司	中国金谷国际信托有限责任公司
立根融资租赁有限公司2017年度第一期信托资产支持票据	立根融资租赁有限公司	国家开发银行 广发证券股份有限公司	华润深国投信托有限公司

续表

产品名称	发行主体	主承销商	受托机构
远东租赁2017年度第一期资产支持票据	远东国际租赁有限公司	兴业银行股份有限公司 国泰君安证券股份有限公司	上海国际信托有限公司
平安国际融资租赁有限公司2017年度第一期信托资产支持票据	平安国际融资租赁有限公司	兴业银行股份有限公司	兴业国际信托有限公司
北京京东世纪贸易有限公司2017年度第一期京东白条信托资产支持票据	北京京东世纪贸易有限公司	招商证券股份有限公司 兴业银行股份有限公司	平安信托有限责任公司

资料来源：中债资信根据公开资料整理。

2017年发行的34单资产支持票据中，发行人所处行业较为分散，分布于20个行业，其中发行数量及金额最多的是消费信贷行业，发行数量8单，占总发行单数的23.53%，发行金额174.75亿元，占总发行金额的30.39%。

表36 按发行人所属行业统计发行规模与发行数量

发行人行业（Wind行业分类）	发行数量	发行规模（亿元）
消费信贷	8	174.75
综合货品商店	1	65.00
其他多元金融服务	5	49.67
资产管理与托管银行	2	42.00
建筑与工程	1	39.41
特殊金融服务	3	33.99
工业机械	1	29.85
水务	1	21.00
房地产开发	1	21.00

续表

发行人行业（Wind行业分类）	发行数量	发行规模（亿元）
综合类行业	1	20.00
信息科技咨询与其他服务	1	15.00
多元化银行	1	10.31
制药	1	10.00
综合支持服务	1	9.60
保险经纪商	1	9.28
药品零售	1	8.00
电力	1	5.30
公路与铁路	1	5.27
航空货运与物流	1	3.52
房地产服务	1	2.00
总计	34	574.95

资料来源：中债资信根据公开资料整理。

参与到资产支持票据中的主承销商数量由2016年的6家增加到2017年的26家。从2017年数据来看，主承销商中参与发行规模最大的是兴业银行股份有限公司，发行规模占全市场的22.39%。

表37　2017年发行金额排名前十的主承销商及发行情况[①]

主承销商	发行金额（亿元）	全市场占比（%）
兴业银行股份有限公司	128.75	22.39
中国银行股份有限公司	104.74	18.22
中泰证券股份有限公司	69.25	12.04
招商银行股份有限公司	65.34	11.36
中信证券股份有限公司	62.41	10.85

① 存在一个项目由多个承销商联主，统计时该项目发行金额同时计入相关的承销商，存在重复统计。

续表

主承销商	发行金额（亿元）	全市场占比（%）
南京银行股份有限公司	55.39	9.63
浙商银行股份有限公司	52.21	9.08
东方证券股份有限公司	51.04	8.88
国泰君安证券股份有限公司	44.29	7.70
中信银行股份有限公司	42.60	7.41
总计	676.02	

资料来源：中债资信根据公开资料整理。

2017年受托机构数量达到17家，较2016年的5家增加12家，其中发行金额前十的受托机构发行金额占全市场的87.81%。

表38　2017年发行金额排名前十的受托机构发行情况

发行机构	发行金额（亿元）	全市场占比（%）
云南国际信托有限公司	81.53	14.18
兴业国际信托有限公司	79.01	13.74
华润深国投信托有限公司	74.85	13.02
华能贵诚信托有限公司	65.23	11.35
上海国际信托有限公司	60.13	10.46
建信信托有限责任公司	40.00	6.96
中铁信托有限责任公司	39.41	6.85
中信信托有限责任公司	23.49	4.09
中国金谷国际信托有限责任公司	21.00	3.65
交银国际信托有限公司	20.23	3.52
总计	504.88	87.81

资料来源：中债资信根据公开资料整理。

四、资产支持计划

2017年资产支持计划共发行13单产品，总金额252.78亿元，发起机构包括9家保险资产管理公司。

表39 2017年资产支持计划受托机构及发行情况

产品名称	受托机构	发行金额（亿元）
民生通惠—远东租赁2号资产支持计划	民生通惠资产管理有限公司	60.00
华泰资产—易鑫一期资产支持计划	华泰资产管理有限公司	10.00
平安—普惠小贷资产支持计划	平安资产管理有限责任公司	12.00
国寿投资—国药租赁一期资产支持计划	国寿投资控股有限公司	3.21
长江养老—长安石门电力资产支持计划	长江养老保险股份有限公司	25.00
平安—平安租赁资产支持计划（一期）	平安资产管理有限责任公司	15.00
民生通惠—平安租赁1号资产支持计划	民生通惠资产管理有限公司	15.06
中英益利—国正小贷资产支持计划（二期）	中英益利资产管理股份有限公司	5.00
人保投控—华融金融租赁2号资产支持计划	人保投资控股有限公司	10.00
平安—平安租赁资产支持计划（二期）	平安资产管理有限责任公司	30.00
人保投控—长城国兴金租1号资产支持计划	人保投资控股有限公司	30.00
光大永明—永赢长江经济带金融租赁资产支持计划	光大永明资产管理股份有限公司	25.51
太平洋—立根融资租赁资产支持计划	太平洋资产管理有限责任公司	12.00

资料来源：中债资信根据相关资料整理。

第二篇

重点领域专题

第一章 消费贷资产证券化专题

一、消费金融行业分析

在我国,"消费金融"是指"消费信贷",更具体的是指"个人消费贷款",按照中国人民银行的广义释义,是指"个人借款人用于购买住房、装修、旅游、教育、大件耐用消费品等生活消费用途的贷款"。中国银监会在2009年《消费金融公司试点管理办法》中,对消费金融公司的业务范围作出了规定:"办理个人耐用消费品贷款;办理一般用途个人消费贷款"。从规定来看,在我国目前的监管和金融许可制度下,个人信贷又可以进一步细分为住房按揭、汽车消费贷款、耐用消费品贷款以及一般用途个人消费贷款(含信用卡贷款)等几大类。

总体来看,我国目前就消费金融的界定并没有统一的概念。不同的政策机构从不同的关注重点出发,其所涵盖的范围也会有所差异。从中国人民银行来讲,基于经济部门统计信息的完整性,广义范围对于其对宏观经济走势和风险的判断至关重要,因此,中国人民银行关于个人消费信贷的统计口径包括了住房按揭贷款。而从银监会的角度,其设立新型金融机构(消费金融公司)的主要目的在于促进社会消费发展,以此扩大内需、优化调整我国经济结构。从这点看,日常性的消费金融以及耐用消费品金融(不含住房按揭贷款)应该是其关注的重点。

1. 宏观经济环境

(1)宏观经济增长促进消费意愿加强

改革开放以来,我国GDP一直保持快速增长。截至2017年底我国GDP总额达到827 122亿元,比上年增长6.9%,在世界仍处于高增长率水平,呈现稳中有进、稳中向好的发展态势。

国民经济高速增长拉动居民人均可支配收入的提高。国家统计局数据显示，2015—2017年，我国居民人均可支配收入分别为21 966元、23 821元和25 974元，2016年和2017年增长率分别为8.4%、9%，人均可支配收入保持高速增长。

资料来源：国家统计局。

图1　1978—2017年GDP走势

国民经济高速增长带动居民人均可支配收入的提高，从而促进了消费意愿和消费水平的增强。根据国家统计局数据显示，截至2017年，我国居民消费水平为18 322元，同比增长7.1%。人均可支配收入水平的提高，为消费意愿提供了最根本、最持久的动力。

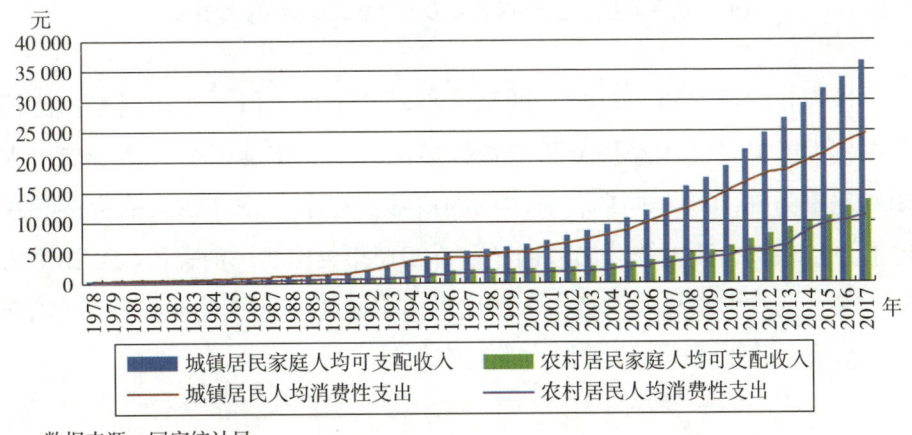

数据来源：国家统计局。

图2　居民人均可支配收入和消费性支出走势

（2）消费领域存在很大上升空间

近年来，我国居民消费水平不断提高，居民消费对GDP的贡献率基本呈上升趋势。根据国家统计局数据显示，截至2016年，我国居民消费支出为292 661.30亿元，占GDP比重为39.21%，与2015年相比增长1.17个百分点。同时，城乡居民储蓄增长率却呈下降趋势，表明居民将增加的收入更多地用于支出，从而拉升了消费性支出的占比。2017年，全国居民人均消费支出18 322元，比上年名义增长7.1%，扣除价格因素，实际增长5.4%。

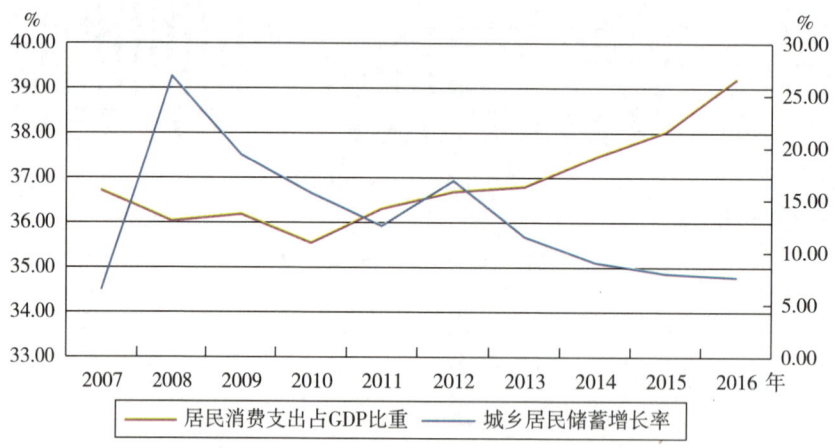

数据来源：国家统计局和中国人民银行。

图3　居民消费支出占GDP比重及城乡居民储蓄增长率走势

尽管我国居民消费对GDP的贡献率不断增加，但与发达国家相比仍存在较大差异。美国经济分析局数据显示，2016年美国个人消费支出占GDP比重为68.70%；同期，日本内阁府数据显示，日本私人消费占GDP比重为55.88%；英国统计局数据显示，2016年英国居民消费占GDP比重为62.01%，上述国家私人消费占GDP比重均明显高于我国同期水平，我国在个人消费金融领域还存在着巨大发展空间。

2. 行业环境

（1）旺盛消费金融需求促进行业快速扩张

随着宏观经济不断增长和居民生活水平的提高，人们开始追寻更丰富的物质生活消费和精神娱乐消费，文化、健康、旅游等一系列消费需求旺盛，新的经济增长点在催化中加快形成。在我国人口年龄结构中，根据已发行消费信贷资产证券化产品统计，25~40岁年轻群体比例最大，超前消费成为其主要消费观念，并且普遍缺乏贷款渠道。加之支付便捷化导致的货币观念减弱，年轻群体消费需求急剧增长，然而其收入却十分有限。根据艾瑞咨询调查数据显示，2016年我国30岁以下群体中75.3%的人每月可支配收入低于6 000元，处于较低水平。较低的可支配收入及较高的消费需求导致我国年轻群体超前消费意愿强烈。根据秦苍科技调查数据显示，2016年我国18~40岁人群中使用过分期消费或对其很感兴趣的人占比超过80%，年轻群体消费金融接受度较高，消费金融需求旺盛。

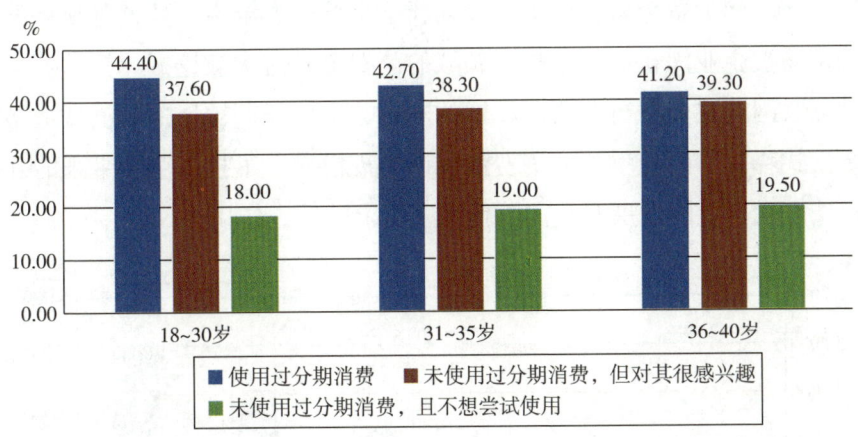

数据来源：秦苍科技。

图4　2016年我国18~40岁人群超前消费意愿比例

面对旺盛的消费金融需求，我国信贷人口渗透率却处于较低水平。2015年，我国信贷人口渗透率仅为27.6%，同期美国信贷人口渗透率为82%，差异明显。我国信贷人口渗透率较低的一个主要原因为传统金融机构对中低收入群体覆盖不足。长期以来，我国传统金融机构过度自我保护，存在业务模式僵化、业务覆盖面有限、对未纳入征信体系及风险程度稍高的中低收入群体真实信用风险水平难以度量，因此采用严格的限制导致群体覆盖不足。旺盛的需求及短缺的供给为消费金融行业的扩张创造了条件，促进了行业的快速发展。

（2）行业技术革新促进消费金融需求增长

行业技术的革新不仅推动了产品提供商的全方位创新，也促进了消费金融需求的快速增长。首先，大数据的应用和信息技术革新的快速推进，为消费金融的发展提供了更强大的动力，促使提供消费金融服务的各类机构积极探索"线上线下"相结合的业务模式，将互联网思维与消费金融深度融合，实现消费金融产品、服务模式、业务渠道、组织管理全方位创新。其次，根据艾瑞咨询数据显示，2013—2016年，我国互联网消费金融市场交易规模由60亿元增长至4 367.1亿元，年均复合增长率高达317.5%。同时，互联网消费金融企业不断开拓新兴市场，大学生、蓝领等新兴消费金融市场被企业深耕，越来越多领域的消费金融需求被挖掘。技术革新在推动互联网消费金融行业不断发展的同时，也使长期被压抑的消费金融需求爆发式释放。高速增长的消费信贷市场规模显示了技术革新带来的互联网消费金融行业的发展对我国消费金融需求的促进作用。

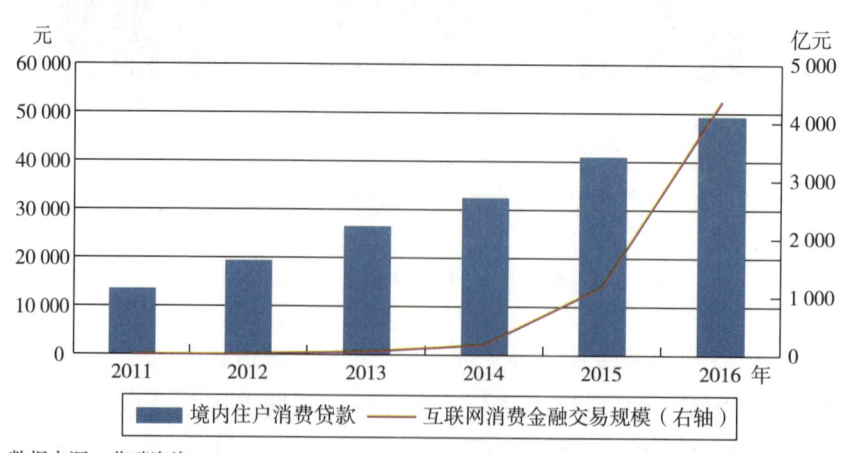

数据来源：艾瑞咨询。

图5 2011—2016年我国境内住户消费贷款及互联网消费金融交易规模对比

3. 政策环境

（1）过去几年系列政策大力扶持消费金融发展

2009年，银监会颁布《消费金融公司试点管理办法》，首批4家消费金融公司成立，实现消费金融从0到1的突破；2013年，银监会新增武汉、泉州、广州等城市参与消费金融公司试点工作，试点城市扩张至16个；2014年修订后的《消费金融公司试点管理办法》正式实施，允许民间资本介入、放开营业地域限制、增加吸收股东存款业务，上调额度上限至20万元，推动消费金融公司扩容；2015年，国务院常务会议决定放开市场准入，将试点范围扩大至全国，审批权下放省级部门，鼓励符合条件的民间资本、国内外银行机构和互联网企业发起设立消费金融公司，助力行业快速发展。至此，消费金融市场准入全面放开、公司试点扩大至全国。2016年，人民银行、银监会联合印发《关于加大对新消费领域金融支持的指导意见》，积极培育和发展消费金融组织体系，推进消费金融公司设立常态化。上述政策足以显现国家对消费金融发展的大力支持，消费金融行业步入发展的蓝海。

（2）监管体系进一步完善，监管政策更加严格，促发展的同时防范风险成为重中之重

2017年消费金融行业可谓大起大落，政策风向突变，防范风险成为重中之重。2017年4月10日，银监会发布《关于银行业风险防控工作的指导意见》，明确提出稳妥推进互联网金融风险治理，促进合规稳健发展。并首次提出要做好"现金贷"业务活动的清理整顿工作。文件提出网络借贷信息中介机构应依法合规开展业务，确保出借人资金来源合法，禁止欺诈、虚假宣传。严格执行最高人民法院关于民间借贷利率的有关规定，不得违反高利放贷及暴力催收。由此拉开了监管对消费金融行业整顿的序幕，同时相关政策也从整体指导性方针转向实质性操作准则，各地相关政策也相继出台。

2017年4月17日，互联网金融风险专项整治工作领导小组办公室和P2P

网贷风险专项整治工作领导小组办公室联合下发了《关于开展"现金贷"业务活动清理整顿工作的通知》。集中配置监管力量,对"现金贷"平台开展摸底排查与集中整治,摸清风险底数,防止风险的集中爆发和蔓延,维护网贷行业正常发展秩序。

2017年8月3日,银监会下发《关于就联合贷款模式征求意见的通知》,就互联网贷款模式提出了准入资质以及风控要求。通知首次明确提出,只有经银监会批准设立的持牌金融机构才能从事互联网联合放贷业务,贷款人应建立联合贷款规模管控机制,避免联合贷款过度集中于单一银行业金融机构。这意味着,目前仅22家持牌消费金融公司才有互联网联合放贷资格。即便将银监会尚未直接审批的网络小贷公司计算在内,也仅有200多家合格联合放贷机构,放贷平台将明显收缩。这虽然是征求意见稿,但是可以看出监管为了防止助贷机构无视风险盲目放贷,避免引发银行业系统性风险,有意清理整顿无牌照的互联网放贷平台。

2017年9月1日,北京银监局公布了对北银消费金融公司的行政处罚信息,北银消费金融被罚900万元,总经理、两名副总经理及一名业务负责人均被处罚,其中两人被禁业。根据北京银监局网站的处罚公告显示,北银消费金融的贷款和同业业务严重违反审慎经营规则、并超经营范围开展业务、提供虚假且隐瞒重要事实的报表、开展监管叫停业务等,而这并不是北银消费第一次收到罚单,早在2016年6月北京银监局就曾发布处罚公告对北银消费罚款150万元。2017年7月全国金融工作会议后,主动防范化解系统性金融风险放在更加重要的位置,从对北银消费的处罚可以看出监管深入整治金融乱象的决心,处罚力度也更加严格。

2017年11月21日,互联网金融风险专项整治工作领导小组办公室下发特急文件《关于立即暂停批设网络小额贷款公司的通知》指出,近年来,有些地区陆续批设了网络小额贷款公司或允许小额贷款公司开展网络小额贷款业务,部分机构开展的"现金贷"业务存在较大风险隐患。自即日起,各级小额贷款公司监管部门一律不得新批设网络(互联网)小额贷款公司,禁止新增批小额贷款公司跨省（区、市）开展小额贷款业务。文件下发后，涉及现金贷业务的中概股盘前普跌，趣店跌幅超30%，宜人贷跌超9%，融360跌超5%，为了稳定股价，趣店紧急宣布了一项1亿美元的股票回购计划。

2017年12月1日，互联网金融风险专项整治、P2P网贷风险专项整治工作领导小组办公室正式下发《关于规范整顿"现金贷"业务的通知》（以下简称《通知》），明确统筹监管，开展对网络小额贷款清理整顿工作。《通知》称，小额贷款公司监管部门暂停新批设网络（互联网）小额贷款公司；暂停新增批小额贷款公司跨省（区、市）开展小额贷款业务。已经批准筹建的，暂停批准开业。小额贷款公司的批设部门应符合国务院有关文件规定。对于不符合相关规定的已批设机构，要重新核查业务资质。《通知》并称，暂停发放无特定场景依托、无指定用途的网络小额贷款，逐步压缩存量业务，限期完成整改。未依法取得经营放贷业务资质，任何组织和个人不得经营放贷业务。

2017年12月8日，P2P网络借贷风险专项整治工作领导小组办公室向各地区金融办下发了《小额贷款公司网络小额贷款业务风险专项整治实施方案》全文，该文件下发目的在于通过本次专项整治，严格网络小额贷款资质审批，规范网络小额贷款经营行为，严厉打击和取缔非法经营网络小额贷款的机构。并以此为契机，进一步完善网络小额贷款经营规则和监管机制，实现监管全面覆盖和风险有效防控。

2017年12月14日，银监会非银部对各银监局下发函件，要求规范整顿辖内消费金融公司参与"现金贷"业务工作，消费金融公司不仅被禁止为无放贷业务资质的机构提供资金，也被禁止自行发放无指定用途贷款。

在当下"防风险、去杠杆"的政策背景下，预计未来对于消费金融的监管力度将进一步加强，并会出台更多对不同细分领域的监管文件。

二、消费金融行业参与主体及运营模式分析

1. 中国消费金融参与主体分析

国内市场上从事消费金融业务的机构大致有四类：第一类是以商业银

行为代表的传统消费金融服务机构；第二类是由银监会批准的消费金融公司，其中还可分为银行系消费金融公司和产业系消费金融公司；第三类是互联网消费金融公司，其中还可分为电商系消费金融公司、垂直领域服务平台和P2P网贷平台；第四类为小额贷款公司。

（1）商业银行

商业银行作为传统消费金融服务机构，在消费金融领域仍具有其他类型机构无法比拟的优势。商业银行依托庞大的客户基础、专业的风控能力、充足的资本金以及负债端优势等，为消费者提供多场景消费信贷需求。商业银行消费金融产品相对单一，主要是信用卡和现金消费类业务。

信用卡业务方面，信用卡主要功能是分期赊购和预借现金，操作简单便捷。当消费者向银行申请信用卡获得一定信用额度后，在额度内消费或取现不再需要银行审批，可选择分期还款。当前信用卡分期费率约为年化7%~15%，取现费率约为日息0.05%，单笔贷款金额多在5万元以内。

现金消费类业务方面，目前现金消费类业务在银行整体个人贷款业务中占比偏低，因此各家商业银行加快向现金消费类业务领域的布局，例如中国银行"中银e贷"，交通银行"e贷通"，建设银行"快贷"，招商银行"闪电贷"，浦发"万用金"，宁波银行"白领通"等，为存量信用卡用户提供现金消费类业务服务，贷款金额从几万元到几百万元不等，服务费率约为年化5%~14%。商业银行现金消费类业务一般需提供相关房产、收入、居住证明等材料。

在技术革新方面，大数据风控技术对于防范欺诈风险具有较好的效果，可以较好地平衡审批效率、审批成本与风险防范的关系，因此目前主要采用线下人工审批消费贷款/信用卡的商业银行逐渐开始接受大数据的风控技术。例如，工商银行与京东金融开展合作，将在获客与用户运营、智能风控、产品服务创新、流程优化等业务上实现优势互补；农业银行与百度开展合作，主要围绕金融科技领域，包括共建金融大脑以及客户画像、精准营销、客户信用评价、风险监控、智能投顾、智能客服等方向的具体应用,并将围绕金融产品和渠道用户等领域展开全面合作;建设银行也与蚂蚁金服开展合作,蚂蚁金服将协助建设银行推进信用卡线上开卡业务,双方将推进线下线上渠道业务合作、电子支付业务合作、打通信用体系;中国银行与腾讯开展合作,"中国银行—腾讯金融科技联合实验室"挂牌成立,二者将基于云计算、大数据、区块链和人工智能等方面开展深度合作,共建普惠金融、云上金融、智能金融和科技金融。

(2)消费金融公司

消费金融公司是指经中国银行业监督管理委员会批准,在中华人民共和国境内设立的,不吸收公众存款,以小额、分散为原则,为中国境内居民个人提供以消费为目的(不包括购房和汽车)的贷款的非银行金融机构。2010年中银、北银、锦程、捷信4家消费金融公司作为首批试点公司开业,同时为了配合国内支持消费升级战略,对于消费金融公司设立的相关政策也在不断与时俱进,2015年,国务院常务会议决定,将消费金融公司试点范围由16个城市扩大到全国范围,同时放开消费金融市场准入,鼓励符合条件的民间资本、国内外银行金融机构和互联网企业发起设立消费金融公司。据网贷天眼不完全统计,目前持牌的消费金融公司达到了26家(其中2家尚在筹备中),政策利好不断释放,推动了消费金融公司的快速成长。近半年,持牌消费金融机构的增资动作始终不断。先是2017年7月,马上消费金融增资至22亿元,随后捷信消费金融增资至80亿元、招联消费金融增资至32亿元、华融消费金融增资至16亿元、中邮消费金融增资至30亿元。

消费金融公司背靠实力雄厚大股东,为公司提供各类资源。根据股东情况,消费金融公司可以分为银行系和产业系两类。银行系涉足消费金融领域主要是完善自身消费信贷层次建设,扩大市场份额,银行系消费金融公司依托银行已具有的巨大营销网络,基于渠道优势以及较低融资成本优势继续开拓新的市场领域,在上市银行中,中国银行、北京银行、招商银行、兴业银行、湖北银行等都主导设立了消费金融公司;产业系消费金融公司是产业公司主导设立的，比如海尔、苏宁、重庆百货、合肥百货等，产业系公司通过以提供低息信贷的方式刺激本身就有的客户群体消费意愿，打通消费场景，共享用户资源，寻求新的业务增长点。消费金融公司的业务主要是针对不满足银行贷款条件的用户，同时贷款金额较小[①]，贷款方案也较为灵活，伴随着业务的迅猛发展，已经成为银行个人贷款业务的重要补充。

（3）互联网消费金融公司

随着互联网科技和大数据的崛起，互联网消费金融公司逐渐成为消费金融行业新主体，构建了消费升级的核心场景。以互联网为基础的消费金融能够全方位为社会所有的阶层和群体提供金融服务。互联网消费金融公司可分为电商系消费金融公司、垂直领域服务平台和P2P类互联网金融公司。

电商系消费金融公司核心竞争力在于强大的消费场景建设和逐渐完善的用户行为数据积累。公司主要依托自身互联网平台，挖掘线上和线下消费场景下的消费者需求，或是以分期产品鼓励消费，利用用户行为数据精准设计消费金融产品，电商平台的用户主要为通过电商平台购物的用户，用户的规模和层次主要与电商平台的流量高度相关。

从电商平台消费金融产品模式来看，主要是以京东白条、蚂蚁花呗为代表的依托电子商务平台的类信用卡产品。京东金融和蚂蚁金服分别依托京东商城和淘宝天猫搭建的消费场景，并基于小额贷款公司牌照向消费者提供消费贷款——京东"白条"和蚂蚁"花呗"。另外，基于类信用卡产品积累的用户还款数据，电商平台会在类信用卡用户中选择相对优质客户，继续开展现金消费类业务。例如，"白条"和"花呗"等商品分期贷款之后，"金条"和"借呗"两款产品成为京东金融和蚂蚁金服分别向现金消费类业务的延伸。

---

① 消费金融公司的贷款金额上限为20万元。

垂直领域服务平台作为垂直化消费电商的新平台，主要针对大学生群体或蓝领群体。垂直领域服务平台的客户绝对数量相对电商平台较小，同时由于客户贷款集中于某个领域，存在较高的集中度风险，使得征信数据获取、客户群体延续性等方面均面临挑战。垂直领域服务平台主要有三种盈利模式，一是通过资金端与资产端的价差实现盈利，如分期乐、趣店等基于P2P模式连接投资端和融资端，收取利差或服务费；二是利用分期购服务吸引客流，通过销售商品和服务实现盈利，如点分期等装修分期平台、首付游等旅游分期平台，贷款利率多低于分期乐、趣店等分期购物平台，表明金融服务只是获客和营销手段，盈利仍旧依靠商品销售实现；三是在产品布局上，实现了由分期购物到现金借贷的延伸，例如分期乐目前除了信用消费外，还提供"取现"服务。

近年，P2P企业也开始试水消费金融领域。P2P平台的客户信用质量相对其他类型从事消费金融业务的公司是最差的，通常为低收入人群。P2P网贷平台一类是自身通过现金贷方式提供服务，并不关注资金流向；另一类是与场景端合作，将款项直接支付给场景端，由它提供产品或服务。P2P网贷平台放贷流程简单，放贷利率及手续费相对较高，且借贷审批不严格，资金用途不受控制。得益于高利率和高手续费，虽企业坏账率较高，企业营业收入能够覆盖成本。某些发展较为完备的P2P平台如宜人贷、信而富，会通过相对完善的产品线，以及不断的数据积累客户筛选，实现长效发展；而某些P2P平台资金池期限错配存在严重隐患，存在流动性风险。

（4）小额贷款公司

除上述几类主体外，小贷公司原则上也可以发展消费金融业务，目前小贷公司主要有传统小贷公司和网络小贷公司两种类型。较之传统小贷公司而言，网络小贷不受注册地范围限制，业务范围由其互联网平台经营范围决定，最大可满足全国信贷需求。随着消费金融的不断升级和扩大，有消费场景、信贷经验、互联网技术、流量资源的企业，都有意加入到网络小贷的盛宴中。从客户群体来看，对于区域性小贷公司，主要针对收入稳定但收入较低的工薪阶层。代表企业有中腾信，通利农贷等；对于拥有网络小额贷款牌照的小贷公司，部分与电商平台、垂直领域服务平台重合，这些已经建立了一定消费场景的公司，通过获得网络小贷牌照，依托互联网的渠道发放小额贷款。如阿里、京东、小米等，均通过小额贷款公司牌照发放消费金融贷款。

表1 各类型消费金融服务主体比较

主体	商业银行	消费金融公司	互联网金融公司			小额贷款公司
细分主体	商业银行	银行系/产业系	电商平台	垂直领域服务平台	P2P平台	传统小贷/网络小贷
监管机构	银监会	银监会	无明确金融监管部门	无明确金融监管部门	银监会、工信部、公安部、网信办和地方金融办共同监管	省金融办
代表公司	招商银行/中国银行	中银消费/捷信/苏宁消费	蚂蚁花呗/京东白条	分期乐/拉卡拉	信而富/宜人贷	中腾信/二三四五小贷
贷款类型	信用卡/现金消费业务	场景贷/现金消费业务	场景贷/现金消费业务	场景贷为主	现金贷为主	场景贷/现金贷
服务对象	银行存量客户/中高收入人群	无法获得银行授信客户/中低收入人群	网购用户群/商户	细分领域客户群/大学生	中低收入群体	低收入工作稳定人群/个体户

资料来源：中债资信根据公开数据整理。

2. 消费行业参与主体运营模式分析

基于扩宽利润型风控理念，我国消费金融服务机构经营思路在可承受风险的前提下，实现"利润最大化"随着风险控制技术的进步，现代金融机构对风险管理策略已经由风险抵御型转变为扩宽利润型。风险抵御型的目的是尽量降低风险损失，而扩宽利润型的目的则是在可承受的风险损失前提下，尽可能多地获得利润。目前我国越来越多的消费金融服务机构的经营思路就是在实践这种"利润最大化"理念。

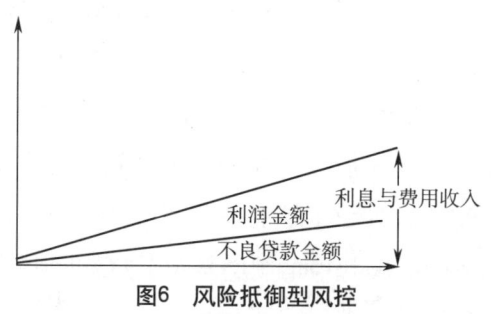

图6　风险抵御型风控

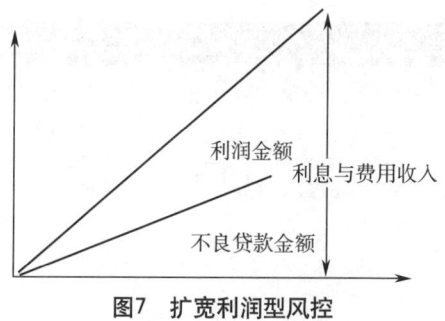

图7　扩宽利润型风控

（1）四变量分析方法介绍

可以用一套简单的模型来分析消费金融服务机构的运营模式。消费金融业务经营过程是一个多变量动态平衡的过程，每个变量会互相影响，而消费金融服务机构则根据自身的特点以及所处的不同公司发展阶段，主动或者被动调整模型中各个变量，以期达到最大化利润的目标。公司利润公式为：

公式1：公司税前利润率=加权客户税前利润率

公式2：单一客户税前利润=贷款收益−资金成本−运营成本−信用成本

①贷款收益

单一客户贷款收益=贷款费率×贷款次数×贷款期限×贷款金额

贷款费率是用户借款后需要支付的各项费用，主要包括利息率以及费用率。我国对贷款收益率有一定的规定，在《关于小额贷款公司试点的指导意见》中，规定小额贷款利率上限放开，但不得高于司法部门规定的上限。最高人民法院规定公民间生活性借贷利率上限不高于国家银行同类贷款利率的二倍，民间借贷利率最高不得超过银行同类贷款利率的四倍。

贷款次数描述的是同一借款人在消费金融服务机构借款的次数，通常来说，同一用户借款的次数越多越能摊薄消费金融服务机构承担的获客成本。与贷款费率、放贷额度与申请额度差距、贷款期限呈负相关关系。

表2 贷款次数影响因素

影响因素	变化方向	贷款次数变化方向
贷款费率	↑	↓
额度差距	↑	↓
贷款期限	↑	↓

②资金成本

资金成本是消费金融服务机构融资的综合成本，资金成本与获得股东的支持程度、融资渠道以及公司的发展阶段有关。

③运营成本

运营成本=审核（贷前）+支付（贷中）+催收（贷后）+

人员、场地及IT设施等

运营成本与消费金融服务机构获客方式相关性很高，以线下作为获客主要手段的传统消费金融服务机构在审核、人员与场地方面的投入更高，运营成本更高，同时相关成本会随着贷款规模的扩大而扩大；以线上作为获客主要手段的新兴消费金融服务机构，运营成本随着贷款规模增长而增长的程度相对较低。

其中，获客成本是运营成本中的一项重要环节，获客成本的公式是：

获客成本=营销总费用÷实际放贷用户数；

实际放贷用户数=申请用户数×申请转化率×审批通过率

获客成本会随着实际放贷用户数的增加而摊薄，而实际放贷用户与申请用户数、申请转化率与审批通过率成正比。

④信用成本

信用成本=贷款金额×逾期率×损失率

信用成本与逾期率和损失率高度正相关，由于纯信用的个人消费贷款损失率水平基本相近，因此对逾期率的控制水平即风控水平决定了消费金融服务机构的信用成本高低。

（2）四变量具体分析

①消费金融行业主要参与主体贷款名义收益率分析

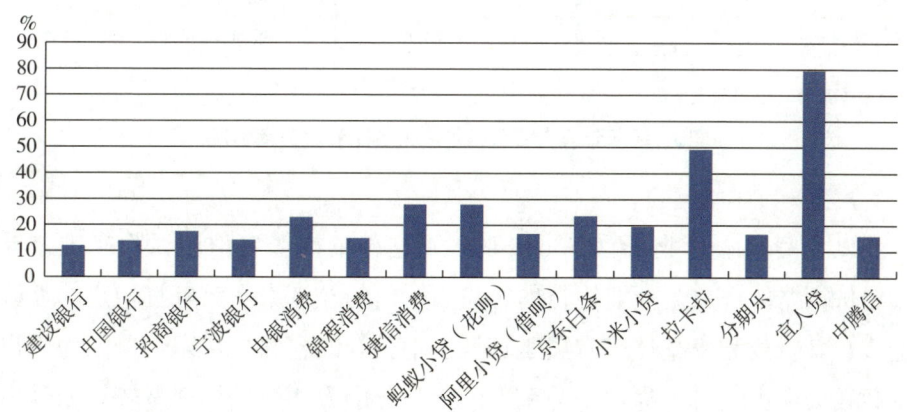

注：对于贷款收益率，此处选取了部分消费金融公司主流产品，通过其贷款合约及官网简介，对于其年化内部收益率（IRR）进行测算得出结果。

资料来源：中债资信根据公开资料整理。

图8 部分消费金融服务机构主流消费贷款产品年化内部收益率

消费金融服务机构会根据符合自身定位的客户群信用水平制定与之对应的贷款收益率。

基于"扩宽利润型"风控理念，消费金融服务机构会根据客户的信用水平制定有区分度的贷款利率（含费率），在可承受的贷款损失范围内实现利润最大化。以宜人贷为例，其采用分级确定交易费用的方式，通过开发系统将借款人信用等级分为A/B/C/D档，风险依次递增，不同等级借款人的交易费率差异性较大。2016年宜人贷向四档借款人收取的年利率分别为16.9%、27.4%、33.5%和39.5%。

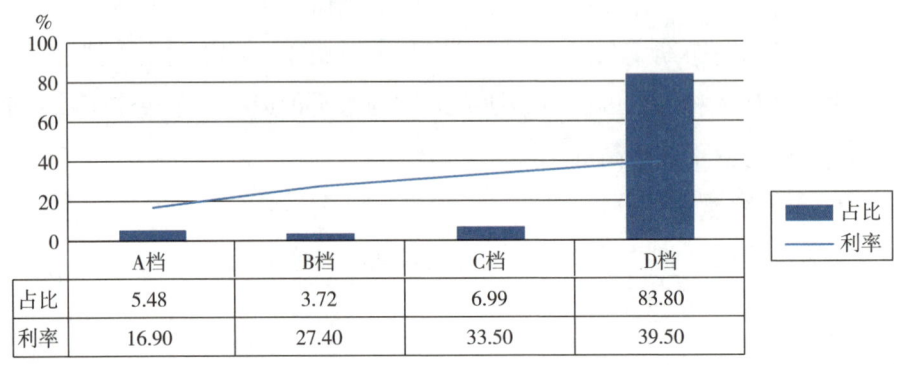

数据来源：公司年报。

图9　2016年宜人贷各档贷款人占比和收益率情况

以消费金融行业来看，可以观察到这种依据客户信用风险制定差异化定价策略的现象。商业银行的客户由征信的经济水平较好且稳定的人群组成，其贷款利率整体来看属于较低水平；蚂蚁金服、京东金融因为用户基数较为庞大，可以通过较为精准的用户分层方法对信用质量较好的客户群体实现贷款投放，整体贷款（应收账款）利率也处于适中水平；持牌消费金融公司用户群体相对商业银行的客户群体经济水平较差，因此贷款利率水平较高；非持牌消费分期平台和P2P平台客群质量最差，贷款利率也最高。

虽然消费贷收益率水平较高，但由于金额较小以及息费展现形式较为巧妙，用户接受度尚可。

虽然整体来看消费贷款实际利率水平较高,但由于借款客户的迫切需求、贷款金额较小以及贷款利息费用不以年化形式展现,客群对高年化利率的接受度尚可。具体来说,消费金融服务机构在借贷中,特别是商品消费贷,通常是小额短贷,借贷合同中只描述贷款金额、还款金额和服务费等,并不主动计算加上服务费之后的实际贷款利率,且多以日息、月息描述利率。

表3 部分消费金融服务机构实际利率

		展示给客户				实际年化利率
		贷款金额（元）	分期数	每月还款（元）	月息费率	实际IRR
商业银行	建设银行	10 000	12	885.83	年利率6.3%	12.05%
		50 000	12	4 429.17	年利率6.3%	12.05%
	中国银行（中银e贷）	10 000	12	893.33	日息0.02%	13.84%
		50 000	12	44 66.67	日息0.02%	13.84%
	招商银行（e招贷）	10 000	12	908.33	月费率不超过0.95%	17.48%
		50 000	12	4 541.67	月费率不超过0.95%	17.48%
	宁波银行	10 000	12	895.00	年利率7.4%	14.24%
		50 000	12	4 475.00	年利率7.4%	14.24%
持牌消费金融公司	中银消费	10 000	12	992.33	新易贷—信用贷日利率0.53‰~0.75‰	19.08%（以日利率0.53‰计算）
		50 000	12	5 291.67	新易贷—信用贷日利率0.53‰~0.75‰	27.00%（以日利率0.75‰计算）
	锦程消费	10 000	12	898.20	月息低至5.8厘	15.01%
		50 000	12	4 491.00	月息低至5.8厘	15.01%

续表

		展示给客户				实际年化利率
		贷款金额（元）	分期数	每月还款（元）	月息费率	实际IRR
持牌消费金融公司	捷信消费（线上小额贷）	5 000	12	475.20	月利率2%+月贷款管理费率0.038%+月客户服务费率0.01%	28.06%
		20 000	48	663.24	月利率2%+月贷款管理费率0.045%+月客户服务费率0.011%	28.08%
电商平台	蚂蚁小贷（花呗）	1 000	6	174.16	手续费率8.8%	16.37%
		1 000	12	90.66	手续费率4.5%	17.05%
	阿里小贷（借呗）	10 000	6	1 741.70	日利率0.04%	16.39%
		50 000	12	4 418.50	日利率0.03%，1 000元借1天利息只需0.3元	11.54%
	京东白条	10 000	12	933.33	服务费率1%	23.70%
		20 000	12	1 866.67	服务费率1%	23.70%
	小米小贷	3 600	6	631.89	日利率不超过0.05%	19.56%
分期购物平台	拉卡拉	10 000	12	833.33	前期服务费1 890元+月还款833.33元	49.38%
		50 000	12	4 166.67	前期服务费9450元+月还款4 166.67元	49.02%
	分期乐	5 399	12	494.99	月还款494.99元	19.57%
		13 888	12	1 240.64	月还款1 240.64元	13.84%
P2P平台	宜人贷（线上产品）	20 000	12	2 037.04	前期服务费1 900元+月还款额2 037.04元	78.68%
		40 000	12	4 083.39	前期服务费3 900元+月还款额4 083.39元	80.52%
小贷公司	中腾信	10 000	12	902.00	月费率0.69%	15.93%
		50 000	12	4 511.00	月费率0.70%	15.98%

数据来源：截至2017年第三季度各机构官网等公开资料。

现金消费类业务更有利于快速扩大贷款规模，短期增加公司利润水平，但现金消费类产品面临的信用风险更大。

现金消费类业务相对于商品贷，因为没有消费场景限制，因此不需要在开展消费贷业务时不断建立与渠道商的合作关系或者自建消费场景。同时,现金消费类业务不像商品贷的贷款额度受限于商品/购买服务的金额,可以在积累一定用户数据后大规模开展现金消费类业务,快速做大贷款规模。以中银消费和信而富为例,可以观察到随着现金消费类业务在总规模中的占比快速增长,带动了净利息与手续费收入的爆发式增长。

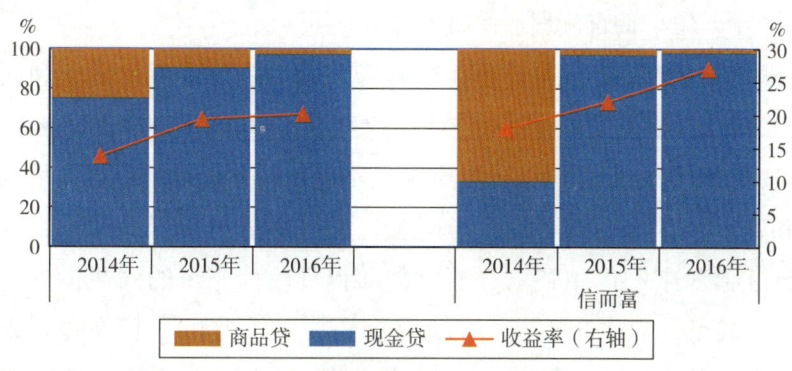

数据来源:公司年报。

图10　商品贷和现金消费类业务规模变动及收益率情况

由于现金消费类业务对贷款用途几乎没有限制,同时能够接受现金消费类业务的客户群体普遍信用质量较差,因此现金消费类业务对贷款发放机构的风控技术要求更高,随着现金消费类业务的扩大,消费金融公司面临更大的不良贷款压力。

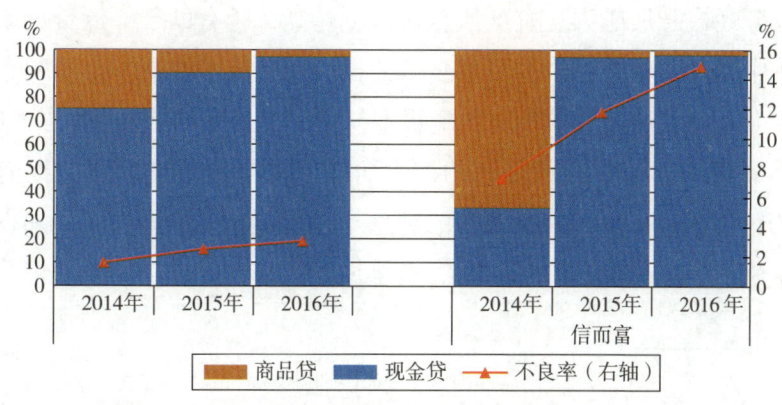

数据来源:公司年报。

图11　商品贷和现金消费类业务规模变动及不良率情况

②消费金融行业主要参与主体资金成本分析

通过梳理四大类消费金融服务机构的资金成本[①],总体来看,不同类型的消费金融服务机构的融资成本差异较大,资金成本与业务规模、股东支持力度、业务开展阶段以及融资渠道高度相关。

商业银行融资成本＜电商巨头与较大垂直领域服务商＜持牌消费金融公司＜P2P、较小垂直领域服务商与小贷公司。

开展消费贷款业务的商业银行的资金成本主要为存款利息和同业拆借,约为2%,处于很低水平;持牌消费金融公司的融资来源主要包含接受股东和股东境内子公司,境内金融机构借款,发行金融债券,境内同业拆借和资产证券化。持牌消费金融公司又可细分为银行系和非银行系,银行是凭借股东的信用背书,通常能够得到较为充足的同业拆借,融资成本相对较低,以中银消费为例,其融资成本约为4%。而非银行系消费金融公司主要以同业借款为主,以捷信消费为例,其融资渠道主要为股东存款与同业和其他金融机构借款,融资成本相对较高,约为8%。电商巨头的融资成本主要来自于股东借款、银行借款和ABS,ABS优先档融资成本大约在4%~6%;P2P、较小垂直领域服务商与小贷公司的融资渠道较为狭窄,主要为P2P借款与股东借款,资金成本整体较高,区间大概在7%~15%[②]。

业务规模开展越大、资产质量认可度越高,越有助于降低资金成本;以ABS作为主要融资手段的消费金融公司的资金成本受资本市场利率水平影响较大,应关注信贷周期对融资成本与资产不良率的叠加负面影响。

资金成本会随着业务规模的扩大而降低,以捷信消费和中银消费为例,2014年至2016年,两家公司的利息与手续费收入增速很高,加权复合增长率分别为314.07%和129.52%,资金成本则呈下降趋势,捷信消费资金

---

① 资金成本=利息与手续费支出÷[(期初拆入资金+期初吸收存款+期初已发行债务证券+期初其他负债+期末拆入资金+期末吸收存款+期末已发行债务证券+期末其他负债)÷2]。

② 数据来源于网贷之家近三年网贷平台综合利率。

成本由9.78%降到8.50%,中银消费资金成本由4.98%下降到3.61%。

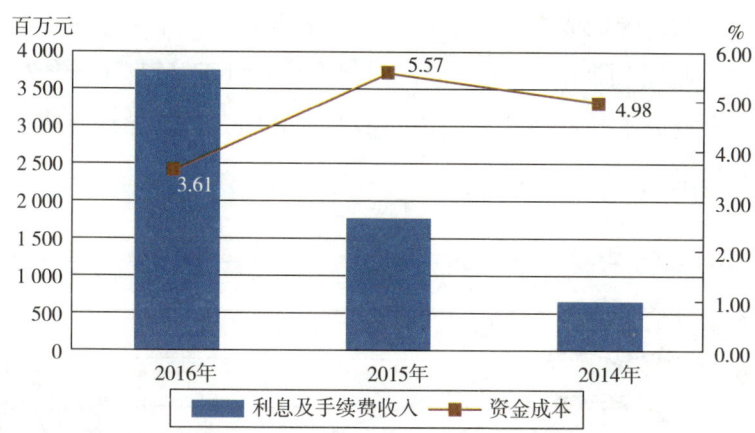

数据来源:公司年报。

图12 中银消费资金成本与利息及手续费收入

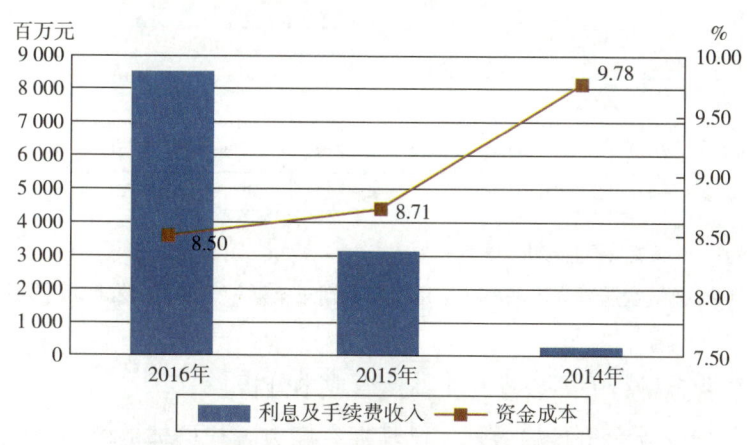

图13 捷信消费资金成本与利息及手续费收入

对于以ABS为融资主要手段的消费金融公司,其资金成本还和资产的认可程度较为相关,如蚂蚁金服与京东金融通过发行ABS的证券利率,在相同的利率市场环境下,由于电商巨头资产的信用质量表现较好且稳定,其发行利率与同级别信用债[①]的利差逐渐缩小,证明其资产质量逐渐得到

---

① 优先A档证券期限为一年,而公司债一年期产品很少,此处以三年期AAA级公司债代替。

市场的认可。

同时，ABS融资成本与资本市场的利率水平高度相关，在资本市场经历信贷周期收紧预期/阶段，如果同时伴有资产不良率上升，会对消费金融公司的融资成本与利润造成的负面影响会叠加，可能导致消费金融公司的经营不稳定。

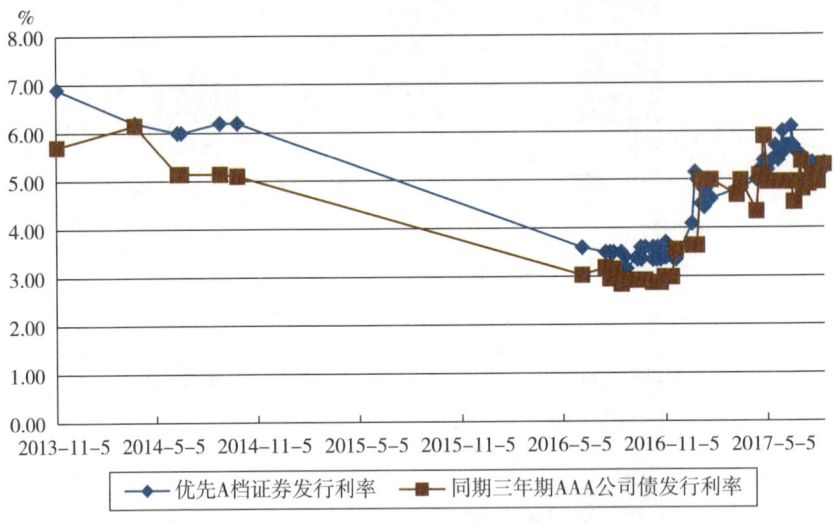

数据来源：中债资信根据公开数据整理。

图14 蚂蚁金服系列产品AAA级证券与同期三年期AAA公司债发行利率对比

③消费金融行业主要参与主体运营成本分析

消费贷行业竞争日趋激烈，已经拥有庞大客户群体的消费金融服务机构巨头运营成本较为稳定，处于初创期或成长期的消费金融服务机构运营成本呈增长趋势。

通过梳理四大类消费金融服务机构的运营成本率，可以看到消费金融服务机构的运营成本与其所处的不同发展阶段有关。对于已经完成了线下网点布局或在线上建立了巨大流量入口的成熟消费金融服务机构，运营成本率较为稳定；而对于处于初创期或成长期的消费金融服务机构，需要在日益激烈的获客竞争环境中争取更多的新客户，因此其运营成本近几年呈增长趋势。

表4 2016年线下获客渠道与潜在客户量

消费金融服务机构	线下获客渠道	潜在客户量
建设银行	14 985家境内外营业机构	累计借记卡8.31亿张，信用卡9 407万张
招商银行	1 921家境内外代理行及3,495家自助银行	累计借记卡1.06亿张，信用卡8 031万张
宁波银行	314家营业机构	累计信用卡128万张
捷信消费	17万个合作销售网点	—
中银消费	中国银行的境内网点10,651家	—
蚂蚁金服	—	支付宝用户4.5亿人，其中借呗服务客户1 200万人，花呗服务客户8 000万人
京东金融	—	商城注册用户2.266亿人

数据来源：中债资信根据公开数据整理。

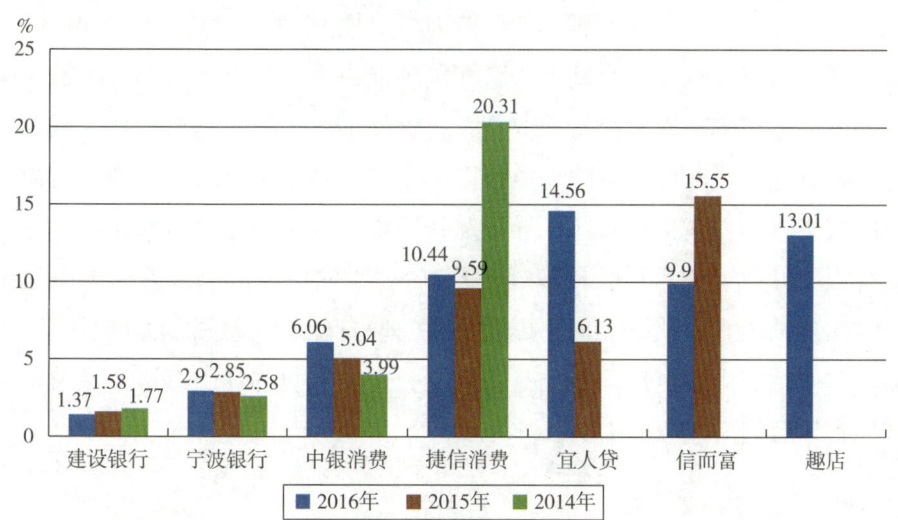

注：运营成本比率=[（手续费与佣金支出+业务及管理费）÷（期初贷款本金余额+期末贷款本金余额]÷2。
数据来源：中债资信根据公开数据整理。

图15 消费金融服务机构运营成本比率

拥有成熟风控体系的消费金融服务机构可以通过提高用户借款体验与

精准营销的方式降低获客成本。

消费金融服务机构主要从两个层面来降低获客成本，首先是在客户授信审批环节，通过增强客户借款的体验，即索取尽量少的申请资料、加快贷款审批速度以及提供更高的贷款额度；其次是在客户维护与账户管理阶段，通过收集客户的交易数据以及行为数据，挖掘有更多贷款需求、能承受更高贷款利率的客户，通过提升贷款额度、发放循环贷款产品、提供更优惠贷款利率的方式进行精准营销，降低获客成本。但需要强调的是，上述方法是需要建立在已经形成完善的风控体系的基础之上的，这些方式更适用于拥有庞大客户群体，积累了成熟的风控规则以及较为庞大的客户交易/行为数据的消费金融服务机构。

④消费金融行业主要参与主体信用成本分析

信用风险=偿债能力不足风险+欺诈风险

可将信用风险细分为欺诈风险和偿债能力不足风险。欺诈风险主要指借款人通过诈骗和虚假交易骗取贷款，该类借款人属于恶意借贷，基本没有还款意愿。目前欺诈风险种类较多，尤其是消费金融服务机构采用纯线上申请贷款的方式进行获客，导致欺诈风险更为突出，目前欺诈风险主要包含以下几类：盗取账户/盗取信用卡后产生的借款、申请人提供虚假信息骗取贷款（含团伙欺诈）、虚假交易套取贷款以及恶意多头借贷骗取贷款等。偿债能力不足风险指的是借款人自身具有较强还款意愿，但由于经济因素导致丧失还款能力。

表5　信用风险类型

风险类型	偿债意愿	偿债能力
欺诈风险	×	不确定
偿债能力不足风险	√	×

纯线上申请贷款的风控方法主要依靠大数据风控技术；部分线下申请

贷款的风控手段开始采用大数据风控技术。

通过梳理目前市场上主要消费金融服务机构的消费贷风控体系的流程以及各流程所使用的风控手段，可以看到线上申请贷款主要是基于大数据风控技术实现，同时，开展线下申请贷款的消费金融服务机构也逐渐接受大数据风控理念，并在部分风控流程中予以使用。

表6 各风控流程中不同风控体系所使用的技术手段

风控流程	流程内容	防控风险类型	防控风险手段	
			大数据风控体系	传统风控体系
申请受理与审批	1.接受客户申请；2.核定授信额度；3.反欺诈	1.欺诈风险；2.偿债能力下降风险	第三方防欺诈服务	第三方防欺诈服务
			自有专家制定规则	自有专家制定规则
			自有数据（账户登录、聊天、交易相关数据）	自有数据（交易相关数据）
			—	线下网点面签、驻店审核，人工核实申请材料
客户关系维护与管理（循环额度贷款、重复借贷贷款）	1.信用额度管理；2.反欺诈；3.重新定价	1.欺诈风险；2.偿债能力下降风险	自有数据（交易相关数据）	自有数据（交易相关数据）
			第三方防欺诈服务	第三方防欺诈服务
催收	执行催收	未及时催收导致回收率降低	自有数据（交易相关数据）	自有数据（交易相关数据）
核销	1.执行核销政策；2.不良资产处置	低于公允价格处置不良资产	—	—

资料来源：中债资信根据公开数据整理。

如表6所示，目前消费金融服务机构的风控流程主要分为四个部分，分别为贷款申请受理与审批、客户关系维护与管理、催收以及核销。总体来看，目前消费金融服务机构对于纯线上申请的贷款，主要采用大数据风控技术，例如采用第三方防欺诈服务、自有数据挖掘（账户登录、聊天、交易、行为等相关数据），分别应用于申请受理与审批、客户关系维护与管理和催收等环节，来达到防止欺诈风险以及充分识别借款人偿债能力变化的风险。同时，对于传统的线下贷款申请形式，现在越来越多的消费金融服务机构开始接受大数据风控的理念，已经开始在申请受理与审批、客户关系维护与管理等环节采用包括第三方防欺诈服务、基于自有数据与其他机构共享的数据挖掘技术等大数据技术，在防欺诈、提高识别客户偿债能力变化取得了良好的效果。

表7 欺诈风险具体分类以及不同风控体系使用的技术手段

风控流程阶段	欺诈风险	防控欺诈风险手段	
		大数据风控（线上审核）	传统风控（线下审核）
申请与审批	盗取账户冒用	● 人机识别 ● 异常登录行为识别 ● 操作环境识别	不存在
	申请人提供虚假信息骗取贷款（含团伙欺诈）	● 基于第三方数据库、自有数据库、公安数据、其他借贷平台的失信人名单 ● 基于申请资料多维度相互校验结果的反欺诈规则 ● 基于用户关系的反欺诈规则（与坏人的关系） ● 专家制定规则 ○ 自有数据（聊天、交易、行为相关数据）	○ 基于第三方数据库、自有数据库、公安数据、其他借贷平台的失信人名单 ● 人工核实申请资料是否存在欺诈 ● 专家制定规则
	虚假交易	○ 自有数据（聊天、交易、行为相关数据） ● 事后对商户惩罚 ○ 驻店审核	● 驻店审核 ● 事后对商户惩罚

续表

风控流程阶段	欺诈风险	防控欺诈风险手段	
		大数据风控（线上审核）	传统风控（线下审核）
申请与审批	多头借贷	●基于第三方防欺诈服务自有数据库校验 ○人行征信记录（可选）	○基于第三方防欺诈服务自有数据库校验 ○人行征信记录（可选）
客户关系维护与管理（循环额度贷款、重复借贷贷款）	盗取账户冒用	●人机识别 ●异常登录行为识别 ●操作环境识别	●异常交易行为

注：●表示主要使用技术手段；○表示选择使用的技术手段。
资料来源：中债资信根据公开数据整理。

表8　针对偿债能力不足风险不同风控体系所使用的技术手段

风险类型	防控信用风险手段	
	大数据风控（线上审核）	传统风控（线下审核）
偿债能力不足	●基于第三方数据库、自有数据库、公安数据、其他借贷平台的失信人名单 ○自有数据（聊天、交易、行为相关数据） ○人行征信记录	●人行征信记录 ○基于第三方数据库、自有数据库、公安数据、其他借贷平台的失信人名单 ○自有数据（交易）

注：●表示主要使用技术手段；○表示选择使用的技术手段。
资料来源：中债资信根据公开数据整理。

进一步看，可分别从欺诈风险和偿债能力下降风险两个维度，剖析线上大数据风控与线下申请传统风控在应对不同的风险类型时主要采用的方法。

可以看到，欺诈风险方面，由于纯线上申请会比线下申请面临更多的欺诈风险（例如账户盗用、欺诈成本更低的虚假信息骗贷），使用第三方防欺诈服务已经成为绝大部分通过线上发放消费贷的消费金融服务机构的共同选择。同时部分基于线下审批、人工审核重要申请资料的传统风控方式也开始针对虚假交易、团伙诈骗等欺诈风险使用第三方防欺诈服务；偿债能力不足风险方面，线上申请贷款的风控仍然基于大数据的失信人名单以及用户在平台中积累的还款信息，而线下申请单款的风控更关注人行征信记录、工作证明等强信用信息指标。

对于初创型消费金融服务机构或新研发的消费贷款产品，主要面临的是欺诈风险。

对于初创型消费金融服务机构或者新开发的消费贷款产品，因为业务刚刚起步，申请与审批、账户维护、催收、核销等一系列的风控流程并不成熟，在各流程对欺诈风险的防控手段处于尝试阶段，各种风控规则并未得到大量数据验证，同时也没有积累足够的交易数据进而建立较好的反欺诈模型，因此面临的欺诈风险会随着产品规模的逐步放量呈现较大的不确定性。尤其是对于采用纯线上申请的贷款类型，线上申请虽然为客户提供了高效便捷的申请体验，但因为不能像线下一样采用面签以及人工审核申请材料，因此不法分子的欺诈成本更低，在消费金融服务机构系统以及风控规则出现重大漏洞的时候，欺诈会给消费金融服务机构制造大量的损失。根据百融金服研究报告，一些消费金融服务机构因欺诈的损失占到整体坏账水平的60%[①]。

大数据风控技术、合理的风控规则以及渐进式的产品投放策略可以有效地降低欺诈风险。

首先，互联网反欺诈技术日趋成熟，通过使用软硬件结合的生物识别技术以及基于大数据的数据挖掘技术的反欺诈技术，可以有效降低欺诈风险。以深圳白骑士大数据有限公司、算话征信服务（上海）有限公司、同盾科技等为代表的第三方防欺诈服务提供商已经为更多的消费金

---

① 数据来源：《2017年现金贷行业分析报告》，百融金服。

融服务机构提供防欺诈服务，并且取得了较好的效果。另外，对于拥有更多用户数据（例如账户登录、聊天、交易相关）的电商巨头，可结合多维的行为数据对账户盗取、虚假申请、虚假交易等欺诈风险进行了较为有效的防范。

其次，合理的专家风控规则以及渐进式的产品投放策略对有效降低欺诈风险起到了积极的作用。消费金融服务机构通常以渐进的形式开展新型贷款的投放。具体来说，消费金融服务机构会先开展风险较低的贷款产品投放，在积累了一定的用户还款数据以及验证了专家风控规则之后，再从积累的客户群体开展二次营销，选择较为优质的客户开展较高风险贷款产品的投放。

表9　高风险产品客户来源

高风险产品类型	客户来源
蚂蚁借呗	优质花呗客户
京东金条	优质京东白条客户
捷信现金消费贷	优质捷信POS贷

拥有庞大的多层次用户群体并可精确划分客户群体的消费金融服务机构能够较好地控制信用成本。

欺诈风险可以依靠技术手段与严格的风控流程降低，消费金融服务机构与借款个人之间的信息不对称程度相较于贷款机构与规模较大的公司的信息不对称程度更大，消费金融服务机构难以准确评价个人偿债能力的高低，目前消费金融服务机构通过降低单笔贷款额度提高资产分散性的方法，达到降低单个或数个借款人违约对整个资产池造成重大损失风险的目标。在通过反欺诈技术把欺诈的借款人比例降到足够低后，消费金融服务机构的信用成本主要由借款人的偿债能力不足风险决定。

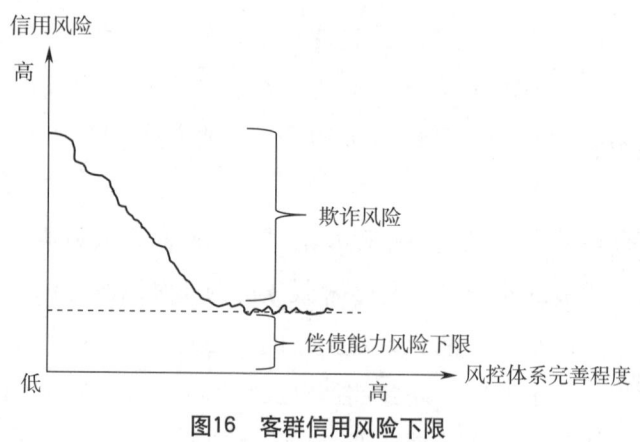

图16 客群信用风险下限

因此,消费金融服务机构如果拥有庞大的多层次用户群体,同时具备较为精准地划分用户群体的风控技术,该类公司可以根据自身的风险偏好投放消费贷产品并将信用成本控制在一定水平,从而获得稳定的利润。

三、消费贷资产支持证券信用风险分析

2017年银行间市场发行消费贷ABS共23单,发行规模为1 489.36亿元,占银行间市场整体ABS的24.92%,相比2016年8单、规模200.32亿元,单数和发行规模都成倍增加,同时,2017年交易所市场个人消费贷款ABS共发行121单,发行规模占交易所市场整体ABS的38.93%,成为债权类基础资产中的第一大品种。

消费贷ABS发行量的攀升和其基础资产本身的优势,吸引了越来越多投资者的关注,众所周知,消费贷ABS的基础资产具有单笔资产占比低,分散性高,收益率高的优点,但同时其是信用贷款,且无抵(质)押等有效风险缓释措施,如何识别和评价此类资产的信用风险成为市场投资者较为关心的问题。

基于消费贷ABS的特点,对消费贷ABS风险分析可以从四个维度进行,一是评估基础资产的信用风险;二是评估交易结构的风险;三是评估参与机构相关风险;四是评估法律风险。

1.评估基础资产信用风险

基础资产信用风险的评估包括信用风险水平评估、基础资产回收水平评估以及宏观经济/行业环境评估三大方面。

（1）信用风险水平评估

信用风险水平评估可以从消费金融服务机构的经验能力、风险偏好、基础资产贷款特征以及集中度四个方面进行分析。其中对消费金融服务机构经验能力的评估主要包括其经营个人消费贷款业务的时间、业务规模、组织架构和管理制度；对消费金融服务机构风险偏好的评估主要包括消费金融服务机构的放贷渠道和准入标准；对基础资产特征的评估主要包括客群质量、贷款用途和业务规则；对基础资产集中度的评估主要包括贷款所在地域和借款人所在行业。

消费金融服务机构的经验能力，决定了其规范运营业务、有效贯彻政策的可能性。其中，特别关注消费金融服务机构的业务规模、运营时间、组织架构和管理制度。通常，业务规模较大、运营时间较长的公司相关经验更丰富，相关业务也更成熟，其中较大的业务规模间接要求消费金融服务机构保持充足的资金规模，也在一定程度上反映了其具有较高的融资能力和较好的盈利能力，而较长的运营时间则保证了公司有充足的历史数据以及对经济周期更好的适应能力。此外，规范合理的公司组织架构和健全有效的管理制度是消费金融服务机构的核心竞争力。规范合理的组织架构保证了从监管部门、公司股东、公司高层直到执行层面对于决策的传达和有效执行，而健全有效的管理制度能够在一定程度上帮助公司对内可控制操作风险和流动性风险，对外可快速对市场风险作出反应。

如在前文所述，一般认为参与主体中商业银行的经验能力最强，由于商业银行通过长时间的运营，已经积累了庞大的客户基础，并建立了一套较为完善的内评架构，该架构使得银行具备动态调整授信政策、贷后管理、催收等影响基础资产关键指标表现的能力，尤其是信用卡资产这种拥有大量借款人的资产类型，商业银行可以通过监控大量信用卡持卡人的日常消费活动积累海量数据，通过数据挖掘与分析能够更快速地对信用卡信用质量的变化做出响应。

消费金融服务机构的风险偏好，体现在其贷款发放渠道和贷前准入标准的制定上。一般来说，若发起机构的业务扩张过快、贷款审核政策放宽、风险容忍度提高，则所发放贷款面临更大的违约风险。具体来说，在发放渠道方面，目前我国个人消费类信用贷款的发放渠道分为线下与线上两种。传统的银行由于网点众多，因此多采用线下授信的方式，其优点是线下网点面签、驻点审核，可以较好地防范欺诈风险，但是对于客户体验和效率有一定损失，无法进行大批量和快速的操作；而持牌的消费金融公司可接入央行征信系统，借用银行征信体系和互联网大数据征信，较银行审批更为简化，效率更高，但是存在着更大的欺诈风险；在准入标准方面，应该较清楚地了解该机构的放贷准入标准，了解该机构是否制定高危行业禁入政策，是否有对于借款人经济能力达标的考核等，这些都是判断消费金融服务机构准入政策严格程度的因素。在了解消费金融服务机构风险偏好时，可通过对其进行现场访谈等形式，深入了解其业务开展以来的授信方式、放贷流程以及准入标准等，从而更好地衡量证券化资产的违约风险。

基础资产贷款特征，很大程度上决定了资产是否同质，信用水平、未来还款表现是否具有可比性等。可以从客群质量、贷款用途以及业务规则三方面对消费金融服务机构提供的历史数据与拟证券化资产池的贷款特征进行比较，考察其是否具有较好的一致性。具体来看，在客群质量方面，主要借助消费金融服务机构的内部信用评分来评估借款人的违约风险和还款能力。一般消费金融服务机构针对贷前、贷中、贷后催收分别建立了借款人申请评分（A-Score）、行为评分（B-Score）、催收评分（C-Score）。其中，申请评分是消费金融服务机构在发放贷款前根据借款人的职业、收入水平、资产情况等方面综合表现给予借款人信用水平的评估，评分后一般不会更改；行为评分是消费金融服务机构发放贷款后，根据借款人实际的借款以及还款表现定期持续跟踪，给予借款人信用水平的评估，一般更新频率较高；催收评分是消费金融服务机构在借款人违约（一般贷款逾期超过90天）后，结合借款人配合程度、实际还款能力等给予借款人还款可能的评估。在对客群质量进行评估时，应参考消费金融服务机构给予借款人的评分等级，以及各评分等级下的违约率，结合消费金融服务机构历史存续资产以及拟证券化资产池中不同评分等级的占比情况，将两者的差异作为定量分析拟证券化资产池信用风险的重要指标之一；在贷款用途方面，不同的消费场景、贷款用途带来不同的风险暴露风险，故对贷款用途同质性的把控，在一定程度上有助于判断拟证券化基础资产后续的违约和回收风险表现与历史存量资产表现是否高度相关；在业务规则方面，不同的计息还款方式、贷中管理政策以及提前还款约定直接影响贷款未来的现金流入分布，导致金额分布、违约时间分布等可能存在较大差异。具体来说：

一是在计息还款方式上，目前我国个人消费类信贷计息还款方式主要有等额本息、等额本金、等本等息以及气球型等智能型还款方式。与前三者相比，气球型等智能型还款方式的前期月供较低，尾款金额较大，贷款尾部的信用风险更高，面临的损失严重程度也越大。另外，与等额本金和等本等息相比，等额本息在前期对于本金的偿还额度较小，剩余本金的下降相对缓慢，违约风险相对较大。

二是在贷中管理政策上，及时全面的贷中管理政策是放贷后防范客户信贷风险的重要手段，不同消费金融服务机构对于贷款的跟踪、逾期的认定等可能存在一定差异，进而导致在同样的计息还款方式下贷款的回款时间分布、违约时间分布等有显著的不同。

三是在提前还款政策上，消费金融服务机构对于提前还款的政策制定很大程度影响着客户提前还款的意愿，如果消费金融服务机构对于提前还款收取较高的违约费率，或者不允许部分提前还款、只允许全额提前还款，则借款人的提前还款意愿降低。

基础资产集中度，主要包括贷款的地区集中度以及借款人所在行业集中度两方面。由于消费信贷资产支持证券的入池贷款在笔数、借款人数量等方面分散度较好，但若入池资产地区集中度或借款人所在行业集中度过高，则可能出现由区域风险或行业风险导致的借款人还款能力下降，影响证券正常兑付。具体来说，在地区集中度方面，基础资产在地区分布上的多样性可以缓释区域经济波动的影响，若入池贷款均集中于同一地区，地区经济问题会影响到整个资产池的表现，基础资产的信用风险会显著上升；在行业集中度方面，基础资产在行业分布上的多样性可以缓释行业经济波动的影响。我国作为发展中国家，各行业的发展受宏观经济影响较大，若入池贷款较大程度集中于同一行业，则该行业的经济周期会影响整个资产池的表现，显著增加基础资产的信用风险。

（2）基础资产回收水平评估

基础资产回收水平评估主要考虑消费金融服务机构的催收政策和催收效率，具体为历史数据所表现出的回收率情况。若消费金融服务机构对于催收有着严格的执行过程和责任人员，同时客户经理对于客户有着较为详细地了解，则一般情况下催收效果较好，即回收率较高。同时，除了自主催收，很多消费金融服务机构，例如很多商业银行，会采用自主催收和外包催收两种结合的方式，在资产逾期前期，如M1[①]、M2阶段，会由总行或催收中心进行统一催收，方式包括信函、邮件和电话催收，若催收无效，会交给第三方催收公司进行催收，催收方式包括电话、信函、上门催收、报案和诉讼仲裁等多种方式，且不同阶段的回收率水平也相差较大，一般来说逾期账龄越长，回收率越低。对于催收机构而言，催收的困难点主要在于借款人失联率高，由于对个人信息安全

---

① 指逾期的期限，一般划分为M1（0～30天）、M2（31～60天）、M3（61～90天）、M4（91～120天）、M5（121～150天）、M6（151～180天）、M6+（大于180天）等。

的保护，失联修复的困难也更高，并且催收难易也和各地的司法环境有关。

（3）宏观经济、行业环境形势

宏观经济形势对消费信贷市场有着较大影响，一方面，近年来国民经济高速增长带动居民人均可支配收入的提高，从而促进了居民消费意愿，提高了消费水平，若宏观经济下行，失业率上升，进而导致借款人偿付能力下降，无疑会增加了贷款违约的可能性；另一方面，个人信贷行业的不断发展带动了个人贷款规模快速上升，进而导致个人信用风险敞口逐渐扩大，若宏观经济下行，可能加速相应风险的集中爆发。因此，在宏观层面上，衡量当前宏观经济环境、行业环境形势对分析当前基础资产的信用品质有一定的指导意义。具体可根据GDP增速、失业率、居民可支配收入、信贷人口渗透率、居民消费杠杆率等指标进行判断，以调整对于证券化资产信用风险以及违约后回收情况的预期。

2. 评估交易结构风险

交易结构安排是资产证券化重要环节，支付顺序设计、流动性安排、信用触发机制、分层结构设计、资产端与证券端的错配风险以及采用持续购买的机制等都会影响到证券的信用质量。

（1）支付顺序设计

证券支付顺序设计是指在证券存续期间，基础资产产生的现金流流入在支付税费、贷款服务机构费用、发行费用以及其他发行参与机构费用、各档证券本金和利息、固定资金成本等项目时的支付顺序。通常证券在触发加速清偿事件、违约事件等后支付顺序将发生变化，将部分位于优先档本金支付前的费用后置或取消，加大对优先档证券的支持力度。由于消费贷ABS的利差较高，不同项目在支付顺序上的差别较多地体现在违约事件发生前贷款服务费顺序的设置上，如表10所示。

表10 贷款服务费支付顺序设置

	捷赢2017-3	捷赢2017-4	捷赢2017-5	惠益2017-1	惠益2017-2	惠益2017-3
支付顺序	利息前	利息前	利息前	利息前支付5%	利息前支付1.67%	利息前支付1.67%
				利息后本金前支付45%	利息后本金前支付15%	利息后本金前支付15%
				所有本金支付完后50%	所有本金支付完后83.33%	所有本金支付完后83.33%

以捷信消费金融和中信银行2017年最新发行的3单消费贷ABS为例，可以看出惠益系列产品在支付顺序设置上将更多的服务费放到了所有优先档本金支付完后进行支付，这一安排可以保证在优先档本金偿付后再支付服务费，对于优先档本息的兑付支撑更多，而捷赢系列的贷款服务费均放在优先档利息支付之前支付，这样减少了对优先档证券的支持。

（2）流动性支持条款

流动性支持是指为保障交易按时偿付投资者本息和费用而设置的内外部资金来源。受借款人提前还款、证券前期偿付压力大等因素影响，信贷资产在某一收款期间的利息收入，可能无法覆盖证券利息和优先费用支出，造成基础资产现金流流入与证券各项支出在时点上的错配，除此之外，导致流动性风险的原因还包括不同的付息周期、频率、利率调整方法、借款人和各参与方的故意行为和其他技术类操作故障等，这给投资带来了无法按时获得本息的潜在风险。因此，流动性支持是确保证券按时偿付的重要保障。

表11 流动性支持的方式

	内容
内部流动性支持	内部流动性支持，资金来源于资产池现金流，即在首个回收期现金流中截取部分资金用来做流动性准备金，并设置流动性准备金账户，该准备金账户额度一般限定为税费、参与机构报酬和优先档证券利息等优先支出总额的1～2倍，账户内资金用于补足后续期间优先费用和优先利息支出的差额部分。
外部流动性准备金账户	外部流动性准备金账户，是由消费金融服务机构或其他机构出资设立的为证券的正常偿付提供流动性支持的独立信托账户。大部分证券设置外部流动性准备金的金额不低于首个支付日所需支付优先费用和利息的总和，并且由消费金融服务机构在证券设立时一次性划入。
流动性准备金账户的设置	流动性准备金账户的设置，可以有效缓解资产池现金流入与证券支付在时间和金额上错配的问题，能够保证证券利息及时、全额偿付。对于流动性准备金账户，应主要关注流动性准备金资金来源、准备金计提规模、准备金启用条件、启用后现金流支付顺序的变化、准备金回补机制、流动性准备金账户监管完备性等。

在实际操作中，由于消费贷ABS基础资产的偿还方式多为等额本息、等额本金或等本等息，基础资产还款比较均匀、稳定，现金流分布较为平滑，很多项目在实际中并不设置内部或外部的流动性储备账户。

（3）触发条件设置

一般个人消费贷款支持证券的交易结构中会设置信用触发机制，触发机制的设置是通过改变资产池的现金流支付顺序，来保证高优先级证券优先获付利息或本金，从而对风险因素快速作出反应，减少投资者损失。

信用触发机制中常见的是加速清偿事件与违约事件。一般来讲，触发加速清偿事件后，交易停止支付次级证券的期间收益，将各收款期间的剩余收益、违约超额回收款等用来加速偿还优先级证券本金；触发违约事件后，将各收款期间产生的所有现金净收入按照优先劣后顺序依次偿付各档证券的本息。总体来看，违约事件触发时的基础资产偿还情况与加速清偿事件触发时相比更加恶劣，因此在对违约事件触发后支付顺序进行安排时，也尽最大可能保护优先受偿证券的本息。

具体来说，与重要参与机构相关的触发条件包括：发行人丧失清偿能力、贷款服务机构解任、贷款服务机构未能根据交易文件规定按时付款或划转资金、后备贷款服务机构缺位、参与机构在交易文件中提供的陈述发现有重大不实或误导成分；与交易相关的触发条件主要包括：交易文件部分或全部被终止、优先级证券利息延期支付、法定到期日后证券本金尚未清偿；与基础资产相关的触发条件主要包括累计违约率、基础资产数量不足等。

（4）分层结构设计

优先级/次级结构是结构性融资产品中最常见的信用增级方式，是指将证券化产品做结构性安排，按照顺序将基础资产组合所产生的利息和本金现金流分配给不同优先级别的证券。一般是优先偿付高等级证券，而劣后受偿证券先行承担风险，为优先档证券提供信用增级，以降低优先档证券的信用风险。在银行间市场发行的消费贷ABS中，除了捷赢系列次级厚度处于13%~15%之外，其他项目一般都为5%~10%；而交易所发行的消费贷ABS次级厚度平均为9%，其中发行规模较大的蚂蚁花呗系列主要集中于8.5%、9.5%和12.3%三种，而蚂蚁借呗系列集中于7.5%和10%两种，总体来说，银行间消费贷ABS的次级厚度相比交易所略低。

（5）错配风险

由于资产端和证券端在利率、期限等方面无法实现完全匹配，在证券存续期间内存在动态变化，故需要重点关注错配风险，主要包括以下几点：

表12 错配风险关注点

分析维度	内容
发行利率	由于证券发行利率主要基于近期市场同期限、同级别产品的发行情况，由发行当日通过簿记建档最终确定，存在一定低估发行利率的风险。

续表

分析维度	内容
利率类型及调息方式	我国的利率类型一般包括固定利率和浮动利率,而资产端和证券端的利率类型不同,会导致在证券存续期存在利率错配风险。如果基础资产和证券一方为浮动利率,一方为固定利率,一旦证券存续期间发生利率调整,证券与资产池的利差将发生变化,对于证券的偿付产生不稳定的影响;若基础资产和证券均为浮动利率,但两者所依赖的基准利率或利率调整的时点或调整的方式不一致,均会导致证券与资产池的利差发生变化,对证券的偿付产生一定的负面影响。
计息方式	消费信贷一般采用分期摊还的计息方式,若证券端有固定摊还证券,则存在一定的错配风险;在计息频率上,贷款既有按月计息又有按天计息,而证券一般按月或按季度计息,存在期限错配的风险。

(6)持续购买机制安排

持续购买机制安排是指在交易结构中加入循环购买条款,在循环期内对资产支持证券只支付利息而无本金偿还,将本金回收款(有时也包括超额利差)根据一定标准购买更多的其他合格资产;在摊还期内资产池的回收款不再用于购买合格资产,而是按交易合同约定的本息回收款支付顺序偿还证券本金及利息。

相比目前国内发行的静态型消费信贷资产支持证券而言,由于在证券循环期进行持续购买,循环型消费信贷资产支持证券的不确定性更大,对未来现金流的预测难度也更大,在评估时需要重点关注以下几点:

一是由于基础资产在循环期要进行循环购买,初始参照资产池在循环期将失去参考意义,因此入池资产的持续购买标准对于循环结构来说至关重要,在判断资产池的整体信用风险时应当密切关注合同中对于持续购买标的资产的规定,指标包括基础资产类型、期限、利率、信用质量、每次购买后的资产分布特征等方面。如和享2017年第一期和第二期个人消费贷款资产支持证券在交易文件中约定,在购买资产的合格标准上,除符合资产初始入池合格标准外,交易文件中对标的资产从以下方面做出了严格的规定:每次新入池的全部账单分期的加权平均年化手续费率不低于14%，且每次持续购买完成后的资产池的加权平均年化手续费率相对于初始起算日资产池的加权平均年化手续费率的下浮比例不超过10%；就每次新入池的全部账单分期而言，按照卖方对借款人的内部信用评分标准，第1组评分借款人占比不低于30%；就每次新入池的账单分期而言，单个城市涉及的账单分期未偿本金余额之和不超过该次新入池的全部账单分期未偿本金余额的20%；持续购买的每一笔账单分期的剩余期限不超过18个月，且持续购买的每一笔账单分期的到期日不晚于次级档资产支持证券的预期到期日。以上四点从手续费率、信用评分、单个城市占比和剩余期限等角度对持续购买资产进行了相关约定，在一定程度上保证了基础资产未来信用表现的稳定性。

二是消费金融服务机构的风控能力直接关系到循环资产的信用质量及后续表现情况，因此需重点关注消费金融服务机构的尽职能力。例如对于一些互联网金融公司和小额贷款公司，一方面，由于该类机构运营时间较短，其内评架构并未经历较长时间的实践检验，基础资产历史表现的可持续性存在一定不确定性；另一方面，该类机构面临很大的监管政策不确定性风险，趋严的监管政策会影响该类机构的业务稳定性，尤其是对于采用循环结构的消费贷产品，如果因监管机构的政策导致处于循环购买的基础资产业务收缩，无法保证充足的购买率，可能导致消费贷ABS产品触发加速清偿事件，最终将影响投资者的投资收益。

三是在现金流分配方面，循环期和摊还期现金流处理方式不同，循环期由于现金流流入不确定性较高，应当密切关注循环期内兑付情况及再投资活动中现金流的回收、购买等情况；摊还期由于需要集中偿还投资者本息，因此应注重资金积累，防止回收资金无法覆盖未偿本息。

四是循环产品交易结构设计复杂，涉及多个交易对手，并产生多种债权债务关系，因此，其在法律层面上的破产风险隔离措施、混同风险及抵销风险的缓释措施约定也尤为重要。

3. 评估参与机构相关风险

证券存续期间涉及的参与机构主要包括受托机构/计划管理人、贷款服务机构/资产服务机构、资金保管机构、支付代理机构、登记托管机构、评级机构、审计机构等，当参与机构尽职履责能力不足且历史经验欠缺时，容易引发一系列风险，对投资人的利益造成损害。

（1）参与机构相关风险

失责风险，是指由于相关机构尽职履责能力不足，疏忽或者过失致使投资人利益受到损害的风险。可能发生的情况是，受托机构/计划管理人无法根据规定对信托/专项计划进行会计核算和报告、违背管理职责或处理信托/专项计划事务不当导致信托/专项计划财产受损等；贷款服务机构/资产服务机构未有效催收贷款、对贷款日常管理做必要记录、有效监督借款人进行按时还款等；资金保管机构未按照划拨指令转化信托/专项计划资金，未按要求进行合格投资导致资产损失等情况。

破产风险，是指由于相关机构破产，完全丧失尽职履责能力而无法承担交易文件中约定的相关工作的风险。

混同风险，是指交易参与机构在交易管理过程中，将基础资产回收款账户的资金与其持有的其他资金混同在一起，若交易参与机构发生信用危机或破产清算，被混用的资金权属难以区分，可能导致证券持有人本息发生损失的风险。理想情况下，基础资产产生的现金流应与交易参与机构其他资金分离，并快速转入资金保管机构的相应账户。但在国内大部分实践中，债务人的还款直接划入贷款服务机构/资产服务机构的账户，在回收款转付日贷款服务机构/资产服务机构将款项划至信托账户/专项计划账户。若混同风险只是暂时性的，这将引致证券的流动性问题，其可通过启用流动性准备金来缓解；若混同是长期性的，则回收款账户中的资金有可能发生损失，这将影响资产支持证券持有人本息的获付。

抵销风险，是指借款人在消费金融服务机构[①]既有贷款又有存款，若消费金融服务机构破产或丧失清偿能力，则借款人依据法律法规行使抵销权，用其存款本息抵销消费金融服务机构对其的贷款本息，且被抵销贷款属于证券化基础资产，从而使得资产支持证券持有人的权益以及证券本息的受偿可能受到借款人行使抵销权的影响。如果借款人/保证人已经放弃行使抵销权或者借款合同有抵销弃权条款，可结合相关法律意见书，考察抵销弃权条款的有效性，以及消费金融服务机构丧失清偿能力情况下抵销弃权条款的可执行性；如果借款人/保证人没有放弃行使抵销权，则应主要关注交易结构中是否设置特定机制来有效规避抵销风险。

（2）相关风险应对措施

如何对上述提到的风险进行衡量，一方面关注这些参与机构尽职能力和历史经验，具体包括法人治理机构、部门及下属机构设置情况、管理体制、主要资产管理业务制度、风险控制制度及实施情况、操作流程的合规性、历史参与项目以及尽职表现等。另一方面考察交易文件中对于相关风险缓释措施的设定，具体包括：

对于失责和破产风险，一般在交易文件中确定后备贷款服务机构/资产服务机构的机制并约定相关触发条件，如在加速清偿事件中包含委托机构发生任何丧失清偿能力事件、发生任何贷款服务机构/资产服务机构解任事件、贷款服务机构/资产服务机构在宽限期内未按时付款或划转资金等。

对于混同风险，可通过缩短回收资金在贷款服务机构/资产服务机构账户上的停留时间，从而快速将资金从贷款服务机构/资产服务机构账户划转至信托账户/专项计划账户来加以缓解。也可以通过参与机构信用触发机制（如主体信用等级降低到某一水平）来缓解。最后，混同风险暴露可以被加以计算且经由准备金账户的储备金抵补，应考察混同风险准备金

[①] 此处仅指包括商业银行在内的既可吸收存款，又可发放贷款的消费金融服务机构。

账户的设置和既定条件下资金来源情况。对于不同信用等级的证券，应对混同风险缓释措施的设置要求有所区别，如越高优先级证券的信用水平越高，在相同的回收款转付频率或混同风险缓释措施下，对贷款服务机构/资产服务机构信用等级的要求也相应越高。

对于抵销风险，如消费金融服务机构违约风险一般，则关注消费金融服务机构是否对借款人行使抵销权带来的回收款损失负有偿付义务；如果交易约定，在借款人对其债务本金行使抵销权后，消费金融服务机构承诺无时滞地将相当于被抵销款项支付至信托账户/专项计划账户，将抵销风险转化为消费金融服务机构的违约风险，这样的安排下可认为抵销风险较低；如认为消费金融服务机构违约风险较高，即使发起人承诺无时滞地将相当于被抵销款项支付至信托账户/专项计划账户，为防范抵销风险，应设置抵销风险准备金。

4. 评估法律风险

真实出售和破产隔离是资产证券化业务的核心。其中，真实出售，是指各方当事人在合同中明确表示交易性质为资产（债权）销售且与该资产（债权）相关的所有权益和风险全部按照公平的市场价格转让给受让人的金融资产转让行为。在资产证券化过程中，为了达到隔离发起人（原始权益人）破产风险的目的，确保发起人（原始权益人）向SPV[①]转让资产具有法律效力，资产转移必须采取真实出售的形式；破产隔离是指将基础资产原始所有人、SPV和SPV母公司的破产风险与证券化交易隔离开来，是资产证券化的核心。对于未能完全实现真实出售和破产风险隔离的交易，一旦发起人（原始权益人）、SPV或SPV母公司资不抵债导致破产，证券化基础资产将有可能作为破产清算财产进行清算，无法保证证券按时获得本息偿付，使证券投资者遭受经济损失。

---

① SPV通常是因为某个特殊的目的建立，即为了发行资产支持证券，实现发起人的破产风险隔离。国际上SPV主要有三种形式：特殊目的信托（SPT）、特殊目的公司（SPC）、特殊目的合伙（SPP）。我国信贷资产证券化产品主要采用SPT的模式。

第二章 个人住房抵押贷款资产证券化专题

个人住房抵押贷款资产支持证券（以下简称RMBS）指以金融机构作为发起机构，将个人住房抵押贷款（以下简称房贷）信托给受托机构，由受托机构以资产支持证券的形式发行证券，以基础资产所产生的现金支付资产支持证券本息的结构性融资活动。个人住房抵押贷款是指借款人以其购置的房产作为抵押，向银行申请用于购置该房产的贷款。

我国资产证券化试点始于2005年，建行分别于2005年、2007年先后发行了两单个人住房贷款资产支持证券。2008年美国次贷危机的爆发，中国资产证券化业务也因此停滞4年，并于2012年6月重新启动。邮储银行于2014年发行了重启之后的首单RMBS。2015年开始，中国的RMBS进入高速发展阶段。

一、RMBS产品分析

1. RMBS产品发行情况

（1）RMBS发行数据概览

随着2012年信贷资产证券化的重启以来，监管机构出台了一系列鼓励发起机构发行RMBS的政策，极大地提升了发行管理效率、激活了参与机构能动性和创造性，使得RMBS的发行规模持续攀升。截至2017年12月31日，银行间市场共发行52单RMBS，总计规模3 573.41亿元，其中公积金贷款RMBS发行7单，共416.77亿元，商业银行贷款RMBS产品共发行45单，共3 134.66亿元；交易所市场共发行9单住房公积金贷款资产支持专项计划，发行主体分别为龙岩、泉州、滁州、苏州、泸州、三明、湖州、武汉、杭州9个城市的住房公积金中心，共66.75亿元。

从发行增速看，2015年之前增速缓慢，2015年之后增速显著提高。

自2012年我国正式重启信贷资产证券化试点工作后，邮储银行于2014年发行了重启后的首单RMBS，发行规模68.14亿元。2015年随着监管机构对RMBS政策支持力度的加强，RMBS发行规模增长近4倍，规模达到329.43亿元，并且增长势头一直持续，规模到2016年1 396.57亿元，期间发行规模是2015年的4.24倍。

2017年上半年，受到银行无法间接持有自发产品次级的监管规定，以及债券发行利率不断走高的影响，RMBS发行受到一定阻力，但年底建行、工行、中行等多单RMBS产品的成功发行，RMBS发行规模仍超过去年全年，全年发行规模1 707.51亿元（见图17、图18、图19）。

从市场占比看，RMBS占比逐渐上升，2017年发行规模超过CLO成为市场发行占比最大的产品。

2014年、2015年RMBS的占比在市场上均处于10%以下，企业贷款资产支持证券仍然占市场一半以上，处于资产支持证券的主导地位。自2016年开始，RMBS的规模明显增长，市场占比高达35.75%，基本上与CLO（36.78%）持平（见图17）。2017年，RMBS发行规模全年占比28.57%，成为银行间ABS市场发行占比最高的产品。

从发起机构类型[①]上看，发起机构类型多样化，全国性国有银行仍占主导地位。

2015年之前发行的所有RMBS发起机构均为全国性国有银行，2015年之后发起机构的种类逐渐增多，全国性股份制银行、地区性银行、公积金中心逐渐开始通过证券化的方式来解决房贷流动性的问题，但整体看，全国性国有银行依然占主导地位。其中排名前三的商业银行为中国建设银行、中国银行、中国工商银行。

[①] 全国性国有银行包括：中国建设银行、中国银行、中国工商银行、邮储银行；全国性股份制银行包括：招商银行、民生银行、兴业银行、华夏银行；地区性银行（发达地区）包括：北京银行、苏州银行、杭州银行；地区性银行（非发达地区）包括：江苏江南农商行、广东顺德农商行、徽商银行；公积金中心包括：上海公积金、武汉公积金、杭州公积金、湖州公积金。

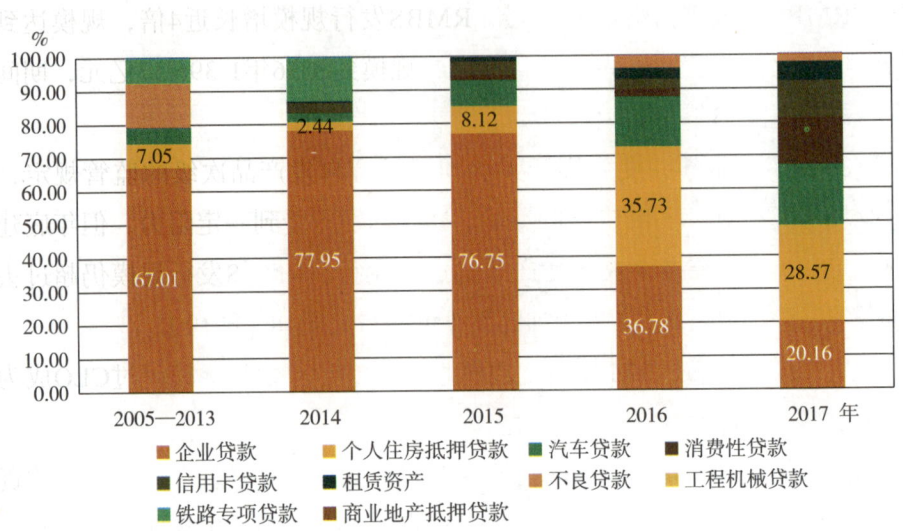

数据来源：中债资信根据相关资料整理。

图17　各类型ABS的规模占比

数据来源：中债资信根据相关资料整理。

图18　2005—2017年各月RMBS发行数量及金额

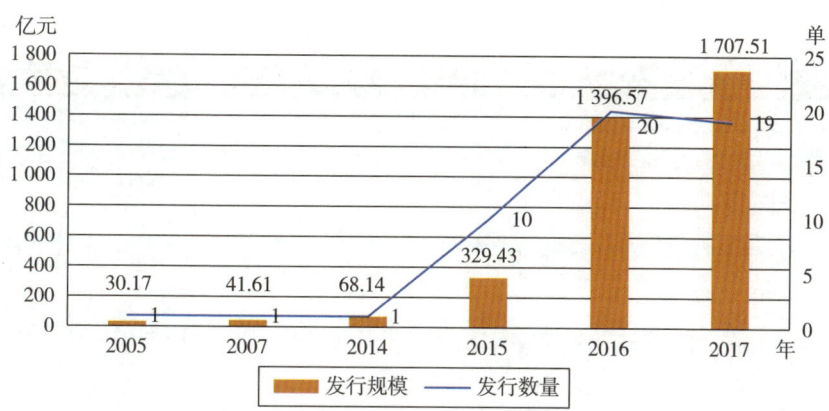

数据来源：中债资信根据相关资料整理。

图19　2005—2017年各年RMBS发行数量及金额

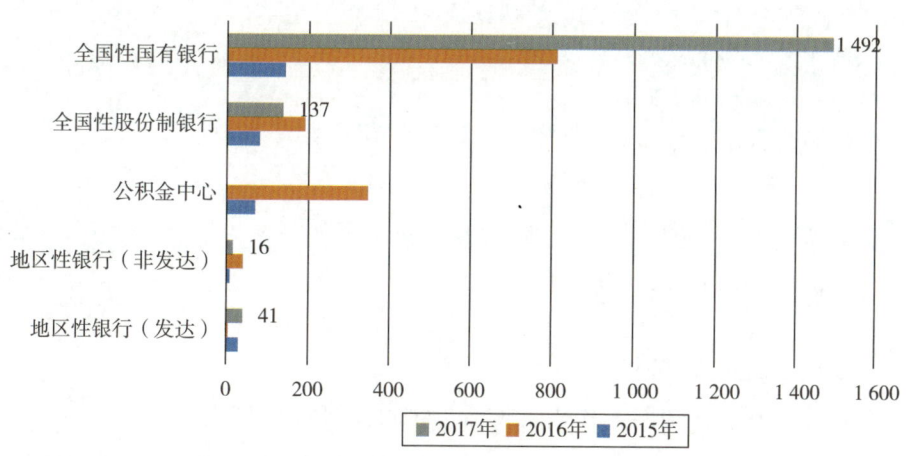

数据来源：中债资信根据相关资料整理。

图20　2005—2017年各类型发起机构RMBS发行金额（亿元）

表13　2005—2017年各发起机构RMBS发行数量及金额

发起机构	发行数量（单）	发行规模（亿元）
中国建设银行股份有限公司	17	1 369.78
中国银行股份有限公司	7	610.98
中国工商银行股份有限公司	4	499.55

续表

发起机构	发行数量（单）	发行规模（亿元）
上海市公积金管理中心	4	381.22
招商银行股份有限公司	3	172.18
江苏江南农村商业银行股份有限公司	3	39.46
中国邮政储蓄银行股份有限公司	2	106.31
中国民生银行股份有限公司	2	98.69
兴业银行股份有限公司	1	136.66
杭州银行股份有限公司	1	40.58
北京银行股份有限公司	1	29.9
华夏银行股份有限公司	1	22.01
武汉住房公积金管理中心	1	20.41
广东顺德农村商业银行股份有限公司	1	19.21
杭州市住房公积金管理中心	1	10
徽商银行股份有限公司	1	6.29
湖州市住房公积金管理中心	1	5.14
苏州银行股份有限公司	1	5.08
合计	52	3 573.41

数据来源：中债资信根据相关资料整理。

（2）基础资产分析

整体上看，我国个人住房抵押贷款不良率处于较低水平。

商业银行个人住房贷款不良率从2009年0.9%的水平下降到2016年的0.4%，形成较为稳定的低位趋势。与商业银行相比，公积金中心发放住房贷款通常有更严格的限制条件，如借款人需连续几个月缴纳住房公积金，且对贷款额度有上限要求，该上限通常远低于购房总额扣除首付的剩余金额，因此公积金贷款与商业银行个人住房贷款相比，逾期率水平更低，2016年年末仅为0.02%。从商业银行、公积金中心发放的个人住房贷款中，筛选出满足交易文件规定的合格资产作为基础资产，该类资产表现理应低于平均违约水平，会产生相对稳定的现金流用来支付RMBS证券端的费用、利息及本金。由此可见，我国RMBS产品的基础资产信用水平总体来说处于较好水平。

图21　中国商业银行个人住房贷款不良率与公积金中心个人住房贷款逾期率水平

从入池贷款特征来看，加权平均利率水平有所下降，贷款分散性很高，抵押率充足，且有一定账龄表现，信用质量很好。

RMBS产品的基础资产为个人住房抵押贷款，期限较长，且多为浮动利率，由于央行分别于2012年进行了2次降息、2014年进行了1次降息、2015年进行了5次降息，导致入池贷款的利率也随之进行了下调。2016年、2017年发行的RMBS产品，基础资产加权平均利率有了明显降低。

地区性银行平均基础资产笔数在5 000笔左右，但其发行的RMBS产品仅占银行间RMBS发行规模的4.12%。其他类型机构发行的RMBS产品平均基础资产笔数均在1万笔以上，金额分散性很高；区域集中度方面，除部分银行和公积金管理中心发起的RMBS产品基础资产区域集中度较高外，其他分散性均较好。

银行间RMBS产品的平均贷款价值比较低，平均在60.27%的水平（公积金 47.23%），抵押率充足。且抵押物主要分布在经济状况良好、GDP

排名较靠前的城市，抵押物减值风险可控。

合格标准会对资产池中每笔贷款的历史逾期情况进行约束，银行间RMBS产品的加权平均账龄大多在2年以上，表现期内良好的还款记录，也大大降低了资产池整体的违约风险。

表14 各年RMBS产品入池时点基础资产特征

基础资产特征	平均值						
	2005	2007	2014	2015	2016	2017	公积金
平均基础资产笔数（笔）	15 162	12 254	23 680	10 254	22 300	35 430	22 541
加权平均贷款利率（%）	5.31	5.95	5.88	5.45	4.36	4.71	3.87
加权平均账龄（年）	2.67	1.95	2.62	3.33	3.63	3.20	2.78
加权平均剩余期限（年）	14.33	16.58	15.17	9.61	11.59	10.67	10.83
LTV（%）	67.19	72.85	59.09	57.27	59.33	61.89	47.23
加权平均回收率（%）	—	—	57.49	64.03	60.17	63.24	74.94

数据来源：中债资信根据相关资料整理。

表15 各种类型银行RMBS产品基础资产特征

基础资产特征	全国性国有银行	全国性股份制银行	地区性银行（发达）	地区性银行（非发达）	公积金中心
平均基础资产笔数（笔）	32 678	13 556	5 195	4 919	22 541
加权平均贷款利率（%）	4.78	5.44	5.06	5.11	3.87
加权平均账龄（年）	3.68	2.88	2.53	3.36	2.78
加权平均剩余期限（年）	11.01	11.04	10.52	10.75	10.83
LTV（%）	63.34	58.51	60.28	62.08	47.23
加权平均回收率（%）	62.55	59.60	56.78	45.25	74.94

数据来源：中债资信根据相关资料整理。

从借款人特征来看，各单RMBS产品的加权平均收入债务比多在3倍以上，且大部分借款人处于职业及收入的稳定期，还款意愿、还款能力均较强。

首先，交易文件对借款人年龄及贷款剩余期限方面就进行了约束，如"借款人在贷款发放日至少为18周岁但不超过60（65、70）周岁、借款人年龄与贷款剩余期限之和不超过65年（68、70、75、85、93）"等。从已发行的各单项目来看，RMBS产品的借款人主要分布在30~50岁之间，该年龄段借款人一般处于职业及收入的稳定期，还款意愿及还款能力均较强。

（3）证券分析

RMBS产品的偿付类型由单一的过手型向过手与固定摊还相混合的模式转变。

目前我国发行的RMBS偿付类型多以过手型为主，2015年开始出现了固定摊还类型证券，发行过的共121只优先档证券中，纯过手型的共104只，固定摊还型的共17只[①]。

过手型的支付方式可以有效地减少现金在信托账户里的沉淀闲置成本，然而这种支付机制完全依赖于资产池在当期的现金流入情况，因此过手型证券本金在每期的偿付金额具有一定的不确定性，从而也使得证券的到期期限具有不确定性。而固定摊还型证券的本金在支付日期和支付金额方面具有固定的摊还计划，因此投资者对其未来现金流更容易计算和量化，证券的期限也相对确定。

为了契合投资人的管理需求、降低销售的难度，发起机构开始设计优先档证券中含固定摊还型证券的RMBS产品，其一般出现在产品的优先A1档或优先A2档。

---

① 和家2015-1和家美2016-1的优先A1档、优先A2档均为为固定摊还型，其他所有固定摊还型证券均仅出现在优先A1档。

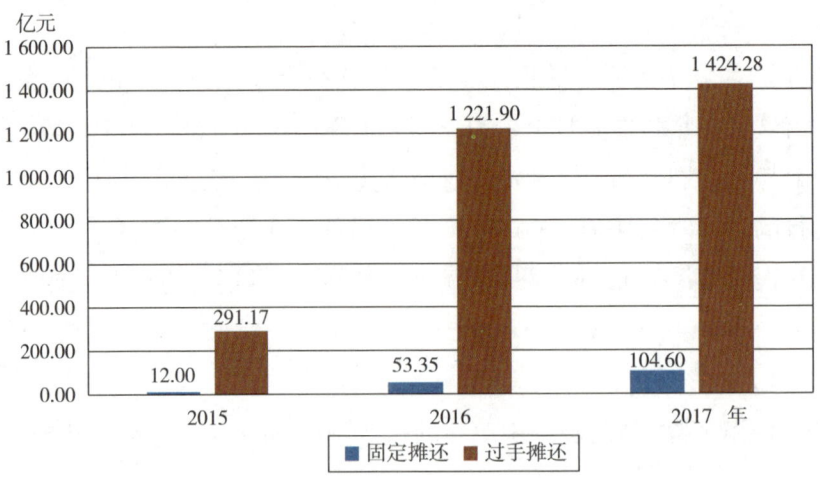

数据来源：中债资信根据相关资料整理。

图22　2015—2017年不同偿付类型RMBS发行金额

RMBS产品开始考虑基础资产违约、早偿情况对于证券期限的影响。

RMBS产品的债券期限平均在18.14年，其中最长的为中国建设银行发行的建元2005-1（31.96年），最短的为杭州公积金中心发行的杭州公积金2016-1（7.11年）。2015年3月，招商银行发行的招元2015-1首次开始出现1.5个月的短期限证券。

表16　各档证券的到期期限（年）

资产支持证券	发行单数	最大值	最小值	平均值
优先A1档	36	5.04	0.08	2.08
优先A2档	36	12.81	0.67	6.55
优先A3档	14	15.08	5.09	9.31
优先A档	9	15.01	7.03	10.43
优先B档	15	16.52	5.50	10.00
优先档	5	15.87	6.80	12.18
次级	52	31.96	7.11	18.14

数据来源：中债资信根据相关资料整理。

2017年5月,中国建设银行发行的建元2017-2在计算预期到期日的时候,首次考虑了发起机构历史平均违约率和早偿率,缩短了到期期限,优先A-2的到期期限比基准情景提前了3年,优先A-3的到期期限比基准情景提前了5年。

RMBS的发行利率通过投资人报价来确定,通常是在发行时点无风险利率的基准上,加上一定的风险溢价以及流动性溢价等溢价收益,形成最终价格。最终的发行利率反映了不同资产证券化产品的固有价值和特定风险,以及发行期间资金面的具体情况,是投资者获得投资价值和进行风险管理的关键。我们选择中国国债到期收益率作为无风险利率,通过对比2015年以来发行的RMBS产品AAA级证券发行利率与同时点类似期限的中国国债到期收益率[①],来发现其中的规律。

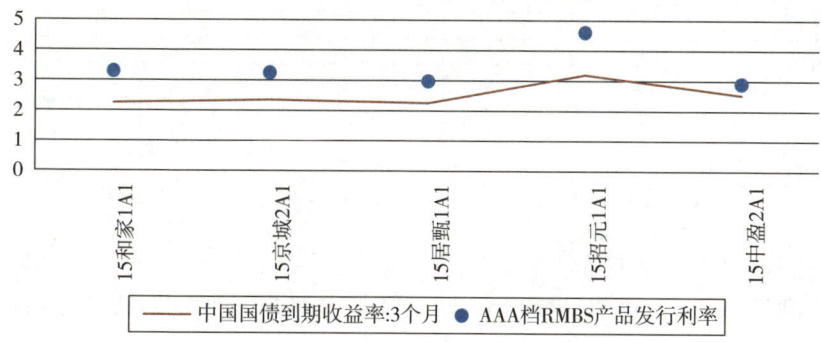

数据来源:中债资信根据相关资料整理。

图23　0～3个月期AAA级RMBS发行利率与3个月期中国国债到期收益率对比

---

① 由于2014年以前仅发行3单RMBS产品,样本数量过少,且发行说明书仅披露债券法定到期期限,此处未将其列入对比分析。

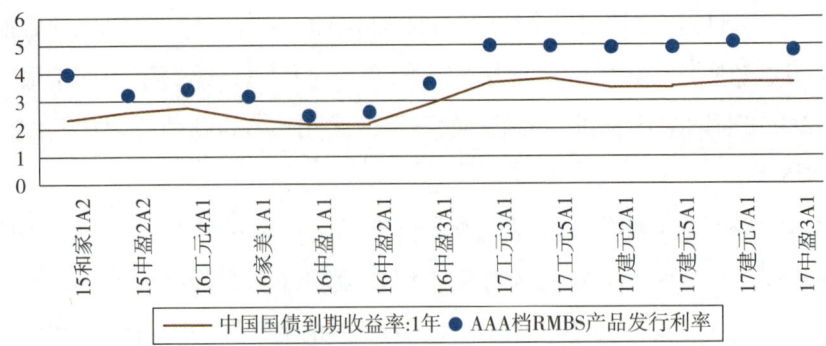

数据来源：中债资信根据相关资料整理。

图24　0.5～1.5年期AAA级RMBS发行利率与1年期中国国债到期收益率对比

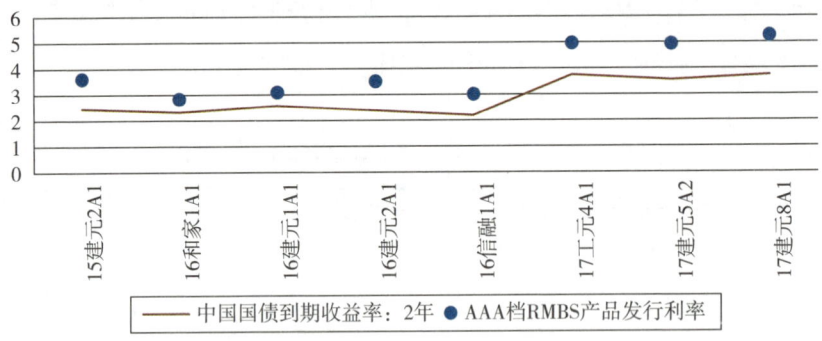

数据来源：中债资信根据相关资料整理。

图25　1.5～2.5年期AAA级RMBS发行利率与2年期中国国债到期收益率对比

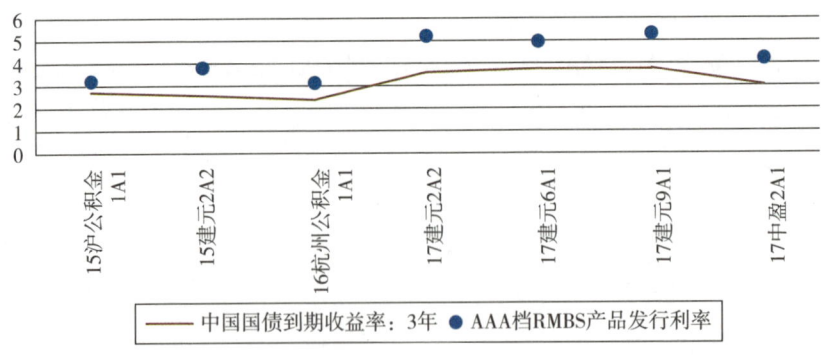

数据来源：中债资信根据相关资料整理。

图26　2.5～3.5年期AAA级RMBS发行利率与3年期中国国债到期收益率对比

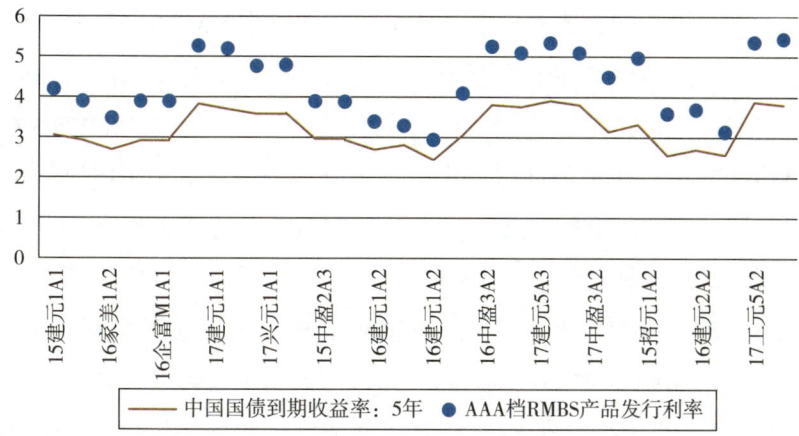

数据来源：中债资信根据相关资料整理。

图27　3.5～6.5年期AAA级RMBS发行利率与5年期中国国债到期收益率对比

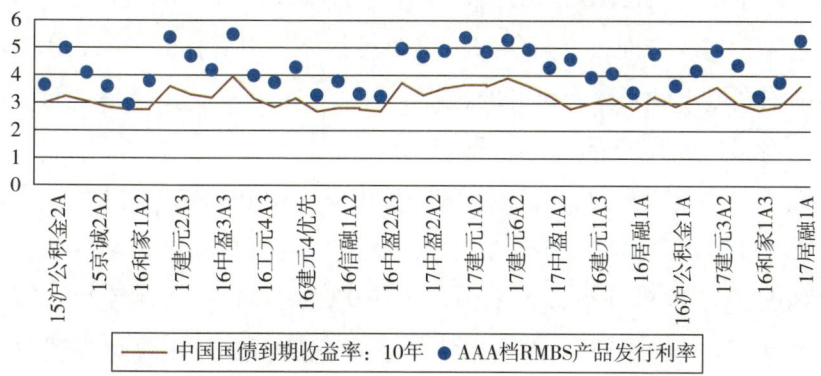

数据来源：中债资信根据相关资料整理。

图28　6.5～13.5年期AAA级RMBS发行利率与10年期中国国债到期收益率对比

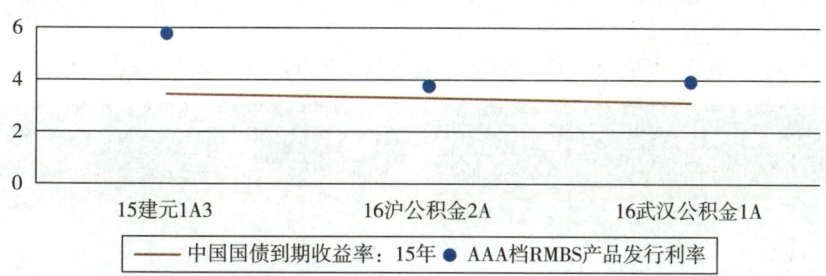

数据来源：中债资信根据相关资料整理。

图29　15年期AAA级RMBS发行利率与15年期中国国债到期收益率对比

由上图可以看出，无论是长期限还是短期限的RMBS，其发行利率都受到发行时点无风险利率的显著影响，发行利率走势与中国国债到期收益率的波动趋势基本相同。

整体来看，对比类似期限的中国国债到期收益率，RMBS均存在一定的溢价，平均利差108个基点；这主要是RMBS市场体量较小、参与者相对集中、产品结构相对复杂、流动性不足等多方面的原因所导致的。

从发行时间来看，2015年发行的RMBS产品利差在30个基点至230个基点之间，平均利差为120个基点；2016年发行的RMBS产品利差在18个基点至113个基点之间，平均利差为75个基点；2017年发行的RMBS产品利差在93个基点至178个基点之间，平均利差为138个基点。可以看出，一方面，由于市场对RMBS产品的认识不断加深，其利差区间呈现出不断收敛的趋势；另一方面，受近年来债券市场整体环境变化的影响，RMBS产品的平均利差出现了先降再升的过程。

2. 存续RMBS产品运行情况

截至2017年12月31日，银行间市场共发行52单RMBS产品，发行总规模3 573.41亿元，存续总余额2 758.68亿元，占银行间市场ABS总余额的40.75%，存续规模处于领先地位。由于RMBS基础资产存续时间很长，往往长达一二十年以上，而中国资产证券化的历史还比较短，现在所有的RMBS产品均处于存续期，且其中仅有"建元2005-1"的优先档证券于2017年3月27日全部兑付完毕。

表17 银行间市场ABS产品存续情况（截至2017年12月31日）

基础资产类型	项目数量（只）	项目数量比重（%）	发行总额（亿元）	总额比重（%）	当前余额（亿元）	余额比重（%）
个人住房抵押贷款	52	17.11	3 573.41	26.94	2 758.68	40.75
企业贷款	122	40.13	5 483.11	41.34	1 282.53	18.95
汽车贷款	52	17.11	1 717.75	12.95	901.85	13.32
消费性贷款	18	5.92	886.92	6.69	724.66	10.70

续表

基础资产类型	项目数量（只）	项目数量比重（%）	发行总额（亿元）	总额比重（%）	当前余额（亿元）	余额比重（%）
信用卡贷款	8	2.63	680.35	5.13	553.82	8.18
租赁资产	19	6.25	534.56	4.03	293.15	4.33
不良贷款	31	10.20	279.88	2.11	213.38	3.15
铁路专项贷款	1	0.33	102.36	0.77	36.21	0.53
商业地产抵押贷款	1	0.33	5.54	0.04	5.45	0.08
合计	304	100.00	13 263.88	100.00	6 769.72	100.00

数据来源：中债资信根据相关资料整理。

（1）RMBS产品基础资产信用表现分析

①逾期率分析

逾期是指根据贷款服务机构标准服务程序的规定，抵押贷款合同项下本息的任何部分在约定的支付日未支付的抵押贷款。RMBS的入池资产笔数较多，出现少量逾期和违约均属于正常现象。而且由于同质化产品基础资产分散度很高，个别资产的逾期不会引发整体的违约风险。

总体来看，一方面，商业银行基础资产逾期时间与逾期率的关系呈现两端高，中间低的现象；另一方面，处于逾期初期的贷款并非完全由于借款人的还款能力弱化，贷款服务机构能够及时地采取措施进行催收和补救，而逾期90天以上的借款人还款意愿不强或还款能力不足，催收和化解的空间不大。

由于我国大多数RMBS产品的存续时间还较短，其基础资产的逾期率较低，每期平均逾期率[①]为0.61%，处于较低水平。

[①] 这里的逾期包括逾期1天以上的所有拖欠贷款。

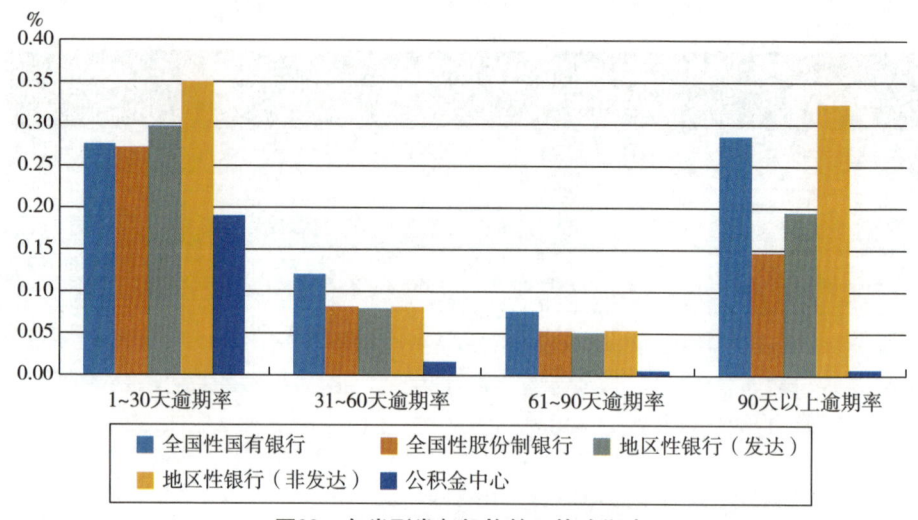

图30 各类型发起机构的平均逾期率

以基础资产经历了144期表现的"建元2005-1"RMBS为例,其基础资产总体逾期水平如图31所示:从逾期1天以上逾期率时间趋势上来看,基础资产在18期左右出现一个逾期高峰,之后回调至2%左右波动,100期左右开始呈现上升趋势,最高达到5.36%,最低为0.98%。

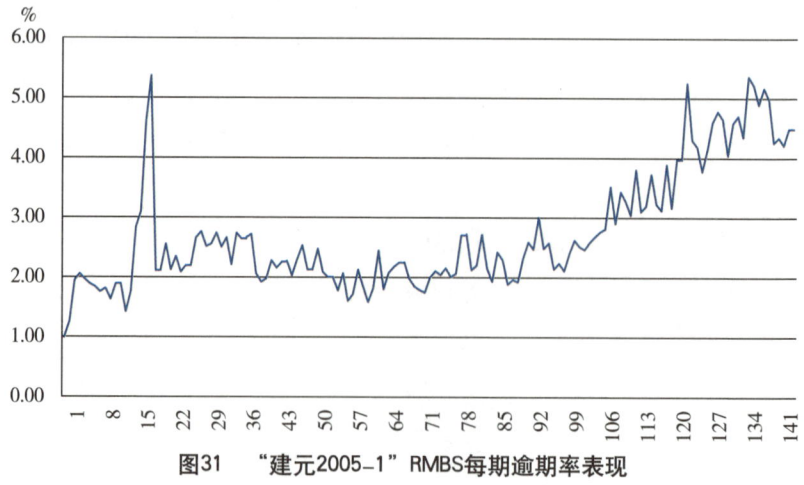

图31 "建元2005-1"RMBS每期逾期率表现

② 累计违约率分析

对于违约贷款的定义，各项目的交易文件规定不同，有10家[①]发起机构认为，抵押贷款的任何部分，在抵押贷款合同中约定的本息支付日后，超过180日（不含180日）仍未偿还的属于违约贷款；有8家[②]发起机构认为，抵押贷款的任何部分，在抵押贷款合同中约定的本息支付日后，超过90日（不含90日）仍未偿还的属于违约贷款。除了以上逾期天数的规定外，还有以下内容：贷款服务机构根据其《贷款服务手册》规定的标准服务程序认定为损失的抵押贷款；为避免使该笔贷款成为拖欠抵押贷款或违约抵押贷款，而对该笔贷款予以重组、重新确定还款计划或展期；抵押贷款在被认定为违约抵押贷款后，即使借款人正常还款或结清该笔抵押贷款，该笔抵押贷款仍不能恢复为正常抵押贷款。

某一收款期间的累计违约率是指该收款期间以及之前各收款期间内的所有违约贷款在成为违约贷款时的未偿本金余额之和占初始起算日资产池余额的比例。

表18 表现期超过1年的RMBS产品累计违约率数据

年份 项目	违约定义[③]	1	2	3	4	5	6	7	8	9	10	11	12
建元2005-1	180	0.13%	0.25%	0.39%	0.49%	0.56%	0.60%	0.65%	0.66%	0.68%	0.71%	0.75%	0.75%
建元2007-1	180	0.27%	0.67%	0.75%	0.76%	0.82%	0.88%	0.91%	0.96%	0.96%	0.96%		
邮元2014-1	180	0.06%	0.18%	0.24%									
招元2015-1	180	0.08%	0.40%										
企富2015-1	180	0.14%	0.27%										
和家2015-1	180	0.03%	0.18%										

---

① 中国建设银行、邮储银行、招商银行、中国民生银行、江南农商行、北京银行、顺德农商行、徽商银行、武汉公积金中心、杭州银行。

② 中国工商银行、中国银行、华夏银行、兴业银行、苏州银行、沪公积金中心、湖州公积金中心、杭州公积金。

③ 区分为逾期180天以上、逾期90天以上。

续表

年份项目	违约定义[3]	1	2	3	4	5	6	7	8	9	10	11	12
居融2015-1	180	0.17%	0.90%										
建元2015-1	180	0.10%	0.22%										
京诚2015-2	180	0.03%	0.45%										
中盈2015-2	90	0.35%	0.62%										
沪公积金2015-1	90	0.00%	0.03%										
沪公积金2015-2	90	0.05%	0.08%										
建元2015-2	180	0.23%	0.51%										
武汉公积金2016-1	180	0.00%											
杭州公积金2016-1	90	0.00%											
湖州公积金2016-1	90	0.03%											
信融2016-1	180	0.13%											
沪公积金2016-1	90	0.01%											
建元2016-1	180	0.27%											
沪公积金2016-2	90	0.02%											
创盈2016-1	180	0.00%											
家美2016-1	180	0.07%											
中盈2016-1	90	0.22%											
居融2016-1	180	0.09%											
和家2016-1	180	0.01%											
苏福2016-1	90	0.20%											
中盈2016-2	90	0.21%											
建元2016-2	180	0.04%											
建元2016-3	180	0.04%											
企富2016-1	180	0.01%											
中盈2016-3	90	0.25%											
建元2016-4	180	0.02%											

从总的违约率水平来看，所有发行的RMBS的累计违约率均未超过1%，处于较低水平。

从表现期超过1年的32单产品的累计违约率看，整体上公积金中心发行的RMBS产品累计违约率表现最低，其中最高的为沪公积金2015-2，第二年累计违约率仅为0.08%。这主要是因为公积金中心发放住房贷款通常有更严格的限制条件，如借款人需连续几个月有缴纳住房公积金，且对贷款额度有上限要求，该上限通常远低于购房总额扣除首付的剩余金额。

从表现期较长的建元2005-1与建元2007-1来看，建元2005-1在第138期累计违约率达到0.75%，建元2007-1在114期累计违约率达到0.96%，均处于相对较低的水平。

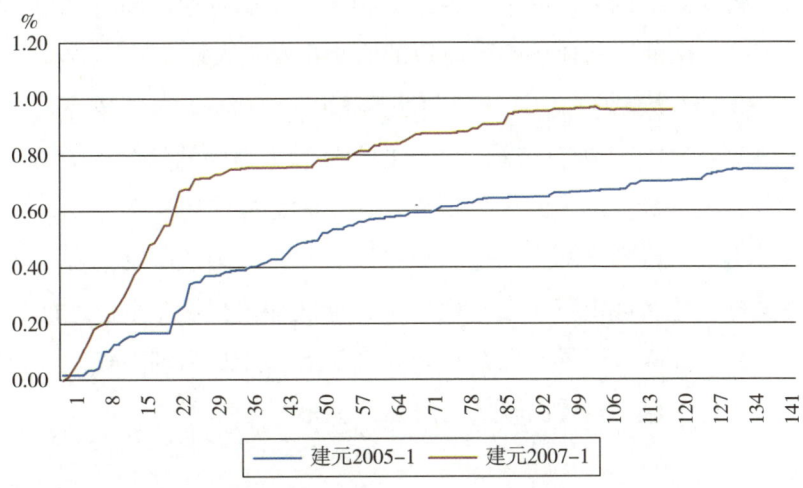

数据来源：中债资信根据相关资料整理。

图32　建元2005-1、建元2007-1存续期累计违约率表现

③ 早偿率分析

提前还款是指借款人在每月还款日之前提前偿付利息、本金的行为，包括部分提前还款和提前结清。个人选择提前还款可以使得资产池能提前回收到一笔本金，降低贷款的违约风险。但同时提前还款可使借款人免除

一部分利息支出，会使资产池损失部分利息收入。因此需要对提前还款风险做具体情景分析。

早偿率跟贷款利率设置、还款方式、房价上涨预期和国家的房地产调控政策息息相关。贷款利率越高，借款人越倾向于提前还款，降低借款成本，但由于我国房贷利率大部分都是浮动利率，利率设置对提前还款率的影响相对较小；等额本金的借款人由于前期还的大部分是本金，提前还款会节省后续的利息，所以等额本金的借款人更倾向于提前还款，但还款方式对提前还款率的影响在不同经济周期中应该是比较稳定的；过去两年，我国大部分地区都处于房价快速上涨期，在限购的情况下，借款人换房的动力会增加，提前还款率也会更高，而当未来房价上涨的预期不足或房价下跌时，较高的提前还款率能否持续有很大的不确定性，同时因为我国有限购政策，未来的提前还款率受政策的影响也会很大。

RMBS整体贷款的平均年化提前还款率[1]为12.08%，处于较高水平。从存续表现期超过1年的项目来看，年化提前还款率最大的是企富2016-1，高达16.64%，表现最低的为武汉公积金2016-1年化提前还款率为6.18%。

从各类型银行的平均提前还款率可以看出，全国性国有银行、全国性股份制银行、地区性银行（发达地区）、地区性银行（非发达地区）的提前还款率相对较高，差异不明显；公积金中心由于贷款利率较低，借款人提前还款动力不足，表现出较低的提前还款率。

---

[1] 简化月度SMMn=提前还款本金金额/月初本金余额，每期对应的 CPR=1−(1−SMMn)^12，此处每单的平均CPR为每期对应CPR的算数平均值，其中第1期月度提前还款率=提前还款本金金额/月初本金余额/封包期（年）。

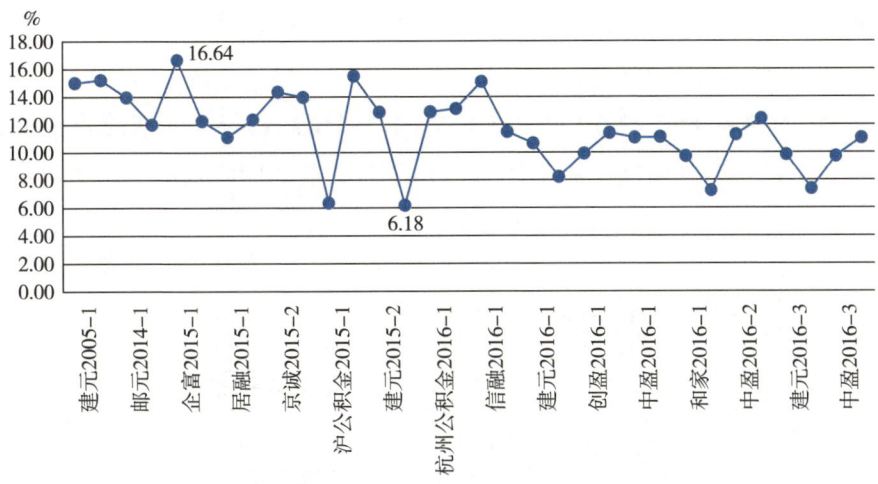

数据来源：中债资信根据相关资料整理。

图33　RMBS的基础资产年化提前还款率统计

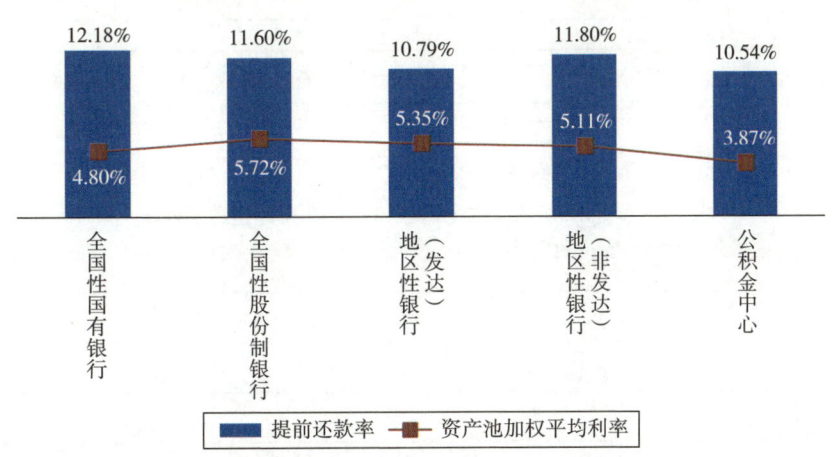

数据来源：中债资信根据相关资料整理。

图34　各类型银行提前还款率

④违约回收情况分析

违约回收率，是指发起机构针对违约贷款，通过正常还款、处置抵押物等方式回收的金额占总违约金额的比例。

从违约回收时间来看，建行发行的建元2005-1、建元2007-1两单项目，基本上在第32期之后回收率达到50%左右的水平，100期后达到80%左右的水平。

从不同银行类型来看,经过两年的表现期,全国性国有银行回收率最高,2年的回收率超过30%;其次是全国性股份制银行,前期回收很少,经过10个月左右的时间,开始回收,24个月之后的回收水平为27%左右;地区性银行的回收水平一直处于较低位。

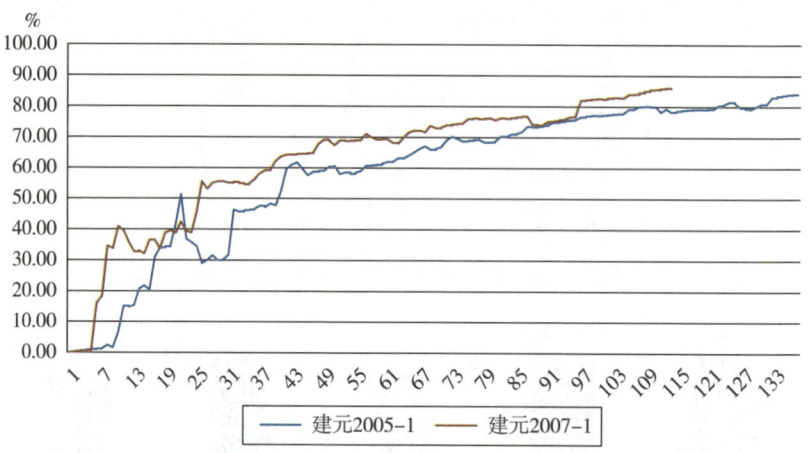

数据来源:中债资信根据相关资料整理。

图35 建元2005-1、建元2007-1存续期累计违约回收率

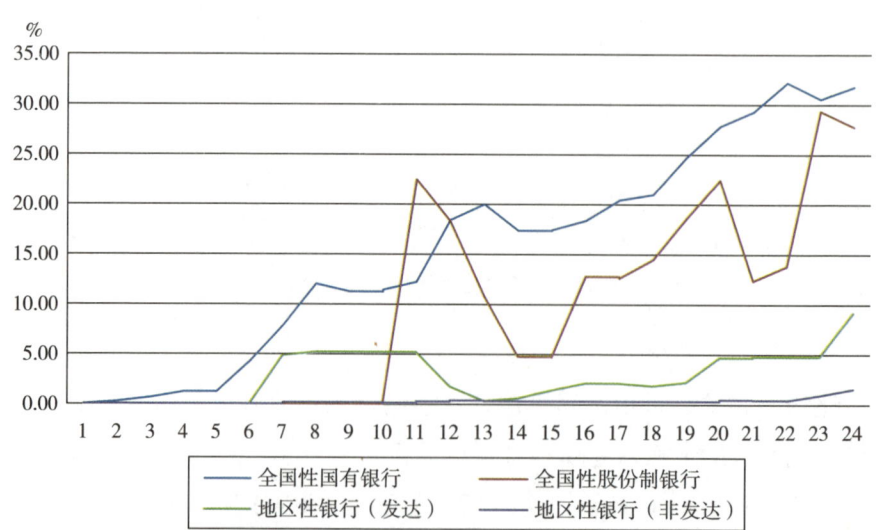

数据来源:中债资信根据相关资料整理。

图36 不同类型银行在前24期的累计违约回收率

（2）证券兑付情况分析

截至2017年12月31日，全部173只RMBS证券均未出现违约或加速清偿现象，表现良好。其中，已经兑付完毕的证券共23只，包括15只提前兑付，8只正常兑付。

证券提前兑付完毕主要是由于资产端早偿率较高导致，早偿率跟贷款利率设置、还款方式、房价上涨预期和国家的房地产调控政策息息相关。贷款利率越高，借款人越倾向于提前还款，降低借款成本；等额本金的借款人由于前期还的大部分是本金，提前还款会节省后续的利息，所以等额本金的借款人更倾向于提前还款；房价上涨越快，借款人换房的动力会增加，提前还款率也会更高。

表19　截至2017年12月31日RMBS证券已兑付完毕的情况

项目简称	发起机构	偿付顺序	偿付方式	发行总额	发行日期	预期到期日	实际兑付到期日	提前月份
建元2005-1	中国建设银行	优先A	过手	266 976.45	2005/12/19	2037/11/26	2013/2/26	301
建元2005-1	中国建设银行	优先B	过手	20 362.61	2005/12/19	2037/11/26	2015/12/26	267
建元2005-1	中国建设银行	优先C	过手	5 279.19	2005/12/19	2037/11/26	2017/3/26	252
建元2007-1	中国建设银行	优先A	过手	358 234.86	2007/12/14	2039/1/26	2015/2/26	291
招元2015-1	招商银行	优先A1	到期一次还本	20 000.00	2015/3/10	2015/4/26	2015/4/26	—
和家2015-1	招商银行	优先A1	固定摊还	16 000.00	2015/9/23	2015/12/26	2015/12/26	—
和家2015-1	招商银行	优先A2	固定摊还	32 000.00	2015/9/23	2016/8/26	2016/8/26	—
居融2015-1	江苏江南农商行	优先A1	到期一次还本	5 000.00	2015/9/25	2015/10/26	2015/10/26	—
建元2015-1	中国建设银行	优先A1	过手	50 000.00	2015/9/29	2019/10/26	2016/11/26	35
京诚2015-2	北京银行	优先A1	固定摊还	17 000.00	2015/10/16	2015/11/26	2015/11/26	—
中盈2015-2	中国银行	优先A1	固定摊还	30 000.00	2015/11/25	2015/12/26	2015/12/26	—
中盈2015-2	中国银行	优先A2	过手	40 000.00	2015/11/25	2016/7/26	2016/7/26	—
沪公积金2015-1	沪公积金	优先A1	过手	42 851.00	2015/12/9	2018/12/26	2017/4/26	20

续表

项目简称	发起机构	偿付顺序	偿付方式	发行总额	发行日期	预期到期日	实际兑付到期日	提前月份
建元2015-2	中国建设银行	优先A1	过手	241 000.00	2015/12/24	2018/4/26	2017/3/26	13
建元2015-2	中国建设银行	优先A2	过手	80 000.00	2015/12/24	2019/1/26	2017/9/26	16
信融2016-1	广东顺德农商行	优先A1	过手	50 000.00	2016/3/18	2018/4/26	2016/12/26	16
建元2016-1	中国建设银行	优先A1	过手	243 717.00	2016/6/8	2018/11/26	2017/5/26	18
家美2016-1	邮政储蓄银行	优先A1	固定摊还	50 000.00	2016/7/13	2017/8/26	2017/8/26	—
中盈2016-1	中国银行	优先A1	过手	156 364.00	2016/9/8	2017/5/26	2016/12/26	5
中盈2016-2	中国银行	优先A1	过手	200 000.00	2016/10/27	2017/12/26	2017/2/26	10
建元2016-2	中国建设银行	优先A1	过手	150 000.00	2016/11/29	2018/10/26	2017/9/26	13
中盈2016-3	中国银行	优先A1	过手	200 000.00	2016/12/22	2018/1/26	2017/6/26	7
工元2016-4	中国工商银行	优先A1	过手	150 000.00	2016/12/27	2017/8/26	2017/3/26	5

数据来源：中债资信根据相关资料整理。

二、RMBS市场发展的现状总结和问题建议

1. RMBS市场发展成果

在政策和监管的鼓励和引导下，在发起机构房贷业务开展的融资需求和盘活存量需求的推动下，近年来我国RMBS市场的参与机构不断增加、发行规模年创新高，可以说市场培育初见成效。

（1）优化了房贷发放机构的信贷结构

个人住房抵押贷款，是典型的久期长、流动性差、利率低的资产，发起机构开展房贷业务的主要瓶颈在于信贷规模紧张、贷款资金紧张、业务收益率较低、资产负债期限错配问题突出，RMBS的发行为房贷发放机构突破该业务瓶颈提供了很好的解决途径。从RMBS业务开展情况来看，房贷发放机构利用资产证券化工具在盘活存量、优化信贷结构方面收到了良好的效果。特别是以中国建设银行为代表的几家国有大型银行积极进行

RMBS发行的相关实践，在探索利用证券化工具拓宽房贷业务资金来源、提升信贷业务经营效益方面踏出了坚实的一步。

（2）提供了具有投资价值的固定收益产品

RMBS是我国债券市场上首次出现的资产证券化产品，具有鲜明的特点和独特的投资价值：一是以单笔小额、分散性强的基础资产而不是发债主体为偿债来源；二是具有优先/次级结构化的设计重新切割分配信用风险；三是收益率利率债和金融债相比较为可观。无论是从收益率和安全性来看，都具有相当的吸引力，尤其是对于对投资债券级别有较高要求同时又希望获得更高收益率的投资人来说，RMBS有很好的投资价值。

（3）形成了市场主体自治机制

信贷资产证券化在我国的发展历程刚过十年，市场政策和法规的建设尚处于初期。RMBS作为信贷资产证券化的重要产品，其产品运行的多个关键点有不同的政策、规则和指引进行规制，主要包括引导性许可[1]、发起机构风险控制（发起机构风险自留、证券化后商业银行资本计提）、发行流程（银监会备案和人民银行注册）、投资人保护（注册、发行以及存续期的信息披露[2]）、抵押物变更登记[3]等，为RMBS市场的有序发展奠定了基础。且通过近年的实践，就RMBS的发行，目前已经在发起机构、受托机构、主承销商、资金保管机构、投资机构等证券化交易参与主体之间形成了"交易惯例"。主要体现在两个方面：一是包括主定义表、信托合同、资金保管合同等在内的全套交易文件，结构和相关内容有趋同化、标

---

[1] 例如：2014年10月，住建部、财政部和央行下发了《关于发展住房公积金个人住房贷款业务的通知》，鼓励住房公积金个贷率在85%以上的城市，主动采取措施盘活存量贷款资产，积极探索发展住房公积金个人住房贷款资产证券化业务。在之后发布的《关于切实提高住房公积金使用效率的通知》和《住房公积金管理条例（修订送审稿）》中，也均提到有条件的城市要积极推行住房公积金贷款证券化业务。

[2] 2015年银行间市场交易商协会发布《个人住房抵押贷款资产支持证券信息披露指引（试行）》，是RMBS信息披露的重要自律规范。

[3] 2005年住建部出台了《关于个人住房抵押贷款证券化涉及的抵押权变更登记有关问题的试行通知》，规定在一定条件下可以批量办理个人住房抵押权变更登记。

准化的趋势，有助于提高交易效率、保障交易安全，构成RMBS的重要交易基础。二是对于抵押变更登记问题，由于实际中批量变更登记的困难，目前市场上的相关主体根据对《担保法》《物权法》以及最高人民法院的相关司法解释的解读，在进行合规性论证后，已经形成了转移资产给信托时不变更登记，而是在约定出现特定情形（个别通知事件）后在规定时间再个别办理的惯例。"交易惯例"体现了市场主体自治机制的逐步形成，该机制可以在相当程度上填补法律规则的空白，保证了RMBS市场的有序运行，并为下一步相关规则的制定打下了良好基础。

2. RMBS市场发展现存问题

我国RMBS市场，虽然已解决了从"无"到"有"的问题，但是RMBS作为一种金融工具，目前为止仅能发挥较为有限的盘活存量、腾挪贷款额度和调整银行资本负债结构的作用，发展状态还不足以对我国利率市场化发展以及住房金融改革的目标提供有力支撑。

（1）发起人积极性有待培育

我国住房金融改革的愿景之一是将住房抵押贷款证券化作为贷款发放机构的主要融资渠道[①]。十年来，我国RMBS发行总量仅数千亿元，而仅在2015—2016年两年我国个人住房按揭贷款的增量就达到了逾9万亿元。可见，RMBS远没有成为商业银行等房贷发放机构融资的主要工具，市场规模尚难以对住房金融改革资金供给形成有效支持。目前参与我国RMBS发行的机构已有18家，但整个RMBS市场近二分之一的发行规模由建设银行一家承担，其他发起人的发行积极性尚需进一步培育。

（2）二级市场流动性面临瓶颈

RMBS大多数是较长期限的证券，若缺乏流动性，投资者将只能长期持有，面临更多信用风险、利率风险，增加投资顾虑。而由于RMBS证券期限和基础资产个体特征较鲜明，且缺乏估值的基础工具：例如基准收益

[①] 温信祥："十三五"住房金融改革发展的新思路，2016，财新网。

率曲线不完善，缺乏实现以收益率曲线为核心的零波动率利差定价、缺乏违约和早偿率历史数据等，这些都造成了我国RMBS定价机制的不成熟，市场参与者很难获得和把握定价估值的市场标准，难以以有效价格进行市场交易，进而导致其二级市场交易量相较于整个债券市场微乎其微。目前看来，我国RMBS投资市场刚刚起步，一级市场的认购并不踊跃，二级市场交易也较为清淡。首先，需要一个让市场投资机构对RMBS这类产品投资价值的产生认识过程，其次，需要进一步建立较为完善的投资环境，以更好地对投资人形成引导和激励。

（3）配套机制建设尚待探索

我国一直以来对房贷发放的把控较严，对借款人资质和首付比例的要求较高，因此我国房贷质量整体较好，这也是我国RMBS表现良好的重要基础。但是值得关注的是，RMBS市场从始至今的发展历程中，我国一直处于房价上涨的"顺经济周期"，基于对房价上涨的乐观预期，不能排除在此过程中房贷信用风险的上升。除此之外，我国证券化市场的投资人保护机制和市场规范化建设尚在起步阶段，贷款服务机构和受托人对于如何适当履行管理和受托责任还需要认识上的培育、实践上的积累和系统的持续建设升级。

3. 发展建议

一级市场的供给不足自然不能支撑二级市场的发展；二级市场流动性匮乏会造成一级市场发行利率的流动性溢价高企、加剧利率倒挂，降低发起人发行意愿，进一步减少一级市场供给。配套的风控机制如果设置不当，将会影响市场的稳定发展。因此，下一步发展可着眼于以开发RMBS支持我国住房金融改革的功能为目标，提升RMBS市场活跃度和加强RMBS市场风险控制，促进市场更快、更好、更稳地发展。

（1）提升市场活跃度

主管机构在风险自留方面和税收方面出台一定优惠政策，释放发行投资动能。

相较其他类型信贷资产证券化产品，目前发起人发行RMBS很难获得收益，投资收益也很低难以满足投资人要求。第一，资本释放效果不具优势。个人住房抵押贷款的资本计提要求为50%，相对于其他个人信用贷款、企业经营贷款等贷款资本占用较低，在体量相似的情况下，房贷出表可释放的资本量并不具优势。第二，根据目前施行的信贷资产证券化发起机构风险自留的规定[1]，发起机构必须表内自留一部分次级。但是在我国RMBS发行频频出现"倒挂"的情况下，次级收益极低，再加上次级持有资本计提1250%，发起机构持有次级不仅不能获得超额收益，甚至会出现负收益。第三，二重征税降低投资收益。根据目前我国的税收法规，所有资产证券化产品的税收都是二重征税，既在信托资产管理人层面征收3%的增值税[2]，又在投资人层面征收所得税，由于RMBS基础资产即住房抵押贷款的利率较低，可承受的证券端利率较低，增值税的征收进一步降低了证券端利率可承受的阈值，减少了投资人可获得的投资收益。

建议下一步可以在我国试点开展信用风险自留规定对RMBS发起人的有条件豁免。除此之外，还可以对RMBS的发行提供一定的税收优惠，可以考虑在信托机构增值税环节予以减免，以加大投资人的收益空间，增强RMBS产品的吸引力。

支持发行主体多元化，提高发行效率和创新效能，扩大供给。

RMBS市场发展壮大的首要基础是提高一级市场供给，为投资和交易源源不断地提供合格原材料。

一是建议监管机构多措并举，鼓励更多的房贷发放机构参与RMBS发行。截至2017年底，银行间已经发行过RMBS产品的只有14家商业银行和4家公积金中心，且发行量较为集中，还有相当大部分的商业银行、公积

---

[1] 中国人民银行和银监会于2013年12月发布的《关于规范信贷资产证券化发起机构风险自留比例的文件》，规定发起机构需持有发起产品的一定比例，该比例不得低于全部发行规模的5%，可以"垂直"持有或者"水平"持有。

[2] 根据2017年财政部发布的《关于资管产品增值税有关问题的通知》（56号文），明确从2018年1月1日起对资管产品管理人运营产品过程中发生的增值税应税行为，暂适用简易计税方法，按照3%的征收率缴纳增值税。

金中心等房贷经营机构尚未涉入RMBS发行，市场潜力有待发掘。对于已经成功发行过RMBS产品的机构，以及已经完成注册的机构，特别是对于房贷业务规模较大的国有商业银行，可以引导其将发行RMBS作为盘活资产、募集资金、调整信贷结构的常态化手段；对于还未发行过RMBS产品的机构，可以推动房贷经营情况稳定的机构，特别是股份制银行、资产规模较大的城商行等尽快进行RMBS的注册和发行，提高和丰富RMBS发起机构群体的数量和种类。

二是从发行程序上着手，提高RMBS发行效率。首先，要提升RMBS注册申报程序的效率，例如对于注册额度发行完毕和注册到期后再次注册的情况，可以开设注册申报的绿色通道，简化申报材料和程序。其次，要提升已注册额度内的RMBS审批效率。对于已经向人民银行注册申请通过的RMBS发行额度，在注册有效期内发起机构自主分期发行时，相关监管机构可以酌情提升备案速度。最后，加快标准合同文本的制定，尽快制定发行流程各个环节的标准指南，以统一的行业标准助益RMBS发行进程的提速和发行的规范化。

监管机构和市场机构共同努力，以建立估值体系为基础，尝试做市和质押式回购，多措并举培育RMBS二级市场流动性。

目前，我国RMBS二级市场只有极少的现券交易，流动性基本为零。高企的流动性溢价抑制着RMBS产品的投资需求，建立其二级市场的流动性十分迫切。

估值体系是二级市场的必要基础设施，是投资者对证券进行定价的重要工具。估值的核心为现金流预测，之前由于我国RMBS发行时间短、数据积累不够，难以结合违约率、早偿率等重要指标对现金流进行准确刻画。现在，经过多年历史数据和产品经验的积累，设计较为完善的现金流模型、达到较为准确的现金流预测已有了一定的基础。例如，中债资信已自主开发出符合银行间RMBS产品特点的现金流分析和估值工具，随着未来RMBS市场的不断扩大，工具的不断完善，估值体系建设的可行性大大增强。

根据发达市场经验,做市商制度直接影响RMBS二级市场的活跃度。做市商进行双边报价,撮合交易,能够有效提高市场价格发现能力,提升二级市场交易量。我国虽然已经有过信贷资产支持证券做市的成功实践[1],但是RMBS的做市到目前为止还是空白,相应机制也尚未形成。RMBS发行规模较大,价值波动相对较小,具备做市的基础。监管机构和自律组织可积极鼓励符合做市商条件的金融机构对RMBS开展做市交易,在目前银行间市场做市商制度的基础上,为RMBS做市的开展创造一定的政策环境。

质押式回购是二级市场交易的一种常见类型,是证券持有者进行短期融资的一种有效手段,能否进行质押式回购,将直接影响到投资者对证券价值的判断。早在2007年,人民银行就发布公告,允许对资产支持证券进行质押式回购[2]。但由于本金兑付不确定,押品可能中间出现不足额以及质押率较难确定等情况的存在,ABS的质押式回购至今非常清淡。建议下一步相关主管机构加快研究论证,尽快出台RMBS质押式回购交易规则和结算规则等细则,促进质押式回购的落地。

(2)加强RMBS市场风险控制

防范基础资产违约风险,重视处置回收,保障资产现金流的稳定和安全。

得益于经济发展形势一致向好和银行对房贷信用风险管理的审慎,我国金融机构个人房贷业务不良率一直较低,平均资产质量良好。但随着我国房贷规模近年来的较快增长,系统性风险控制难度加大[3]。针对前文所

---

[1] 2016年中信建投证券对"兴银2015年第四期信贷资产支持证券"持续进行双边报价,并首次实现做市成交。

[2] 中国人民银行公告〔2007〕第21号《中国人民银行关于资产支持证券质押式回购交易有关事项的公告》。

[3] 房贷是中国家庭最主要的负债。随着房地产市场的快速膨胀,中国居民房贷规模大幅上升,据统计,2011年底居民房贷余额为7万亿元,到2016年底房贷余额已超过19万亿元。2016年中国居民房贷占居民总贷款的60.3%,且2013年以来持续上升。2010—2016年,中国住房抵押贷款占比总贷款从15%上升至21%。

提到的我国个人住房抵押贷款市场新的风险点,建议多措并举保障房贷资产质量,为证券化提供良好的基础资产基础。具体措施包括:第一,商业银行加强房贷发放管理的防风险能力,降低违约率。贷款发放阶段,对投资性购房贷款发放保持谨慎,更加关注借款人资质和抵押物质量,严格控制杠杆率,尽量缩小信用风险敞口;贷后管理阶段,完善内部信贷管理机制,加强回款管理以及对抵押物的动态监控。第二,保障证券化入池资产质量,防范风险传导。在进行证券化时,首先对个别房贷不良率较高的商业银行谨慎准入市场;在具体项目对基础资产筛选入池时,通过设置较为严格的"资产合格标准"保证基础资产质量。第三,破除违约房贷抵押物的催收处置障碍,提高回收率。在我国目前司法环境下,抵押类贷款违约后抵押物的处置确实存在一定障碍,主要包括贷款证券化后抵押权未批量办理转移登记是否影响债权人的优先受偿权、对唯一住房是否能够顺利强制执行、预抵押登记下债权人是否可以享有优先受偿权、抵押物被其他权利人首先查封后是否会对优先受偿权产生负面影响等法律问题。建议针对这些关键的法律问题,在立法层面出台统一的司法解释或者法律法规,在司法执行层面尽量统一做法,以提高抵押住房的回收率,并且使当事人对法律的适用和执行有更确定性的预期,促进整个市场的稳定运行。

表20 国内外个人房贷不良率水平比较

国家或地区	时间段	最小值	最大值	均值	中位数
美国	1991—2016	0.0139	0.1126	0.0423	0.0234
中国香港	1998—2016	0.0001	0.0143	0.0042	0.0016
英国	2007—2016	0.0136	0.0364	0.0244	0.0241
日本	2006—2014	0.0235	0.0383	0.0312	0.0306
中国	2007—2015	0.0026	0.0106	0.005	0.0037

数据来源:中债资信根据公开资料整理。

加强信用评级对信用风险的评估和揭示,帮助投资者准确判断风险和理性承担风险。

信用评级是解决市场信息不对称的必要手段，投资者对信用风险的判断很大程度上依赖于信用评级。特别是对于RMBS这类证券存续期限较长的证券化产品，宏观经济周期的不确定性对证券信用风险的评估造成了很大的难度，投资者需要依赖专业、中立的评级机构获得对证券风险尽量准确的认识。

基于此，信用评级一定要保持公信力和评级技术上的先进性，加强信用评级结果的可靠性，向市场充分揭示风险。RMBS在我国发展时间尚短，信用评级机制建设还需要一个长期的过程。我国实践已初步证明，投资人付费模式是避免评级机构和投资人利益冲突、保持公信力的有效途径，应该作为长期坚持的评级机制；在保持评级技术的先进性方面，信用评级机构应持续迭代评级方法，追求RMBS评级方法的不断完善。此外，信用评级结果可靠性的最重要前提是贷款服务机构能向评级机构提供准确真实的基础资产数据，因此要建立有效的激励和约束机制，保障发起机构提供数据的质量。

加强市场规范化建设，促进投资人保护机制的提升与完善。

市场规范化建设和投资人保护机制建设是市场风险防控的重要一环，对维护交易秩序、提高发行效率、降低交易风险、保护投资人权益具有重要的支撑作用。

目前，RMBS的注册发行流程已有一些监管机构的指导性文件和约定俗成的行业惯例，交易文件也日益趋同，但仍缺乏对整个市场有较大影响力的统一标准和规范性文本，造成一定的操作风险和法律风险。建议下一步，行业自律组织可以梳理RMBS发行中注册、申报、承销、申购配售、簿记（或者招标）、结算交割等各个环节的整个流程，形成统一的操作指南，为市场各参与机构提供参考和指导，降低操作风险；还可尽快形成推荐使用的RMBS发行交易的全套标准合同文本，对重点条款和定义进行标准化设置和选择条款，减少交易文件瑕疵，加强法律适用性，在保障市场主体意思自治的同时降低交易风险，保护投资人利益。

对投资人保护还要着力加强信息披露质量和基础资产管理质量。信息披露方面，交易商协会已经出台了《个人住房抵押贷款资产支持证券信息披露指引（试行）》，并持续开展信息披露情况的评价等自律管理工作，为RMBS信息披露机制建设奠定了良好基础。在此基础上，要强调信息披露真实性、准确性、及时性的重要性，并加大对存续期间信息披露的重视，不断优化RMBS信息披露标准中的相关数据指标和信息内容，加强重要数据和信息的追踪和更新。在基础资产管理方面，要重视贷款服务机构、受托机构以及资金保管机构的尽职能力建设，建立对投资人的信义勤勉义务体系。由于RMBS的现金流较活跃、资金转付频率较高、需要进行相应贷款服务和受托服务的期限较长，贷款服务机构、受托机构以及资金保管机构应建立统一、标准的操作指引，形成成熟、稳定的操作流程，尽量减少道德风险和操作风险。

第三章 不良资产证券化专题

一、不良资产证券化市场总体概况

2014年第一季度以来，我国商业银行的不良贷款率和不良贷款余额持续攀升，银行业整体资产质量持续下滑，随着国内整体经济环境在2017年出现企稳迹象，银行业资产质量改善趋势确立，截至2017年9月，银行业不良贷款余额为1.67万亿元，较上季度略增346亿元，并连续四个季度稳定保持为1.74%，同比减少0.02个百分点。整体而言，银行业不良率仍保持在历史较高水平，具有较强处置不良资产、降低不良率指标的需求。自2016年不良资产证券化重启以来，两年间累计成功发行不良项目33单，发行规模达285.71亿元，处置不良贷款高达1 004.35亿元，产品类型包括对公类、信用卡类和住房抵押及小微贷款类三类不良资产支持证券。随着试点机构类型日渐丰富、市场发行机制逐步成熟，作为处置不良贷款的创新手段，不良资产证券化为我国银行业处置不良贷款、化解金融风险起到了重要的推动作用。

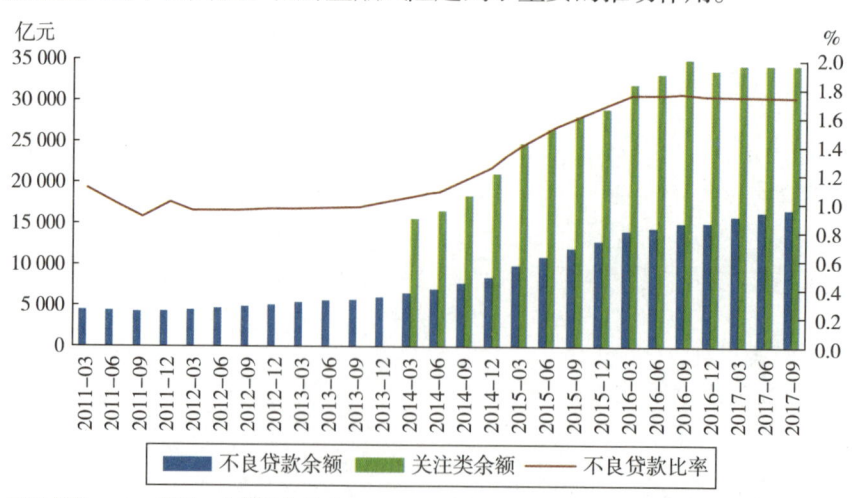

资料来源：Wind资讯，中债资信整理。

图37　2011—2016年与2017年9月末商业银行关注类及不良贷款情况

1. 总体发行规模略有下降，个贷类产品异军突起

2017年12家机构共成功发行19单不良资产支持证券，同比增加5单，发行规模为129.61亿元，同比下降16.97%，累计处置不良资产494.13亿元，同比下降3.15%，不良资产证券化总体发行规模略有下降。其中，对公类3单、信用卡类10单、住房抵押及小微贷款类6单，发行金额分别为19.65亿元、82.29亿元和27.67亿元，占比分别为15.16%、63.49%和27.67%。对公类产品发行规模大幅萎缩，发行规模同比降幅达75.38%；信用卡类产品异军突起，发行规模同比增长161.55%，呈井喷式增长，成为发起机构最青睐的产品类型。

表21　2017年不良资产支持证券发行概况

	对公类	信用卡类	住房抵押类与小微类	总计
发行数量（单）	3	10	6	19
同比增长（%）	-57.14	233.33	50.00	35.71
发行规模（万元）	196 500.00	276 721.00	822 900.00	1 296 121.00
同比增长（%）	-75.38	161.55	25.25	-16.97
优先档级别	AAAsf	AAAsf	AAAsf	AAAsf
优先档加权发行利率（%）	5.28	5.24	5.52	5.43
同比增长（%）	54.90	29.71	36.24	44.70
次级加权溢价率（%）	8.33	3.59	6.74	6.34
同比增长（%）	31.04	-34.92	-23.54	-11.93
发行规模占比（%）	15.16	21.35	63.49	100.00
同比增长（%）	-70.35	215.01	50.85	—

资料来源：中债资信根据评级报告与发行结果公告整理。

不同类型不良贷款在处置手段、标准化程度、不良率指标等方面均存在一定差异，是导致不良资产证券化产品类型结构变化的主要原因。处置手段方面，根据《金融企业不良资产批量转让管理办法》（财金〔2012〕6号）规定，个人不良贷款不得通过批量转让的方式进行处置，导致相对

于对公类不良贷款处置手段较为单一,而对公类不良贷款除催收、法律诉讼、核销等处置方式外,还可以通过批量转让、资产重组、债权转股权、破产清算等多种方式处置,因此资产证券化作为一种新型处置不良贷款的方式,对有效降低个贷类不良率指标的作用更大。标准化程度方面,个贷类不良资产支持证券基础资产池的笔数更多、贷款要素统计特征显著、贷款差异性相对较小、整体标准化程度较高,相对于对公类不良贷款而言,资产证券化过程中不需要对基础资产进行逐笔尽调,证券化成本更低,处置优势更显著。不良率指标方面,发起机构不同类型贷款的不良率水平存在一定差异,部分发起机构个贷类不良率高于全行平均不良率水平,将个人不良贷款出表以降低不良率指标的需求较强,因此更加青睐于个贷类资产证券化产品。

表22 2017年对公不良资产支持证券发行情况一览表

	龙兴2017-1	苏誉2017-1	交诚2017-1
发起机构	华夏银行	江苏银行	交通银行
发行日	2017/8/24	2017/11/9	2017/11/23
基础资产笔数	86	208	508
基础资产户数	24	84	175
未偿本息余额(万元)	202 244.95	233 324.13	137 412.52
发行总规模(万元)	67 000.00	72 500.00	57 000.00
优先档规模(万元)	14 386.00	41 800.00	16 000.00
优先档规模占比(%)	74.63	75.17	77.54
次级规模(万元)	17 000.00	18 000.00	12 800.00
次级规模占比(%)	25.37	24.83	22.46
优先档级别	AAAsf	AAAsf	AAAsf
发行利率(%)	5.20	5.35	5.30
次级发行价格	113.00	107.00	104.00
超额抵押比率(倍)	3.02	3.22	2.41

注:超额抵押比率=贷款未偿本息总额/证券发行金额×100%,下同。
资料来源:中债资信根据评级报告与发行结果公告整理。

表23 2017年信用卡类不良资产支持证券发行情况一览表

	中誉2017-1	鸿富2017-1	工元2017-1	和萃2017-1	兴瑞2017-1	浦鑫2017-1	农盈2017-2	建鑫2017-2	和萃2017-3	工元2017-6
发起机构	中国银行	民生银行	工商银行	招商银行	兴业银行	浦发银行	农业银行	建设银行	招商银行	工商银行
发行日	2017/3/27	2017/5/24	2017/6/23	2017/6/22	2017/7/26	2017/11/13	2017/12/21	2017/12/26	2017/12/22	2017/12/25
基础资产笔数	12 011	34 869	155 797	48 119	63 829	31 202	27 803	135 671	48 794	156 047
基础资产户数	11 721	31 931	148 969	48 119	61 370	30 861	27 053	123 981	48 309	148 471
未偿本息余额（万元）	213 871.47	240 603.70	331 413.64	169 911.20	161 950.37	214 708.52	213 007.01	297 184.89	157 938.98	508 053.24
发行总规模（万元）	18 791.00	20 500.00	40 600.00	23 000.00	15 900.00	16 430.00	19 500.00	50 000.00	21 000.00	51 000.00
优先档规模（万元）	14 386.00	16 000.00	10 000.00	18 000.00	13 400.00	12 730.00	13 980.00	40 000.00	16 600.00	40 500.00
优先档规模占比（%）	76.56	78.05	75.37	78.26	84.28	77.48	71.69	80.00	79.05	79.41
次级档规模（万元）	4 405.00	4 500.00	30 600.00	5 000.00	2 500.00	3 700.00	5 520.00	10 000.00	4 400.00	10 500.00
次级档规模占比（%）	23.44	21.95	24.63	21.74	15.72	22.52	28.31	20.00	20.95	20.59
优先档级别	AAAsf	AAAsf	AAAsf	AAAsf	AAAsf	AAAsf	AAAsf	AAAsf	AAAsf	AAAsf
发行利率（%）	4.50	5.20	5.10	5.20	5.10	5.28	5.70	4.90	5.70	5.65
次级发行价格	108.00	108.00	104.00	100.00	110.00	104.00	100.00	105.00	100.00	101.00
超额抵押比率（倍）	11.38	11.74	8.16	7.39	10.19	13.07	10.28	5.94	7.52	9.96

资料来源：中债资信根据评级报告与发行结果公告整理。

表24 2017年住房抵押类与小微类不良资产支持证券发行情况一览表

	中誉2017-2	工元2017-2	和萃2017-2	建鑫2017-1	臻金2017-1	工元2017-7
发起机构	中国银行	工商银行	招商银行	建设银行	浙商银行	工商银行
发行日	2017/3/28	2017/6/26	2017/7/25	2017/9/25	2017/12/19	2017/12/26
基础资产笔数	2 725	13 926	640	8 205	167	12 913
基础资产户数	2 714	13 548	259	8 205	131	12 530
未偿本息余额（万元）	107 056.41	834 729.18	50 803.31	267 080.15	28 150.52	571 829.29
发行总规模（万元）	53 600.00	360 000.00	21 000.00	140 000.00	13 300.00	235 000.00
优先档规模（万元）	41 800.00	288 000.00	16 000.00	106 000.00	9 500.00	184 000.00
优先档规模占比（%）	77.99	80.00	76.19	75.71	71.43	78.30
次级规模（万元）	11 800.00	72 000.00	5 000.00	34 000.00	3 800.00	51 000.00
次级规模占比（%）	22.01	20.00	23.81	24.29	28.57	21.70
优先档级别	AAAsf	AAAsf	AAAsf	AAAsf	AAAsf	AAAsf
发行利率（%）	5.00	5.40	5.36	5.30	6.00	5.95
次级发行价格	116.00	106.00	100.00	110.00	100.00	103.00
超额抵押比率（倍）	2.70	2.32	4.04	7.86	2.12	2.20

资料来源：中债资信根据评级报告与发行结果公告整理。

2. 试点机构范围进一步扩大，国有商业银行仍是发行主力

2017年国务院批转发改委《关于2017年深化经济体制改革重点工作的意见》（国发〔2017〕27号），在严格控制试点规模和审慎稳妥前提下，稳步扩大银行不良资产证券化试点参与机构范围，国开行、兴业银

行、浙商银行等共12家银行①入围第二批试点名单,试点参与机构范围增至18家,发起机构类型由国有大型商业银行扩大至股份制银行和城市商业银行。2017年5家国有大型商业银行发行金额102.55亿元,占总发行规模的79.12%;股份制商业银行共6家,分别为华夏银行、浦发银行、民生银行、招商银行、浙商银行、兴业银行,发行金额19.81亿元,占比15.29%;江苏银行是首家发行对公类不良资产支持证券的城商行,发行规模占总发行量的5.59%。2017年国有大型商业银行仍然是不良资产证券化的发行主力,受益于不良资产证券化试点范围的扩大,股份制银行与城市商业银行的市场份额未来有望继续上升。

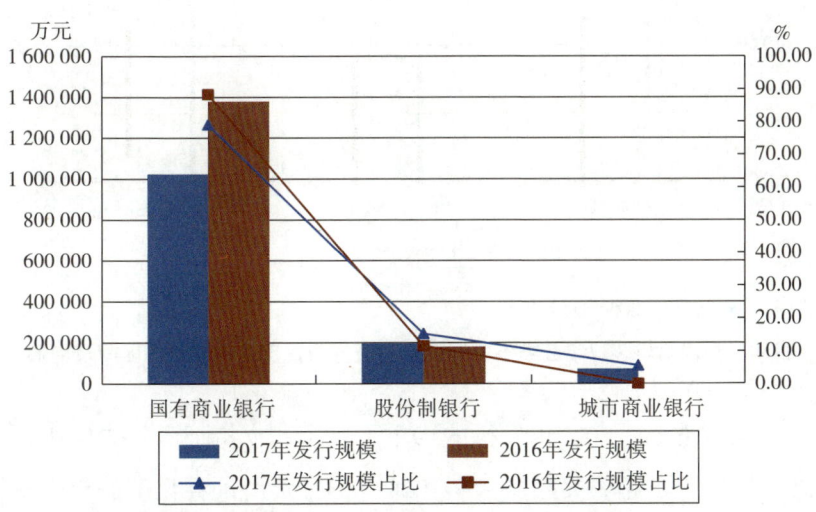

资料来源:中债资信根据发行说明书整理。

图38　2016年与2017年各类型发起机构发行规模及占比

3. 次级档证券溢价水平高,交易结构基本保持稳定

证券发行利率方面,优先档证券发行的利率处于4.50%~6.00%之间,加权平均发行利率为5.43%。其中,中誉2017-1发行利率最低,票面利率

---

① 12家银行包括:国家开发银行、中信银行、中国光大银行、华夏银行、中国民生银行、兴业银行、平安银行、上海浦东发展银行、浙商银行、北京银行、江苏银行、杭州银行。

为4.50%。证券发行溢价方面，19单产品中次级档证券发行溢价的14单，占比达到73.58%，溢价发行较为普遍。次级档加权平均溢价率为5.89%，对公类、住房抵押类与小微类和信用卡类产品次级档加权平均溢价率分别为8.33%、6.74%和3.59%，呈逐渐下降趋势。次级档溢价率最高的为"臻金2017-1"，溢价率为22.00%。

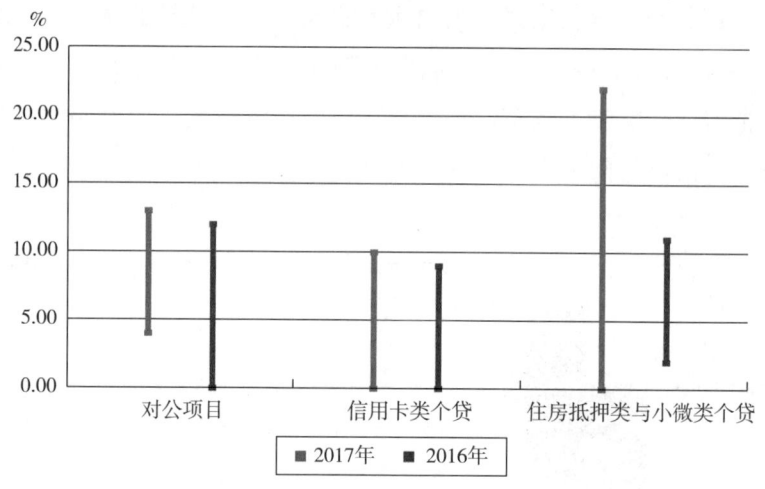

资料来源：中债资信根据发行公告整理。

图39 2016年与2017年各类不良资产支持证券项目次级档溢价率区间及均值

交易结构方面，2017年发行的19单不良资产支持证券优先档级别均为AAAsf，均设置了超额奖励服务费。每单不良资产证券化产品至少采用了一种流动性风险缓释措施，其中18单产品设置了内部流动性储备账户以缓释流动性风险；3单对公类项目、6单住房抵押类与小微类项目以及2单信用卡类项目设置了外部流动性支持机构以缓释流动性风险。抵（质）押物方面，除10单信用卡类不良资产支持证券的入池资产为纯信用贷款外，对公类和住房抵押及小微贷款类入池资产以抵（质）押贷款为主，抵押物类型包括住宅以及商铺等，部分贷款涉及保证或质押担保。

4. 处置抵押物为主要回收来源，司法诉讼阶段影响回收时间

评估回收率方面，担保方式与抵押物类型是影响资产值预计回收的主

要因素。2017年中债资信评估资产证券化不良资产整体加权平均回收率为33.84%，回收率整体仍然呈现信用卡类个贷＜对公类＜住房抵押类与小微类个贷的特点。信用类不良贷款只能依靠借款人自身的还款能力与还款意愿进行现金回收，整体的评估回收率最低，10单信用卡类个贷不良资产支持证券加权平均回收率为14.66%；其中建鑫2017-2回收率最高，为24.26%。住房抵押类与小微类个贷不良贷款100%具有抵押物，且抵押物为个人住房、商铺等房产，变现能力强，加权平均回收率为57.44%，在三类产品中评估回收率最高；其中建鑫2017-1回收率最高，前五年的预期回收率为62.90%。对公类不良贷款抵（质）押物的占比高，抵押物主要为房产、土地，加权平均回收率为41.20%；其中交诚2017-1回收率最高，为48.13%。

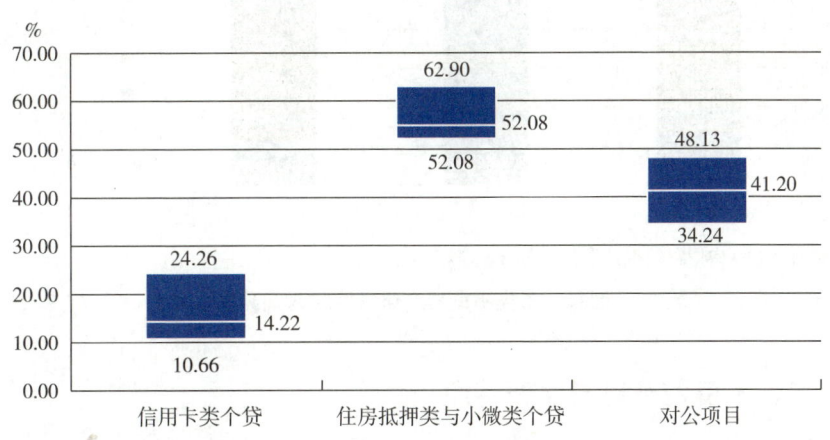

资料来源：中债资信根据评级报告整理。

图40 2017年各类不良资产支持证券项目回收率分布区间与均值对比

评估回收时间方面，司法诉讼阶段是影响资产池回收金额时间分布的主要因素。信用类贷款主要依靠催收实现回收，回收时间主要取决于催收的效力，通常来说逾期期数越少、时间越短，回收的可能性越高，因此信用卡不良资产的回收金额呈现明显的逐期递减趋势，从中可以看出回收金额分布主要集中在第一年，第一年的回收占总回收超过70%，前两年累计回收占比超过90%。住房抵押类与小微类和对公类不良贷款回收时间分布相似，呈现"橄榄形"，回收来源主要依靠抵押物司法拍卖处置回收，回收时间主要取决于司法诉讼进程，结合不良贷款所处诉讼阶段和其他调整因素，中债资信评估回收主要集中在第二、第三年，其中对公类不良资产第二、第三年的回收占总回收超过70%，住房抵押类与小微类不良资产第二、第三年的回收占总回收超过60%。

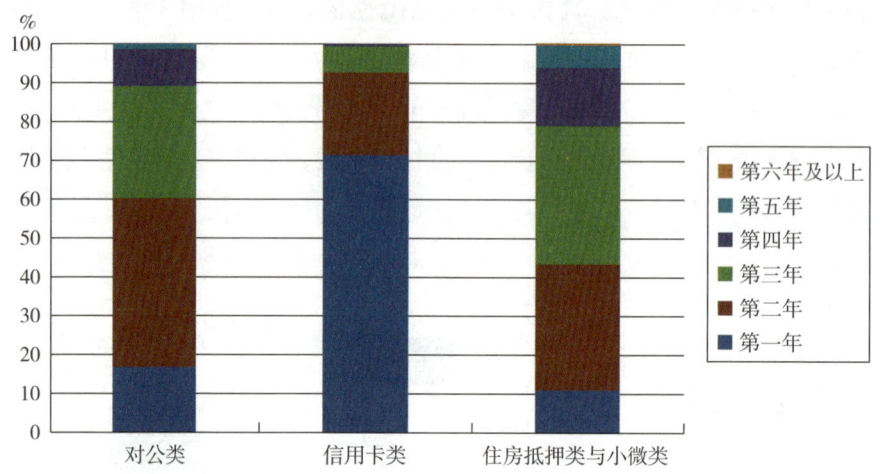

资料来源：中债资信根据发行说明书整理。

图41 各类不良资产整体回收时间分布

二、不良资产证券化新特点

1. 对公类不良资产支持证券新特点

（1）发行规模显著下降，新试点机构成为发行主力

2017年，银行间债券市场成功发行3单对公不良资产支持证券，发行规模共计19.65亿元，同比下降75.38%，与2016年成功发行7单对公不良产品相比，2017年发行单数和发行规模均有所下滑。由于对公类不良贷款的基础资产标准化程度低，处置手段相对多样，且资产证券化的处置成本偏高，部分试点机构缺乏发行动力。2017年新发行的3家发起机构分别为交通银行、华夏银行和江苏银行，除交通银行外均为第二批试点名单机构，其中江苏银行为国内首单发行对公不良资产支持证券的城商行。

（2）入池贷款五级分类整体下移

与2016年相比，2017年新发行的3单对公不良资产支持证券入池贷款五级分类整体下移，其中次级类贷款的未偿本息余额占比为51.05%，同比下降了10.54个百分点，可疑类与损失类贷款的未偿本息余额占比分别为40.99%和7.96%，同比分别上升了5.56个和5.08个百分点。交诚2017-1入池贷款逾期时间长、可疑类占比高，是导致2017年入池贷款五级分类整体下移的主要原因。入池贷款五级分类的整体下移一定程度上反映了资产质量有所下滑。

表25 2017年与2016年对公不良资产支持证券基础资产五级分类整体情况对比

年份	次级		可疑		损失	
	平均未偿本息余额（万元）	余额占比（%）	平均未偿本息余额（万元）	余额占比（%）	平均未偿本息余额（万元）	余额占比（%）
2017	97 495.17	51.05	78 289.84	40.99	15 208.86	7.96
2016	265 309.62	61.59	153 043.40	35.53	12 401.87	2.88

资料来源：中债资信根据发行说明书整理。

表26 2017年对公类产品入池不良贷款五级分类情况

项目名称	次级		可疑		损失	
	未偿本息余额（万元）	余额占比（%）	未偿本息余额（万元）	余额占比（%）	未偿本息余额（万元）	余额占比（%）
龙兴2017-1	186 448.80	92.19	15 796.15	7.81	—	—
苏誉2017-1	99 063.49	42.46	115 362.07	49.44	18 898.57	8.10
交诚2017-1	6 973.23	5.07	103 711.29	75.47	26 728.00	19.45

数据来源：中债资信根据发行说明书整理。

（3）入池抵（质）押贷款占比整体升高

2017年新发行的3单对公不良资产证券的入池贷款仍然以抵（质）押

贷款为主，入池抵（质）押贷款未偿本息余额平均占比达90.37%，同比上升6.14个百分点，其中交诚2017-1基础资产中抵（质）押贷款未偿本息占比最高，达99.58%。抵押资产类型仍以房产与土地为主，包括住房、商业房产、工业厂房与土地使用权等，入池抵（质）押贷款占比升高有助于提高项目未来预计回收金额。

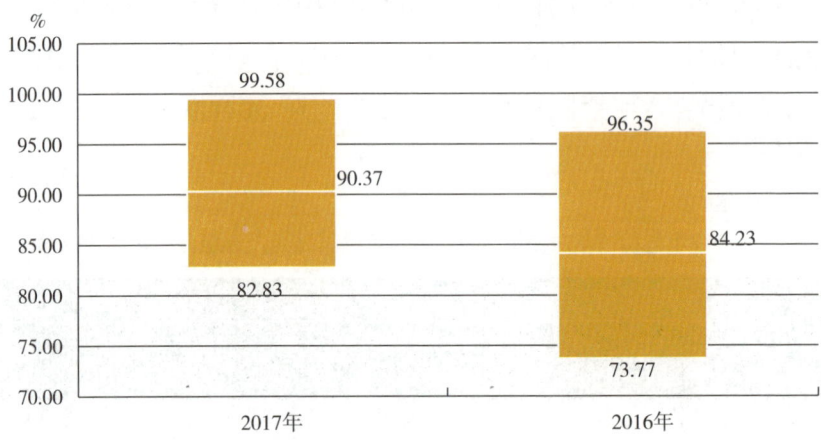

资料来源：中债资信根据发行说明书整理。

图42 基础资产抵（质）押贷款未偿本息占比的分布区间与均值（按笔统计）

表27 入池基础资产抵（质）押贷款情况

	龙兴2017-1	苏誉2017-1	交诚2017-1
抵（质）押物初始评估价值（万元）	413 115.13	417 449.09	167 584.35
基础资产抵（质）押贷款未偿本息占比（按笔统计，%）	92.82	82.83	99.58
加权平均初始抵押率（%）	208.99	205.04	137.46

注：加权平均贷款初始抵押率 $=\sum_{i=1}^{n} p_i \times LTV_i / \sum_{i=1}^{n} p_i \times I_i$。

资料来源：中债资信根据发行说明书整理。

（4）入池不良贷款地区分布集中度较高

从地区分布来看，2017年新发行的3单对公不良资产支持证券基础资产分布于9个地区，其中江苏、河北、广东三省的不良贷款未偿本息余额占比超过70%，地区集中度依旧较高。江苏银行发行的苏誉2017-1入池不良贷款全部在江苏省境内，进一步提升了地区分布集中度。

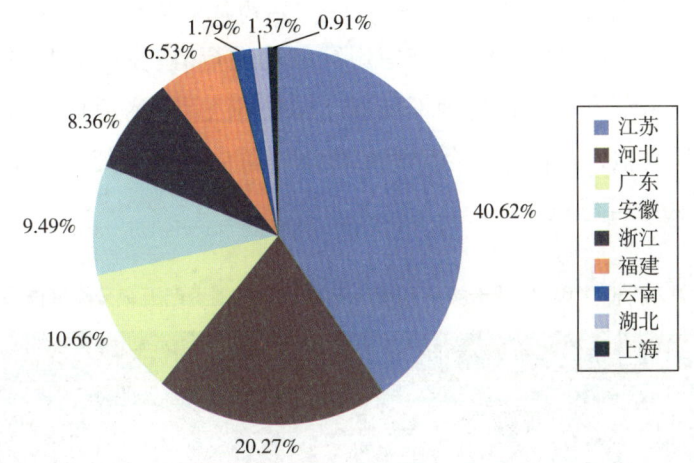

资料来源：中债资信根据发行说明书整理。

图43 入池不良贷款地区分布情况

2. 个人贷款类不良资产支持证券新特点

（1）发行规模快速增长，重点银行发行频率高

2017年，成功发行16单个贷不良资产支持证券，其中信用卡不良10单，发行规模达82.29亿元，分别较上年增加233.33%和161.55%；住房抵押类与小微类6单，发行规模为27.67亿元，分别较上年增加50%和25.25%。与对公不良资产支持证券发行情况不同，2017年除交通银行外，首批试点的5家商业银行均发行了个贷产品，共计12单，占个贷不良发行总规模的93.99%。由于银行传统的处理个贷不良主要依靠催收、核销，无法通过打包转让、资产重组等方式回收，手段比较单一，个贷不良出表压力较大，但通过不良证券化的银行可以将大批同质的资产集中处置出表，

是一种快速高效、低成本的降低不良率的方式，因此个贷不良资产证券化备受银行的青睐。

（2）信用卡类不良产品损失类贷款占比高

2017年全国共有8家银行成功发行10单信用卡类不良资产支持证券，累计处理信用卡类不良资产250.86亿元，其中入池贷款仍然以损失类贷款为主，贷款余额占比为56.09%；次级类贷款占比明显提升，较2016年上升了14.27个百分点。2017年共有5家银行成功发行6单住房抵押类与小微类不良资产支持证券，累计处理不良资产185.96亿元，入池贷款以次级类和可疑类贷款为主，余额占比合计达93.73%，其中次级类贷款占比较2016年上升了18.19个百分点。

表28　2017年与2016年信用卡类不良资产支持证券基础资产五级分类整体情况对比

年份	次级		可疑		损失	
	平均未偿本息余额（万元）	余额占比（%）	平均未偿本息余额（万元）	余额占比（%）	平均未偿本息余额（万元）	余额占比（%）
2017	63 563.08	25.34	46 600.22	18.58	140 701.01	56.09
2016	29 648.30	11.07	85 505.75	31.92	152 758.80	57.02

资料来源：中债资信根据发行说明书整理。

表29　2017年与2016年住房抵押类与小微类项目基础资产五级分类整体情况对比

年份	次级		可疑		损失	
	平均未偿本息余额（万元）	余额占比（%）	平均未偿本息余额（万元）	余额占比（%）	平均未偿本息余额（万元）	余额占比（%）
2017	170 445.57	54.99	128 451.01	41.44	11 044.90	3.56
2016	118 054.07	36.80	182 648.91	56.93	20 100.23	6.27

资料来源：中债资信根据发行说明书整理。

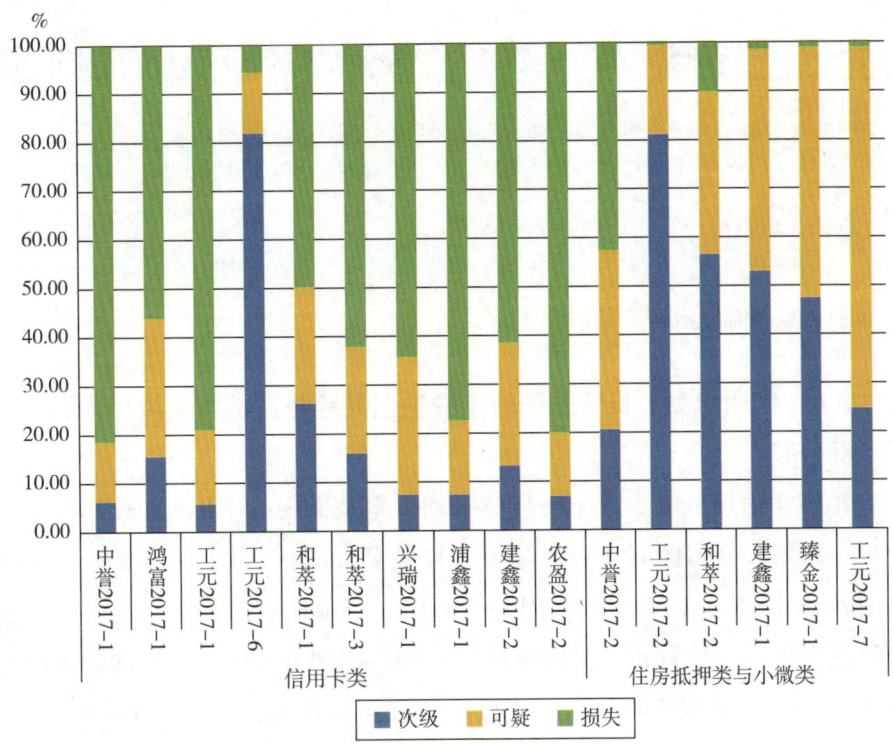

资料来源：中债资信根据发行说明书整理。

图44　2017年入池不良贷款五级分类

（3）入池不良贷款加权平均逾期期限加长

2017年信用卡类项目的整体加权平均逾期期限由不良资产证券化重启初期的9.76个月上升至12.30个月。其中加权平均剩余期限最长的是农盈2017-2，达17.09个月；加权平均剩余期限最短的是鸿富2017-1，为7.24个月。

表30　2017年信用卡项目逾期期限与回收率表

项目名称	加权平均逾期期限	入池贷款加权平均毛回收率
农盈2017-2	17.09	12.95
工元2017-6	16.28	11.60
工元2017-1	13.23	13.48
浦鑫2017-1	11.9	10.98
中誉2017-1	11.74	14.25

续表

项目名称	加权平均逾期期限	入池贷款加权平均毛回收率
建鑫2017-2	10.67	24.26
和萃2017-1	10.04	17.9
和萃2017-3	8.98	16.82
兴瑞2017-1	8.96	14.52
鸿富2017-1	7.24	10.66

资料来源：中债资信根据评级报告整理。

（4）信用卡类不良贷款平均余额呈上升趋势，抵押类与小微类余额呈多峰分布

2017年信用卡类个人不良贷款平均每笔余额为3.51万元，较2016年增加1.11万元，分布区间上沿由40万元扩展至600万元以上，主要分布区间也由2016年的0～10万元抬升到0～20万元；6单住房抵押类与小微类个贷项目余额呈现多峰分布，2016年处于100万～400万元区间的贷款余额占比达到80.78%，呈现单峰分布，2017年10万～40万元、70万～300万元以及600万元以上区间贷款余额占比分别为25.31%、32.47%、11.40%，呈现多峰分布特征。

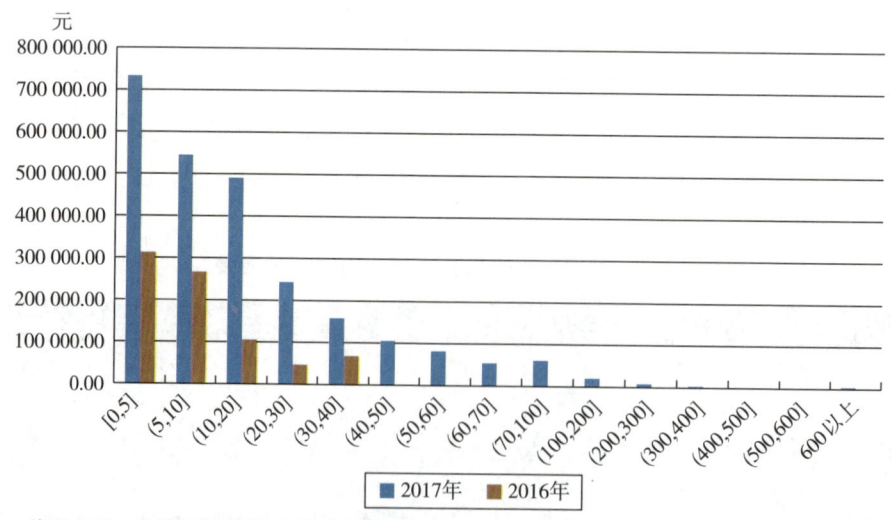

资料来源：中债资信根据发行说明书整理。

图45 2017年信用卡类不良项目余额分布情况

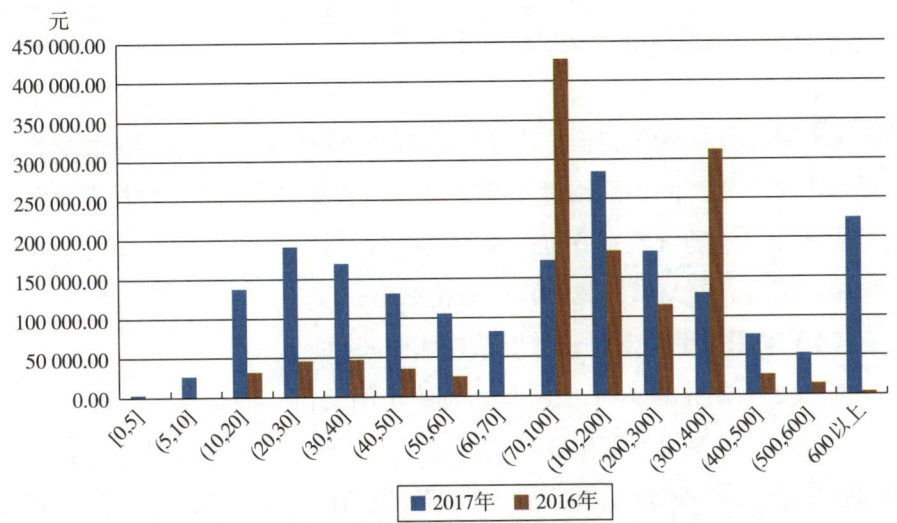

资料来源：中债资信根据发行说明书整理。

图46　2017年住房抵押类与小微类不良项目余额分布情况

（5）初始起算日下法律诉讼阶段较为靠后

住房抵押类与小微类不良资产支持证券的入池贷款主要采用法律诉讼方式实现清收，以"和萃2017-2"与"臻金2017-1"为例，入池贷款法律诉讼主要集中于"已起诉未判决"、"已判决未强制执行"及"强制执行中"三个诉讼阶段，一定程度缩短了证券化产品基础资产预期回收时间。

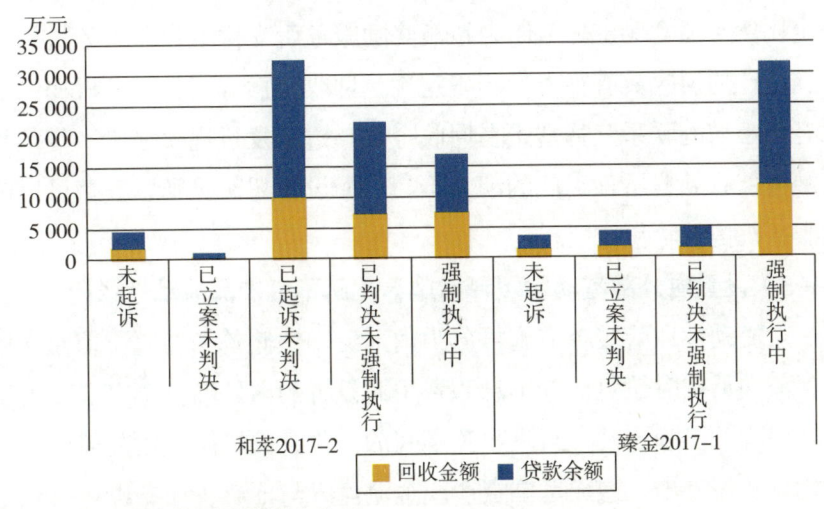

资料来源：中债资信根据评级报告整理。

图47　不良贷款诉讼状态分类情况

3. 不良资产支持证券交易结构新特点

不良资产证券化产品交易结构的分析主要包括现金流支付机制、分层结构以及流动性风险等方面。由于不良资产支持证券基础资产的特殊性，不良资产证券化产品均采用过手型支付，均未设置中间档；均设置了超额奖励服务费以激励贷款服务机构催收的积极性；均至少设置了一种流动性风险缓释措施，交易结构具体特征分析如下：

（1）采用过手型支付，分层结构无中间档

资产支持证券的支付方式可分为按比例支付、固定摊还、过手型三类，支付来源主要依赖基础资产的回收。与其他类型产品相比，不良贷款的回收金额与回收时间受抵（质）押物处置难度、借款人还款意愿、司法环境、贷款服务机构尽责程度等多重因素影响，预期现金流入不确定性较高，故目前已发行的不良资产证券化产品均采用过手型支付。不良资产证券化产品均采用优先级与次级两层的结构设计，没有中间档或夹层档，分层结构较为简单。

（2）设置超额奖励服务费，激励贷款服务机构催收积极性

2017年新发行的19单不良资产证券化项目均设置了相应的激励措施，一般设置为足额偿付次级投资者固定资本成本或一定收益后，以剩余资金的一定比例（通常为80%）作为超额奖励服务费支付给贷款服务机构。由于不良资产的回收具有很大的不确定性，回收金额与贷款服务机构的尽责能力有着密切的联系，特别是在回收金额超过了发行规模之后，贷款服务机构继续催收处置不良资产的动力不足，而设置超额奖励服务费可以激发贷款服务机构催收积极性。

（3）设置内外部流动性缓释措施，化解不良产品流动性风险

一般流动性风险缓释措施可分为内部流动性储备和外部流动性支持，是为保障交易按时偿付证券本息和费用而设置的内外部资金来源。由于不良资产回收的不确定性，某一收款期间的回收金额可能无法覆盖证券的利息和优先费用支出，造成基础资产现金流流入与证券各项支出在时点上的

错配。故各单不良项目均设置了至少一种流动性风险缓释措施，18单产品设置了内部流动性储备账户，对公类3单项目、个贷类8单项目设置了外部流动性支持机构。

内部流动性储备方面，各单不良证券化产品的账户设置基本一致，即在违约事件发生前，信托回收款在支付完优先档资产支持证券的利息后，转入一定金额至流动性储备账户，使该账户余额不少于必备流动性储备金额[①]。若在信托分配日可分配现金账户的资金不足以支付优先档资产支持证券当期应付利息时，则流动性储备金转入可分配现金账户补足短缺金额。内部流动性储备账户通过提前储备的方式，平滑了整个资产流入端的现金流，有利于降低因信托收款期回收现金不足而产生的流动性风险。

外部流动性支持方面，信用卡项目由于资产笔数多，还款时间较靠前，现金流入较分散，相对其他不良资产证券化项目现金流入更为平滑，2016年发行的信用卡不良项目优先档证券均已在一年内偿付完毕，因此2017年的10单信用卡项目中仅有2单设置了流动性支持机构。但住房抵押类和小微类不良项目均设置有流动性支持机构，其中工元2017-2、建鑫2017-1及工元2017-7引入了独立于交易的流动性支持机构，而其余几单均由次级投资者担任流动性支持机构。相较内部流动性储备账户通过提前储备方式平滑整个资产流入端的现金流，设置外部流动性支持机构更有利于降低因信托收款期回收现金不足而产生的流动性风险。

---

① 一般而言，必备的流动性储备金额为下一期优先档证券所应支付的税收及规费、支付代理机构费用、优先支出上限内的费用、中介机构费用及优先档证券利息的总和的一定倍数。

表31 2017年不良资产证券化产品流动性风险缓释措施设置情况汇总

不良资产证券化产品		内部流动性储备	外部流动性支持
对公类	龙兴2017-1	流动性储备账户	中证信用增进股份有限公司
	苏誉2017-1	流动性储备账户	次级资产支持证券持有人
	交诚2017-1	流动性储备账户	中证信用增进股份有限公司
	中誉2017-2	流动性储备账户	次级资产支持证券持有人
住房抵押类与小微类	工元2017-2	流动性储备账户	中证信用增进股份有限公司
	和萃2017-2	流动性储备账户	次级资产支持证券持有人
	建鑫2017-1	无	中证信用增进股份有限公司
	臻金2017-1	流动性储备账户	次级资产支持证券持有人
	工元2017-7	流动性储备账户	中证信用增进股份有限公司
信用卡类	中誉2017-1	流动性储备账户	无
	鸿富2017-1	流动性储备账户	无
	工元2017-1	流动性储备账户	次级资产支持证券持有人
	和萃2017-1	流动性储备账户	无
	兴瑞2017-1	流动性储备账户	无
	浦鑫2017-1	流动性储备账户	无
	农盈2017-2	流动性储备账户	无
	和萃2017-3	流动性储备账户	无
	工元2017-6	流动性储备账户	次级资产支持证券持有人
	建鑫2017-2	流动性储备账户	无

注：一般为除发起机构外的符合一定条件的次级资产支持证券实际投资人。
资料来源：Wind数据，中债资信整理。

三、存续期表现回顾

截至2017年12月31日，银行间市场共发行不良资产证券化33单，共有21单产品至少有一期回收表现，涉及的发行金额 180.04亿元，未偿本息余额652.93亿元。其中信用卡类不良产品证券偿付较快，和萃2016-1、工元2016-2已经全部偿付完毕，建鑫2016-3、中誉2017-1、兴瑞2017-1优先档均已经偿付完毕。截至各单产品最新一期的支付日，累计回收金额83.13亿元，累计处置完毕贷款53 467笔。

表32 不良项目证券存续与回收情况统计

序号	项目名称	发起机构	信托设立日	最新一期支付日	证券名称	证券存续情况			回收情况		
						证券余额（万元）	占发行时规模的比例（%）		累计回收金额（万元）	累计处置完毕户数（笔）	处置完毕笔数/总笔数（%）
1	中誉2016-1	中国银行	2016/5/27	2017/9/26	优先档	1 488.51	6.34		24 020.34	3	7.14
					次级档	6 622.00	100.00				
2	农盈2016-1	农业银行	2016/8/4	2017/7/26	优先档	110 605.68	53.64		114 484.74	46	22.55
					次级档	100 200.00	100.00				
3	工元2016-1	工商银行	2016/9/27	2017/9/26	优先档	15 537.69	23.41		55 319.28	28	20.29
					次级档	41 328.00	100.00				
4	建鑫2016-1	建设银行	2016/9/23	2017/9/26	优先档	236.64	0.51		51 169.70	23	28.75
					次级档	23 800.00	100.00				
5	和萃2016-3	招商银行	2016/9/28	2018/1/26	优先档	34 824.00	87.06		13 643.96	9	7.56
					次级档	24 300.00	100.00				
6	交诚2016-1	交通银行	2016/11/15	2017/7/26	优先档	63 342.00	55.08		59 285.40	0	0.00
					次级档	43 000.00	100.00				
7	中誉2016-2	中国银行	2016/12/21	2017/7/26	优先档	28 786.89	68.79		16 470.44	2	1.55
					次级档	19 692.94	100.00				

续表

序号	项目名称	发起机构	信托设立日	最新一期支付日	证券名称	证券存续情况		回收情况		
						证券余额（万元）	占发行时规模的比例（%）	累计回收金额（万元）	累计处置完毕户数（笔）	处置完毕笔数/总笔数（%）
8	工元2016-3	工商银行	2016/12/26	2017/12/26	优先档	164 689.20	53.82	169 046.68	1 692	18.33
					次级档	102 000.00	100.00			
9	和萃2016-4	招商银行	2016/12/22	2017/7/26	优先档	28 479.50	81.37	7 695.42	41	7.51
					次级档	11 000.00	100.00			
10	建鑫2016-2	建设银行	2016/9/27	2017/9/26	优先档	56 364.00	46.97	69 783.89	1 364	17.09
					次级档	11 000.00	30.56			
11	和萃2016-2	招商银行	2016/6/29	2018/1/26	优先档	29 926.80	83.13	17 761.88	63	11.91
					次级档	11 000.00	100.00			
12	建鑫2016-3	建设银行	2016/12/22	2017/12/26	优先档	0.00	0.00	25 861.10	0	0.00
					次级档	893.20	8.12			
13	和萃2016-1	招商银行	2016/5/31	2016/10/26	优先档	0.00	0.00	25 818.25	9 864	16.44
					次级档	0.00	0.00			
14	工元2016-2	工商银行	2016/12/22	2017/12/26	优先档	0.00	0.00	39 929.74	7 279	5.81
					次级档	0.00	0.00			

续表

序号	项目名称	发起机构	信托设立日	最新一期支付日	证券名称	证券存续情况			回收情况		
						证券余额（万元）	占发行时规模的比例（%）		累计回收金额（万元）	累计处置完毕户数（笔）	处置完毕笔数／总笔数（%）
15	中誉2017-1	中国银行	2017/3/29	2017/8/26	优先档	0.00	0.00		19 340.72	730	6.08
					次级档	3 514.31	79.78				
16	中誉2017-2	中国银行	2017/3/30	2017/11/26	优先档	12 790.80	30.60		31 991.67	642	23.56
					次级档	11 800.00	100.00				
17	鸿富2017-1	民生银行	2017/5/26	2017/11/23	优先档	3 464.00	21.65		13 741.50	0	0.00
					次级档	4 500.00	100.00				
18	工元2017-1	工商银行	2017/6/27	2017/12/26	优先档	2 047.14	6.69		31 642.39	18 519	12.43
					次级档	10 000.00	100.00				
19	和萃2017-1	招商银行	2017/6/27	2017/7/26	优先档	6 744.60	37.47		18 515.63	5 800	12.05
					次级档	5 000.00	100.00				
20	兴瑞2017-1	兴业银行	2017/7/28	2017/12/24	优先档	0.00	0.00		16 537.35	7 360	11.99
					次级档	2 500.00	100.00				
21	龙兴2017-1	华夏银行	2017/8/29	2017/9/26	优先档	43 640.00	87.28		9 228.24	2	8.33
					次级档	17 000.00	100.00				

资料来源：中债资信整理。

1. 对公类不良资产支持证券

根据《2017年中债资信信贷资产证券化跟踪评级系列分析报告》，2016年银行间市场共计发行了7单以对公不良贷款为基础资产的资产证券化项目[①]，截至2017年6月30日上述7单项目全部纳入跟踪评级范围。跟踪评级期间内，7单项目基础资产整体回收表现良好，证券兑付正常，同时鉴于不良贷款资产证券化项目下资产端的处置回收以及证券端的现金流入等方面面临较大不确定性，中债资信将保持持续关注。

跟踪期内，7单对公不良贷款证券化项目基础资产回收情况整体表现良好，不良债权处置回收以抵押物处置和债权转让为主，并主要集中在浙江和江苏两省，各单不良项目实际回收情况统计如下：

表33 跟踪期内对公不良贷款证券化项目实际回收情况统计表

项目名称	截止时间	实际回收金额	实际回收占初始未偿本息比例
中誉2016–1	2017/2/28	21 468.33	17.12%
农盈2016–1	2017/6/30	114 484.74	10.67%
建鑫2016–1	2017/2/28	4 492.74	1.84%
工元2016–1	2017/2/28	26 307.07	5.82%
和萃2016–3	2016/12/31	7 761.93	3.29%
交诚2016–1	2017/6/30	59 336.84	10.43%
中誉2016–2	2017/6/30	16 470.44	5.22%
合计	—	250 322.09	—

资料来源：Wind数据，中债资信整理。

---

① 分别为中誉2016年第一期、中誉2016年第二期、农盈2016年第一期、工元2016年第一期、建鑫2016年第一期、交诚2016年第一期、和萃2016年第三期不良资产证券化项目。

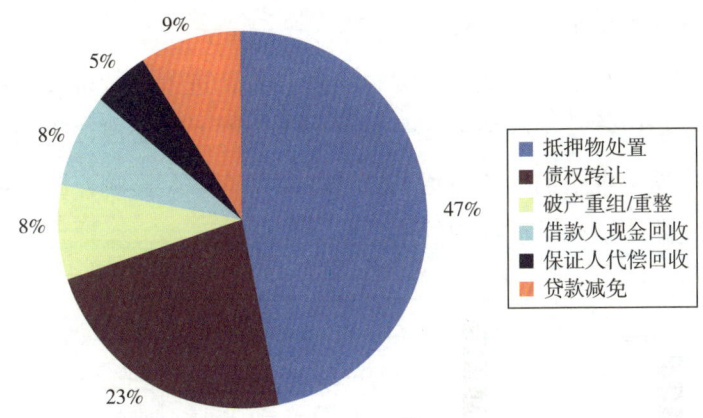

资料来源：中债资信整理。

图48　跟踪期内对公不良贷款证券化项目实际回收方式统计

（1）跟踪期内基础资产已实现回收情况分析

跟踪期内，7单对公不良贷款证券化项目涉及的回收方式主要包括抵（质）押物处置、不良债权转让、违约债务人破产重组或破产重整、借款人或保证人现金偿还等，各类回收方式主要呈现以下特点：

第一，抵（质）押物处置回收。

通常情况下，对公不良贷款的回收途径主要包括抵（质）押物变现、借款人偿还和保证人代偿，其中通过司法拍卖处置抵（质）押物是变现不良债权回收的主要手段。对公不良贷款的抵押资产既包括工业房地产、住宅、商铺、居住用及商用建设用地使用权等不动产类抵押物，也包括机器设备、定期存单、股权等动产类抵（质）押物，跟踪期内不动产类抵押物和动产类抵（质）押物的回收情况分别为：

不动产类抵押物回收情况分析：工业房地产（含工业用地及厂房，下同）、住宅、商铺、居住用及商用建设用地使用权等不动产类抵押物，相较机器设备、非上市公司股权等动产类抵（质）押物而言，通用性更强、市场需求更稳定、流动性更好，因此更易于实现快速变现，对不良债权回收率的贡献率也相对较高。跟踪期内，拍卖成交的90处不动产抵押物在拍卖成交、拍卖折扣、优先扣除受偿金额折扣和回收时间四个方面的具体表现如下：

①不动产类抵押物拍卖成交

抵（质）押物通过司法诉讼途径实现回收，进入执行阶段后可能拍卖成交（含一拍成交、二拍成交或三拍成交）、变卖成交或以物抵债，成交阶段对抵（质）押物的清收价值和回收时间都有一定影响，跟踪期内已实现资金回收的不动产类抵押物的拍卖成交情况如下：

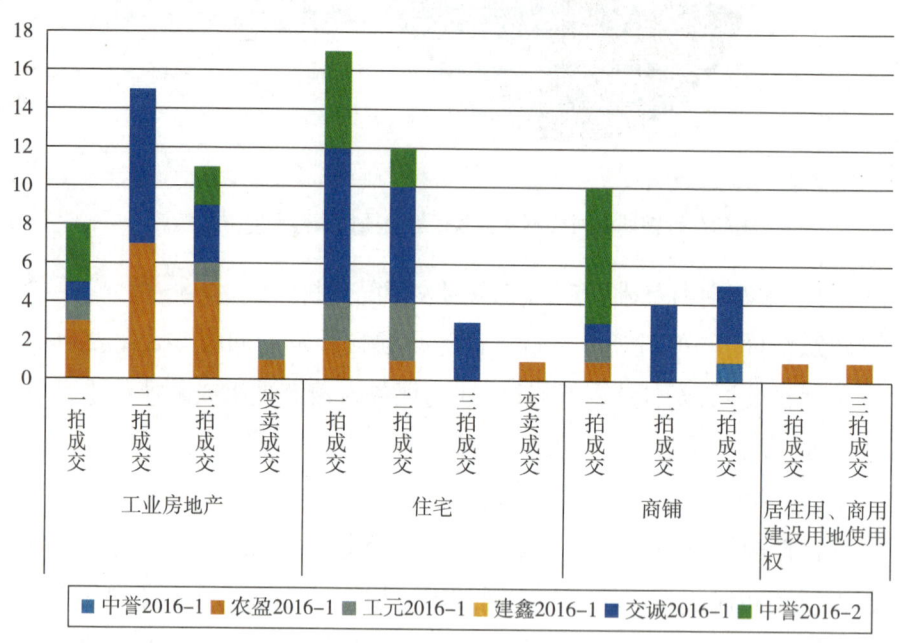

资料来源：中债资信整理。

图49　跟踪期内已实现资金回收的各类型不动产类抵押物拍卖成交情况统计

根据跟踪期内抵押资产实际拍卖成交情况，从抵押物类型来看，住宅、商铺的拍卖市场活跃程度明显优于工业房地产和土地使用权；从抵押物地区来看，浙江省不动产抵押物拍卖成交数量多、周期短，区域不良资产处置市场交易活跃度较高。

②不动产类抵押物拍卖折扣分析

抵（质）押物通过司法拍卖实现处置变现，进入抵押物执行阶段后，执行法院将委托第三方评估机构对抵押物进行司法评估得到评估价值，并以此为基准对抵押物进行拍卖,最终取得抵押资产的成交/变卖/折价处置价值。结合跟踪期内不动产抵押物实际拍卖成交折扣来看,在抵押物类型方面,住宅、商铺的拍卖成交难度明显低于工业房地产、居住用及商用建设用地使用权;在拍卖成交地区方面,浙江省的拍卖成交折扣普遍低于广东、江苏、山东三省。此外,鉴于优质资产倾向于被优先处置成交,本段跟踪期内各地区、各类型不动产的拍卖折扣、成交价值普遍偏高,未来随着处置成交资产的不断增多,抵押资产质量下沉后拍卖折扣将有所下滑。

③不动产类抵押物优先扣除受偿金额折扣分析

抵押物司法拍卖成交后,执行法院会出具拍卖成交价款分配说明书,全额扣缴抵押物本次交易产生的税费(包括之前欠缴的税费)、案件执行费、抵押物评估费等优先受偿金额,此外如抵押物涉及租赁纠纷、唯一住宅等法律瑕疵,执行法院也会从抵押物的成交价中让渡该部分受偿金额,导致抵(质)押物最终实现回收的清收价值低于成交/变卖/折价处置价值。跟踪期内已拍卖成交的不动产类抵押物的优先扣除受偿金额折扣统计如下:

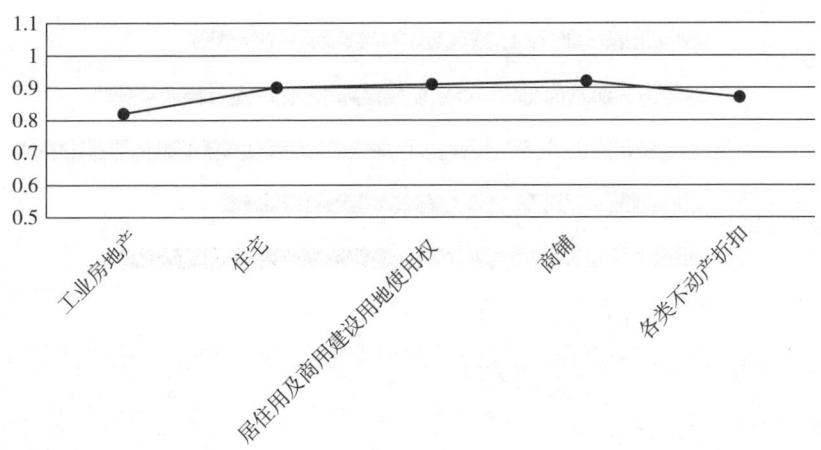

资料来源:中债资信整理。

图50 跟踪期内已拍卖成交的各类型不动产类抵押物优先扣除受偿金额折扣统计

按不动产抵押物类型来看，跟踪期内住宅、商铺类抵押物优先扣除受偿金额折扣明显高于工业房地产、居住用及商用建设用地使用权。分析认为，工业用地等土地使用权类抵押资产优先扣除受偿金额折扣较低，主要为该类抵押资产除涉及增值税、城市维护建设税、教育费附加、地方教育附加、印花税、契税、土地增值税等交易环节产生的税费，此外还会涉及抵押资产保有环节需要补缴的房产税、城镇土地使用税或耕地占用税及相应的滞纳金。从地区来看，鉴于营改增税费改革后，各地税费差异逐步缩小，各类不动产抵押物在不同地区优先扣除受偿金额折扣差异不大①。

④不动产类抵押物回收时间分析

通过司法诉讼方式实现抵押资产处置回收，回收时间主要取决于法律诉讼进度，通常情况下，法律诉讼程序包括诉前保全、起诉、立案、文书送达、调解、判决、执行等，全部程序耗时在2～3年左右，具体情况需结合各地区司法环境判断，但对于存在政府干预、区域司法效率低下、债务人故意拖延、跨省首封等情况的，回收时间将有所延长。跟踪期内，已拍卖成交的不动产抵押物具体回收时间情况统计如下：

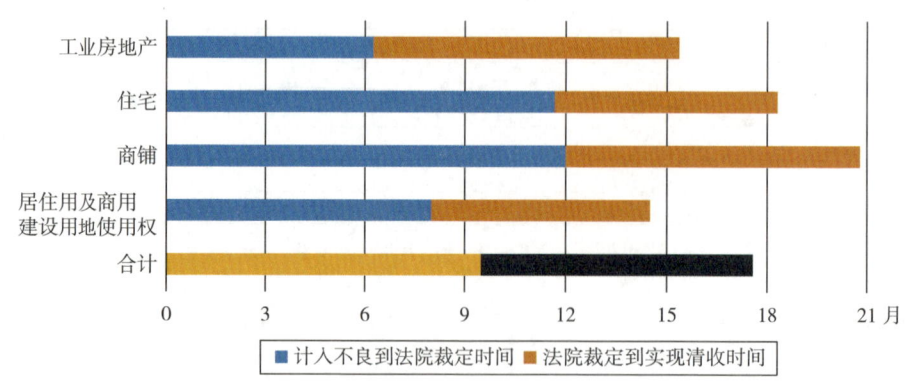

资料来源：中债资信整理。

图51　跟踪期内各类型不动产类抵押物拍卖成交的回收时间统计

---

① 跟踪期内山东地区工业房地产优先扣除受偿金额折扣较低，主要为中誉2016-2涉及两处工业用地及厂房的土地增值税、土地使用税和房产税较多所致。

从抵押物类型来看，进入执行阶段前（即计入不良到法院裁定耗时，下同），由于住宅、商铺市场交易价值普遍高于司法诉讼下快速变现价值，住宅、商铺所有权人进行司法诉讼的意愿较弱，导致执行前诉讼耗时明显长于工业房地产；进入执行阶段后（即法院裁定到实现清收耗时，下同），住宅、商铺执行阶段耗时均低于工业房地产，与各类不动产抵押物处置难易程度基本吻合。整体来看，与工业房地产和土地使用权相比，住宅、商铺类抵押资产在法院裁定前诉讼准备时间偏长，但法院裁定后拍卖成交周期较短。

从不动产抵押物所在地区来看，浙江省不动产抵押物从计入不良到实现清收价值回收全程耗时约18个月，其中商铺、住宅类抵押物执行前平均耗时普遍高于执行阶段耗时1.5~3个月左右；江苏、广东、山东涉及的样本量较小且集中度较高，回收时间方面地区特征表现较弱，暂不做具体分析。

第二，动产类抵（质）押物。

动产类抵（质）押物包括但不限于机器设备、存货、股权、定期存单等，跟踪期内7单不良贷款证券化项目累计处置成交动产类抵押物共计4处[①]，处置成交的动产类抵（质）押物全部集中在江苏和浙江两省，回收价值方面，各处抵押物的清收价值占证券初始起算日未偿本息和的比例均在10%以下，平均达7.05%，对不良债权的回收贡献率较低。回收时间方面，4处动产类抵押物从计入不良到法院裁定耗时在9~12个月左右，从法院裁定到实现清收价值回收耗时在3~19个月左右，回收时间整体长于不动产类抵押物。

（2）债权转让回收

跟踪期内共有54户不良债权通过债权转让实现回收，债权转让回收率

[①] 剔除交诚2016-1项目下1处专用机器设备，因该笔抵（质）押物为借款人现金赎回，与抵（质）押物实际市场交易情况差异较大。

平均达20.44%，各地区债权转让实际回收情况统计如下：

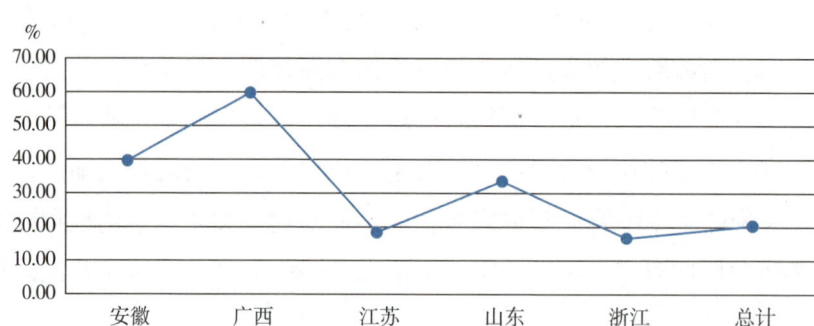

注：跟踪期内广西省债权转让回收样本为和萃2016-3项目下单户债权回收率，地区代表性偏弱。
资料来源：中债资信整理。

图52　跟踪期内各地区债权转让回收情况统计

经实务了解，债权转让回收率一般在20%～60%之间，转让金额主要取决于抵（质）押物处置、借款人偿还、保证人代偿等处置方式预计或可形成的回收价值，一般而言单户债权转让回收率普遍高于资产包批量转让回收率，但后者通常由政府主导完成，因此处置回收进程较快，一般从政府有明确介入意向后会在6个月内实现价值回收。

（3）债务人通过破产重组/重整实现回收

相比司法诉讼程序而言，公司破产重整程序①更为烦琐，且受地方政府维稳政策以及债权人之间互相制衡等因素影响，破产重整程序在证券存

---

① 公司破产重整的流程为：债权人和债务人向法院提出重整申请——法院受理并裁定重整申请，指定管理人并通告债权人——债权人向管理人申报债权，管理人需在申报期满15日内召开第一次债权人会议，安排重整处置计划——债务人或管理人在法院裁定之日起6个月内（经债务人或者管理人请求，法院可以裁定延期3个月），同时向法院和债权人会议提交《重整计划草案》——法院应当自收到《重整计划草案》之日起30日内召开债权人会议，组织债权人分组进行表决，如表决通过则经法院裁定批准后进入《重整计划草案》执行程序；否则宣告债务人破产，并进入破产程序——债务人负责执行《重整计划草案》，如执行期限届满公司恢复状态良好，则重整程序结束，公司恢复正常运行；否则如债务人不能执行或不执行《重整计划草案》，或者重整程序执行完毕后仍未清偿完毕债务，则宣告债务人破产，进入破产程序。

续期内能否执行完毕面临较多不确定因素,其中债权人之间对各自受偿金额难以协商形成统一意见,是造成破产重组/重整这类不良债权的回收方式耗时长且成功率低的主要原因。

(4)现金回收

跟踪期内7单对公不良贷款证券化项目下,借款人现金偿还和保证人代偿的具体统计如下:

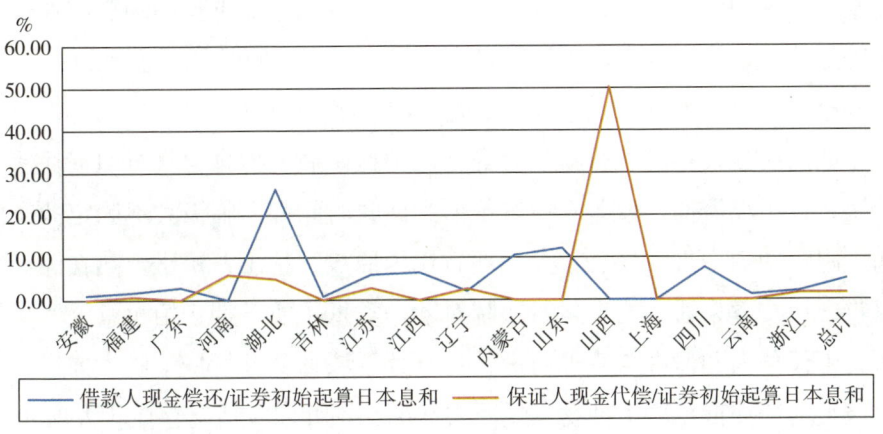

资料来源:中债资信整理。

图53 跟踪期内各地区现金回收情况统计

统计来看,排除样本量过低导致个别省份(如山西、湖北)统计指标异常,在对不良债权回收金额的贡献率方面,借款人现金偿还平均为4.99%,保证人现金代偿平均为1.89%,整体贡献率偏低。经实务了解,借款人现金偿还主要为银行从借款人账户扣划所得,较少涉及借款人主动偿还;保证人现金代偿主要取决于保证人的偿债能力和偿债意愿两方面因素,从跟踪期回收情况来看,实际发生担保代偿的一般为大型上市公司、国有企业等法人类保证人或人大代表等具有一定政治地位的自然人担保人。

(5)其他回收方式

跟踪期内,不良债权回收方式除抵(质)押物处置、债权转让、破产重组/重整以及现金回收外，还涉及不良贷款重组、贷款减免等回收方式，鉴于该类回收方式样本量较小，实际回收情况统计有待后续跟踪观察。

（6）跟踪期内基础资产延迟回收情况分析

跟踪期内，7单对公不良贷款证券化项目的实际回收金额整体超过同期我司预计回收金额，但每户不良债权的回收情况和预计回收存在一定出入，比如预计将在本跟踪期内实现清收的抵押物反而没有处置成交（即实际发生延迟回收），预计未在本跟踪期内实现回收的抵押物却提前处置完成等。分析认为跟踪期内入池不良债权发生延迟回收的原因主要为：

第一，动产类抵（质）押物处置受限，难以变现。

如前所述，存货、机器设备等动产类抵（质）押物自身折旧损耗速度较快，且市场流通性较差，回收价值和回收时间都面临极大不确定性。例如，跟踪期内中誉2016-2涉及山西省境内原煤、精煤、铝矾土熟料等存货回收，从实务来看，当地执行法院对动产类抵（质）押物拍卖意愿不强，倾向于债务人和债权人庭外协商，自行处置该部分存货抵（质）押物，导致该类动产类抵（质）押物实际回收情况和预计回收情况存在较大出入。

第二，区域环境较差，抵（质）押物难以处置成交。

根据跟踪期内抵（质）押物实际回收情况及实务访谈了解，抵（质）押物进入拍卖执行阶段后，拍卖成交主要取决于当地区域环境及抵押物自身处置难度等因素，例如跟踪期内中誉2016-1入池资产全部集中在山东省境内，涵盖济宁、烟台、德州、淄博等9个地区，由于近两年山东地区司法拍卖市场成交量较小，大部分抵（质）押物都面临有价无市的困境，导致该单项目抵（质）押物处置回收金额较小。

第三，抵（质）押自身存在法律瑕疵，拍卖成交难度较大。

跟踪期内抵（质）押物发生实际延迟回收还有一部分原因是由于其自身存在一定法律瑕疵，具体来看主要表现为以下几个方面：

①房地产类抵押物存在产权纠纷

工业用地等土地使用权类抵押物，如土地获取方式为国有划拨，则抵押处置成交前需补缴土地出让金将土地性质转为国有出让土地，否则将无法办理土地使用权证进行市场交易；地上附着建筑物如涉及违章建筑等无证房产问题，也将拖累司法诉讼进程，导致抵押物无法在预计时间段内实现清收价值回收。

②唯一住房

法律规定唯一住房满足一定条件[①]可以执行，但在实务中，法院对唯一住房的执行非常谨慎，尤其是有老弱病残居住的唯一住房，抵押权实现存在较大难度，解决方式包括但不限于以下几种：一是债权人和唯一住房所有权人私下达成和解，通过债务减免等方式协商解除抵押权；二是法院拍卖执行唯一住房后，从拍卖成交价值中向所有权人扣划一定生活费（温州地区6万~12万元左右），以作补偿。整体来看，对于唯一住房类抵押物，无论是执行法院调查取证，还是最终清收补偿，对抵押物的回收时间和回收价值都有一定影响。

③租赁影响

租赁在抵押前

对于附租赁权的抵押资产而言，如果租赁在抵押前，处置抵押物不影响租赁合同的履行，即在租赁期内法院带租拍卖，在租赁有效期内租赁合同对抵押物受让人继续有效，同时在处置抵押物时，承租人享有优先购买权。具体来看，如果承租人竞拍意愿较强，则有利于抵（质）押物处置成交，不会对抵押物的回收时间和回收价值造成不利干扰；反之，如果承租人没有竞拍意愿，买受人将面临承租人无法及时腾空及租约内租金损失等问题，对抵押物的回收时间和回收价值都将形成极大干扰。

---

① 满足以下其一即可：（1）被执行人有扶养义务的人名下有其他住所；（2）被执行人为逃避债务转让其名下其他房屋；（3）申请执行人按照当地廉租住房保障面积标准为被执行人及所扶养家属提供居住房屋，或者同意参照当地房屋租赁市场平均租金标准从该房屋的变价款中扣除5~8年租金；（4）虽为被执行人名下的唯一住房，但超出被执行人及其所扶养家属生活必需范围的，法院根据申请执行人的申请，在保障被执行人及其所扶养家属最低生活标准所必需的居住房屋和普通生活必需品后，可予以执行。

租赁在抵押后

对于附租赁权的抵押资产而言，如果租赁在抵押后，则抵押物处置后，租赁合同对抵押物买受人不具有法律效力，即法院应在去除租赁权后执行拍卖流程。经实务了解，尽管租赁权设置在后，但也存在债务人为对抗银行行使抵押权而与第三方恶意串通虚构租赁关系的情况，如租金价格明显不合理或伪造租金证据，虽然法院不予支持承租人阻止移交占有抵押资产的请求，但实际执行中受制于调查取证等因素影响，对回收时间会有较大程度的影响，特殊情况下可能影响回收价值。

第四，借款人配合司法诉讼进程意愿较弱，有意对抗银行抵押权的实现。

根据跟踪期内抵（质）押物实际回收表现及后续访谈了解，实务中大部分借款人对银行通过司法诉讼实现债务清收存在抵触情绪，一方面可能以唯一住房、抵押物附有租赁权等理由增加法院执行难度，另一方面也可能通过拒绝出庭、反复异议上诉等方式拖慢司法诉讼进程，最终导致抵押物的实际清收价值和回收时间偏离预计水平。

第五，其他。

跟踪期内访谈了解，部分不良贷款证券化项目会根据证券存续期内对现金流的整体要求，有意放缓部分不良债权的清收进度以避免下一阶段现金流断档，因此导致项目整体实际回收情况与预计回收情况存在较大偏离，对此建议持续跟踪观察。

（7）基础资产回收情况总结

结合不良债权实际处置回收情况来看，跟踪期内7单对公不良贷款证券化项目基础资产整体回收表现良好，实际回收金额整体较初评预期偏好，不良债权回收以江浙地区的工业房地产、住宅、商铺等不动产类抵（质）押物处置成交为主。综合来看，跟踪期内对公不良贷款证券化项目的基础资产回收在不同处置方式、不同地区和不同类型的抵（质）押物的回收率、折扣率和回收时间等方面存在一定的结构性差异，这种差异一方面与所有权人处置意愿、抵（质）押物处置难点、区域经济、法治环境等因素有关,另一方面也较大程度上受存续期表现时间较短、案例较少不具代表性等因素影响。为客观真实反映对公不良贷款资产证券化项目的实际回收表现,中债资信后续会进一步加强对各单项目详细回收情况的跟踪、分析与总结。

2. 证券存续期偿付表现

跟踪评级期间内,2016年银行间市场发行的7单以对公不良贷款为基础资产的资产证券化项目,在证券发行规模及变化方面,初始发行证券14只(其中优先档证券7只,次级档证券7只),发行规模共计79.82亿元,对应的资产池未偿本息余额为301.53亿元,整体初始超额抵押比率为377.74%。截至各证券跟踪基准日①,所跟踪的14只证券均尚在存续,未偿本金余额为71.41亿元,对应资产池未偿本息余额为274.24亿元,超额抵押比率为384.05%。

截至各证券跟踪基准日,优先档证券未偿本金余额均有所下降,次级档证券尚未获得偿付。本次跟踪项目的兑付频率都为半年一次,而截至跟踪时点,各证券的存续期较短,整体上优先档本金的偿付比例较小。

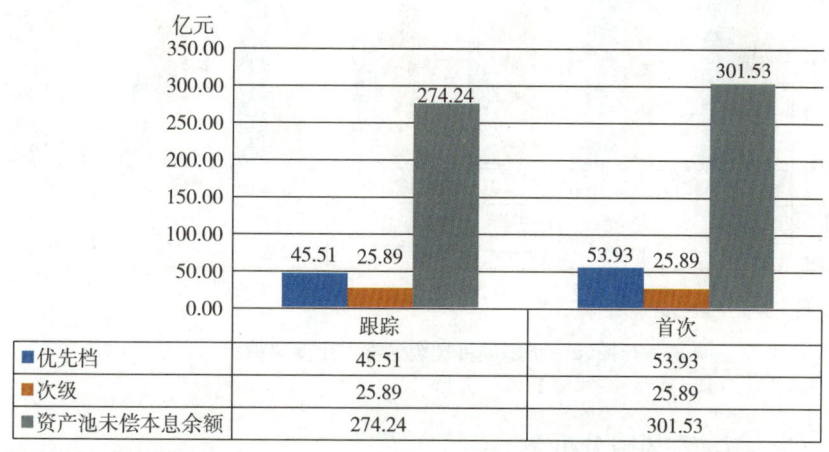

资料来源:中债资信整理。

图54 跟踪项目证券规模统计

---

① 由于各项目信托核算日与支付日的差异,此处统计的证券未偿本金余额及资产池未偿本息余额为各项目截至2017年3月31日最近一个核算日及支付日的数据。

（1）证券级别及信用增级量分析

证券级别方面，本次跟踪的7单项目所涉及的7只优先档证券跟踪级别均为AAAsf，较首次评级无变化。根据目前的回收情况来看，跟踪时点各项目实际处置收入及处置速度整体较预期偏好，良好的资产池回收情况在一定程度上保证了对优先档证券本息偿付的支持。

信用增级量方面，本期跟踪评级的优先档证券的信用增级量均有所增加，主要是由于跟踪项目全部采用了优先/次级结构的增信措施，且都做出了过手型的偿付安排，而随着资产池端处置收入的不断流入以及优先档证券的不断兑付，次级档占比会逐渐增大，对优先档的增信作用就愈加明显。

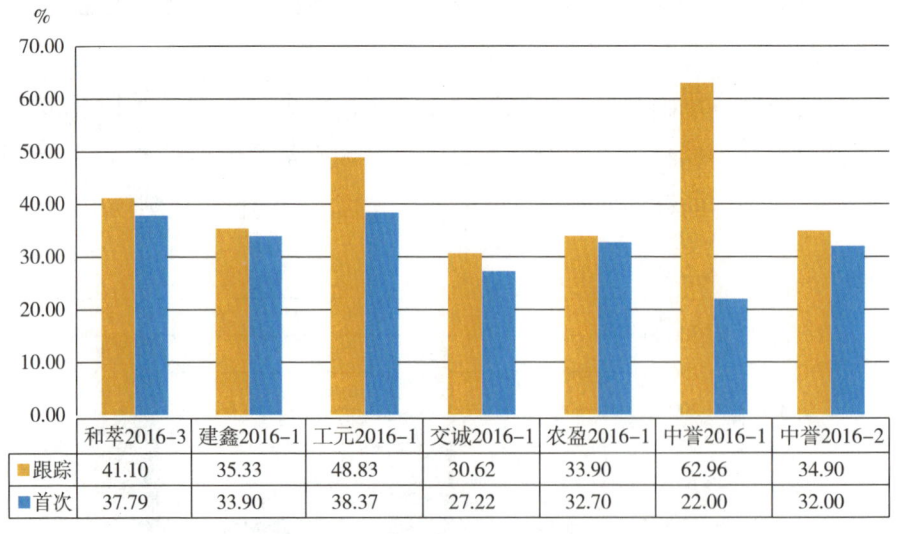

	和萃2016-3	建鑫2016-1	工元2016-1	交诚2016-1	农盈2016-1	中誉2016-1	中誉2016-2
跟踪	41.10	35.33	48.83	30.62	33.90	62.96	34.90
首次	37.79	33.90	38.37	27.22	32.70	22.00	32.00

资料来源：中债资信整理。

图55　跟踪项目次级证券占比变化情况

（2）流动性风险分析

截至跟踪基准日，本期跟踪的7单项目整体回收情况较为稳定，较初评时预期偏好，证券端的兑付情况正常。

然而对于不良资产证券化项目，基础资产的处置收入及回收分布都具有较大的不确定性，一旦未来某一处置回收期间的处置收入过少，可能发生优先档证券利息无法兑付的流动性风险。针对可能发生的流动性风险，本期跟踪项目的交易结构中都采取了一定的缓释措施，如引入流动性储备账户、流动性支持机构等，在一定程度上可以保证优先级费用及优先档证券的正常兑付。

（3）交易结构分析

本次跟踪的项目基础资产都为对公不良贷款，与正常类信贷资产证券化项目在交易结构上有着较大的差异。首先，在账户设置方面，基本都利用流动性储备账户来缓释由于处置回收的不确定及回收分布不均匀所造成的流动性风险；其次，在参与机构方面，引入了流动性支持机构，对证券本息的正常兑付提供一定支持。跟踪期内各项目均为未触发流动性支持事件，未发生相关参与机构变更情况；各交易参与机构经营和财务状况良好，尽职能力保持稳定。

①流动性储备账户的设置

在账户设置方面，区别于正常类信贷资产证券化项目，本次跟踪项目均未设置收入/本金账户，相应的也不存在本金账支持收入账、收入账回补本金账的设置。

由于跟踪项目的基础资产均为不良贷款，在处置回收及现金流入方面存在较大的不确定性，本期跟踪的7单项目中有6单（除建鑫2016年第一期外）设置了流动性储备账户，即在分配顺序中加入流动性储备金的提取环节，要求流动性储备需覆盖下一支付日的优先级费用及优先档利息的一定倍数，以达到必备流动性储备的要求。跟踪期内，设置流动性储备账户的各单项目均根据流动性储备计提标准提取了流动性储备金，这样的设置在一定程度上可以缓释因处置收入时间分布不均匀所导致的流动性风险。

②流动性支持机构的引入

在参与机构方面,本期跟踪项目均引入了流动性支持机构,一般为满足相应条件的次级投资者担任,当任何一个信托分配日,信托账户中的可分配金额无法正常兑付优先级费用及优先档证券利息时,将触发流动性支持事件,此时流动性支持机构须提供资金支持以完成正常的优先级费用和优先档证券利息的偿付。跟踪期内,各单项目整体回收情况较好,证券本息兑付正常,均未触发流动性支持事件。

③影响信用质量的事件触发情况

截至跟踪评级基准日,本期跟踪的优先档资产支持证券本息均兑付正常,没有出现逾期或违约情况,未触发信用事件。

表34 影响信用质量的事件触发状况统计

影响信用质量的事件	跟踪期内情况
是否发生损害信托财产、委托人或者受益人利益等重大事项	否
资产支持证券持有人大会召开情况	无
委托人发生任何一起丧失清偿能力事件	无
贷款服务机构、受托机构等中介机构解任情况	无
是否如期正常地收到贷款服务机构报告及资金保管机构报告	是
流动性支持触发事件	无

资料来源:中债资信整理。

(4)证券偿付情况总结

整体来看,第一个跟踪期内,2016年发行的7单对公不良资产证券化项目证券兑付正常。证券级别及信用增级量方面,本次跟踪的7单项目所涉及的7只优先档证券跟踪级别均为AAAsf，较首次评级无变化，且信用增级量均有所增加。流动性风险方面，截至跟踪基准日，本期跟踪的7单项目整体回收情况稳定，证券端兑付正常，未出现流动性风险事件。交易结构方面，跟踪期内各项目均未触发流动性支持事件，未发生相关参与机构变更情况；各交易参与机构经营和财务状况良好，尽职能力保持稳定。鉴于对公不良贷款证券化项目下资产端的处置回收以及证券端的现金流入等方面面临较大不确定性，中债资信将保持持续关注。

3. 个贷类不良资产支持证券

（1）基础资产存续期回收表现

根据《2017年中债资信信贷资产证券化跟踪评级系列分析报告》，4单跟踪项目首期回收进度较预期较好，但可持续性需要进一步观察。从各单项目受托报告公布的资产池回收情况来看，各资产池在第一期存续期内的回收表现良好，均高于发行时预估的回收金额。具体看此次跟踪评级涉及的4单项目的表现，和萃2016-2在第一个收款期间，处置完毕借款人48户，累计回收8 889.27万元；截至资产池跟踪日（2017年6月30日），处置完毕贷款146笔，累计回收9 486.97万元。建鑫2016-2在第一个收款期间暨资产池跟踪评级期间（2017年2月31日），处置完毕借款人699户、贷款699笔，累计回收27 067.72万元。和萃2016-4在第一个收款期间，处置完毕借款人41户，累计回收7 695.41万元；截至资产池跟踪日（2017年6月30日），处置完毕贷款47笔，累计回收27 057.72万元。工元2016-3在第一个收款期间暨资产池跟踪评级期间（2017年5月31日），处置完毕借款人920户、贷款950笔，累计回收29 425.07万元。

表35 2016年4单个贷类项目发行与跟踪时点情况对比

编号	项目名称	发起机构	初始起算日	信托设立日	资产池跟踪基准日	证券跟踪基准日	证券名称	跟踪时点证券金额（万元）	跟踪时点分层占比（%）	跟踪时点证券评级	发行时点证券金额（万元）	发行时点分层占比（%）	发行时点证券评级
1	和萃2016-2	招商银行	2016/4/1	2016/6/29	2017/6/30	2017/1/26	优先档	29 926.80	73.12	AAAsf	36 000.00	6.60	AAAsf
							次级档	11 000.00	26.88	未予评级	11 000.00	3.40	未予评级
2	建鑫2016-2	建设银行	2016/7/7	2016/9/27	2017/2/28	2017/3/31	优先档	89 004.00	71.20	AAAsf	120 000.00	6.92	AAAsf
							次级档	36 000.00	28.80	未予评级	36 000.00	3.08	未予评级
3	和萃2016-4	招商银行	2016/9/6	2016/12/22	2017/6/30	2017/7/26	优先档	28 479.50	72.14	AAAsf	35 000.00	6.09	AAAsf
							次级档	11 000.00	27.86	未予评级	11 000.00	3.91	未予评级
4	工元2016-3	工商银行	2016/8/31	2016/12/26	2017/5/31	2017/6/26	优先档	244 371.60	70.55	AAAsf	306 000.00	5.00	AAAsf
							次级档	102 000.00	29.45	未予评级	102 000.00	5.00	未予评级

资料来源：中债资信整理。

但不良资产与正常类贷款不同,其本身不能正常还本付息,未来现金流存在很强的不确定性,从目前的回收数据来看个贷信用类不良资产证券化项目通过存续期良好的贷款催收,提高了整体资产池可回收现金的预测。考虑到各证券如今仍处于处置初期,中债资信将对资产池回收进度进一步跟踪观测。

①处置状态分布

入池贷款总笔数中约一成处置完毕。从处置状态来看,截至各资产池跟踪日,仍在处置中的资产占比90.57%,已处置完毕的资产占比9.15%。具体来看,和萃2016-2、建鑫2016-2、和萃2016-4和工元2016-3处置中资产占比分别为86.42%、91.24%、94.03%和90.01%,和萃2016-2与和萃2016-4分别赎回16笔和39笔,占比分别为1.34%和2.71%。整体来看处置完毕贷款笔数约占入池贷款总笔数的10%。

表36 贷款处置状态分布情况

处置状态	本次评级		上次评级	
	贷款笔数	笔数占比(%)	贷款笔数	笔数占比(%)
处置中	18 228	90.57	20 125	100.00
处置完毕	1 842	9.15	0	—
赎回	55	0.27	0	—
总计	20 125	100.00	20 125	100.00

资料来源:中债资信整理。

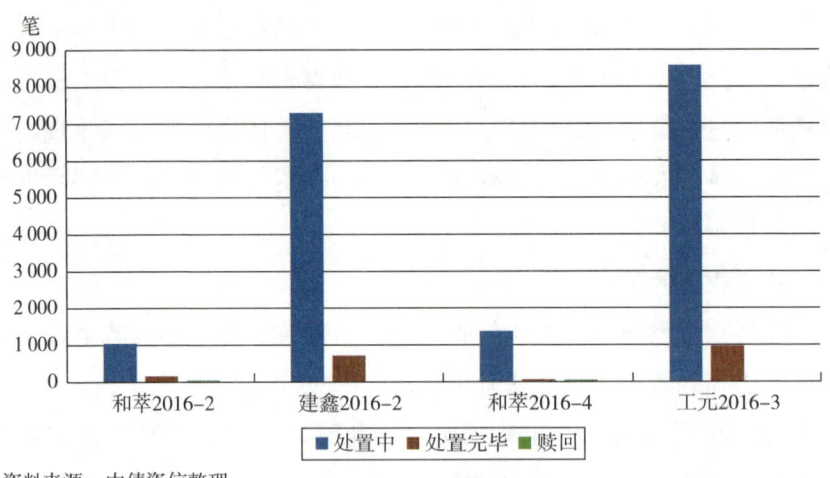

资料来源:中债资信整理。

图56 基础资产处置状态分布

②回收地区分布

浙江、河北、重庆等地区贷款回收表现突出。截至各资产池跟踪基准日,4单项目的资产池地区分布较为分散,由于只经历第一个回收期大部分入池资产仍处在处置进程中,本跟踪期各项目贷款本息余额地区分布情况和首次评级较为一致。具体来看,辽宁、广东、重庆的入池金额比较高,浙江、河北、重庆三地资产余额下降最快,相对回收情况表现较好。

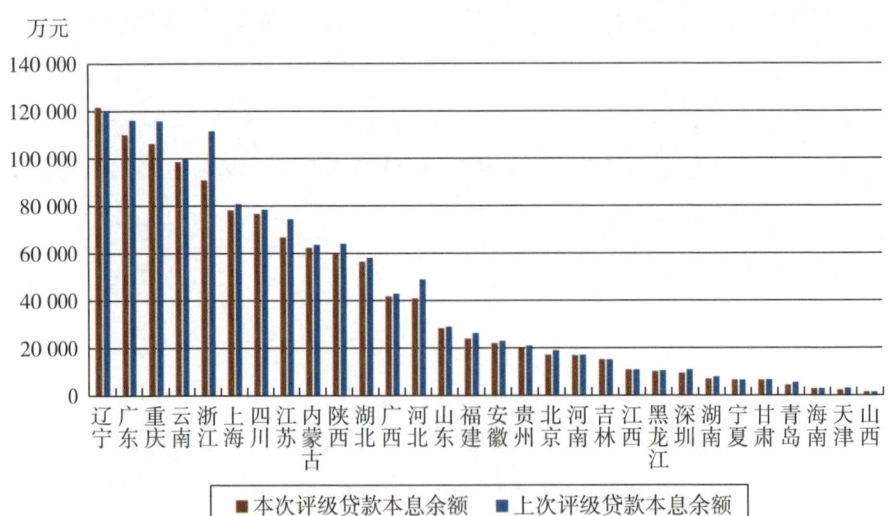

资料来源:中债资信整理。

图57 基础资产地区分布

③贷款减免分析

1单项目出现贷款本金减免。在实际催收中，为了提高催收效率与借款人实际的偿还能力，贷款服务机构可能会对借款人减免一定的罚息、罚费甚至本金。在本次跟踪期间，和萃2016-2对1户借款人进行本息减免，该借款人封包日未偿本息余额为471.20万元，共减免本息41.26万元，现共偿还429.94万元，减免后实现100%回收。

（2）证券存续期偿付表现

2016年发行的个贷类不良资产证券化产品共7单，累计处理不良资产208.69亿元。和萃2016-1项目已被发起机构清仓回购，16建鑫3优先、16工元2优先已偿付完毕，剩余4单个贷不良资产支持证券项目（16和萃2优先、16和萃4优先、16建鑫2优先、16工元3优先）的优先档证券仍在兑付。

跟踪的4单个贷类不良资产支持证券化产品初始发行规模共计65.70亿元，对应资产池未偿本息余额共128.32亿元。截至各证券跟踪基准日，证券未偿本金余额总计55.18亿元，对应资产池未偿本息余额共计120.77亿元。

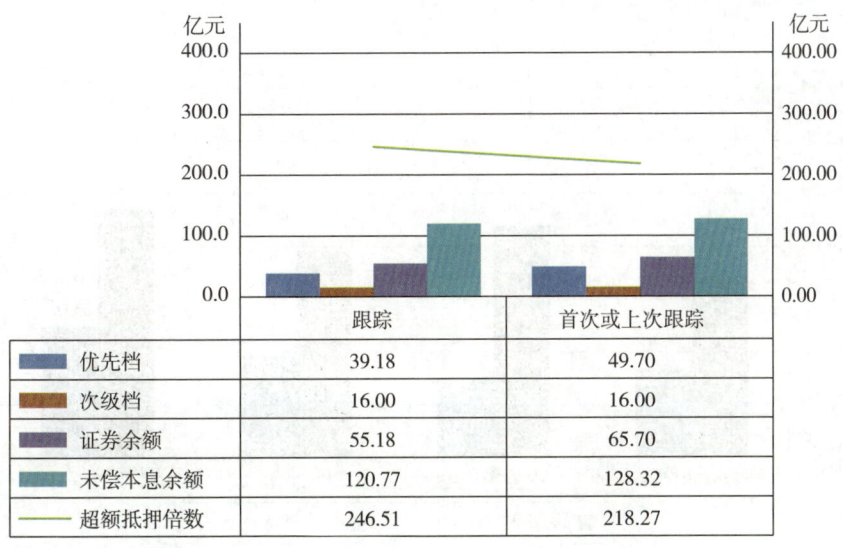

资料来源：中债资信整理。

图58 跟踪评级涉及项目规模统计

①证券级别及信用增级量分析

本次跟踪的4只资产支持证券信用级别与上次评级获得的信用级别保持一致，具体来看，和萃2016-2优先、建鑫2016-2优先、和萃2016-4优先和工元2016-3优先均仅兑付一期，信用增级量分别上升了3.48个、5.72个、3.95个和4.45个百分点，分别达到26.88%、28.80%、27.86%和29.45%。

具体来看，截至跟踪基准日，和萃2016-2优先档证券已兑付6 073.20万元，共获得次级档证券26.88%的信用支持，相对于首次评级上升3.48个百分点。建鑫2016-4优先档证券已兑付30 996.00万元，共获得次级档证券28.80%的信用支持，相对于首次评级上升5.72个百分点。和萃2016-4优先档证券已兑付6 520.50万元，共获得次级档证券27.86%的信用支持，相对于首次评级上升3.95个百分点。工元2016-4优先档证券已兑付61 628.40万元，共获得次级档证券29.45%的信用支持，相对于首次评级上升4.45个百分点。信用增级量的上升主要因为以上产品采取了顺序支付的优先级/次级结构，优先档本金优先于次级档证券获得偿付。

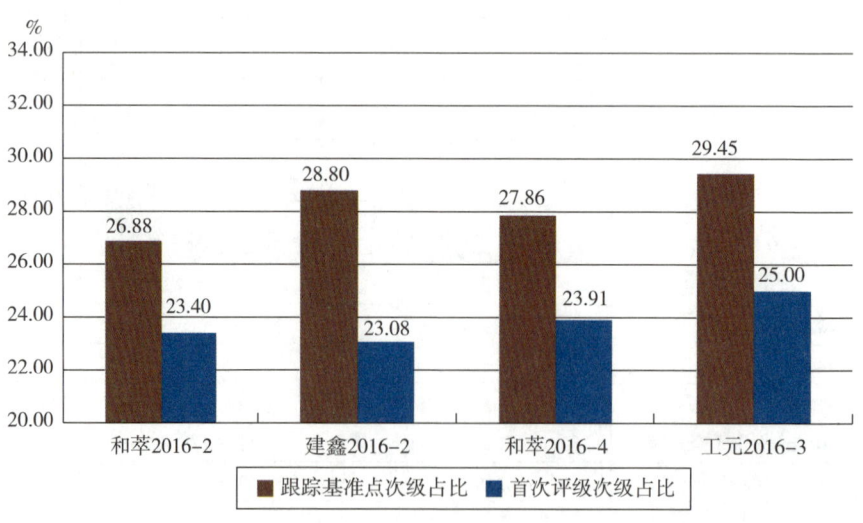

注：由于和萃2016-1、建鑫2016-3、工元2016-2的优先档已经兑付，因此不在图中表示。
资料来源：中债资信整理。

图59 优先档信用增级量变化情况

②超额抵押分析

4只跟踪证券兑付风险并没有随着超额抵押倍数的上升而有所下降。超额抵（质）押倍数体现了资产端未偿本息余额对证券端证券剩余本金的保障倍数。对于一般资产证券化项目，证券能够通过资产池收益与证券利息之间的累计超额利差进而形成超额抵押，对证券剩余本金提供进一步的兑付保障。但不良资产证券化项目的基础资产类型为次级、可疑或损失类，贷款不能正常还本付息，因此无法通过超额利差，而是主要依靠不良贷款不断产生的罚息、罚费积累进而形成超额抵押。截至各资产池跟踪日，此次跟踪的4单个贷类不良资产化项目的超额抵（质）押倍数较首次评级均有所上升，具体来看，和萃2016-2、建鑫2016-2、和萃2016-4和工元2016-3的超额抵（质）押倍数分别上升了9.69个、14.21个、16.77个和10.73个百分点，分别达到255.52%、206.05%、267.63%和195.29%。虽然4单项目的超额抵押倍数均有所上升，但对证券本金兑付起到实际支撑的是未来可回收的现金总额而非未偿本息总额，考虑到最新一期受托报告对于可回收总额的预期有所下降，证券兑付风险或未因超额抵（质）押倍数的上升而有所缓解。

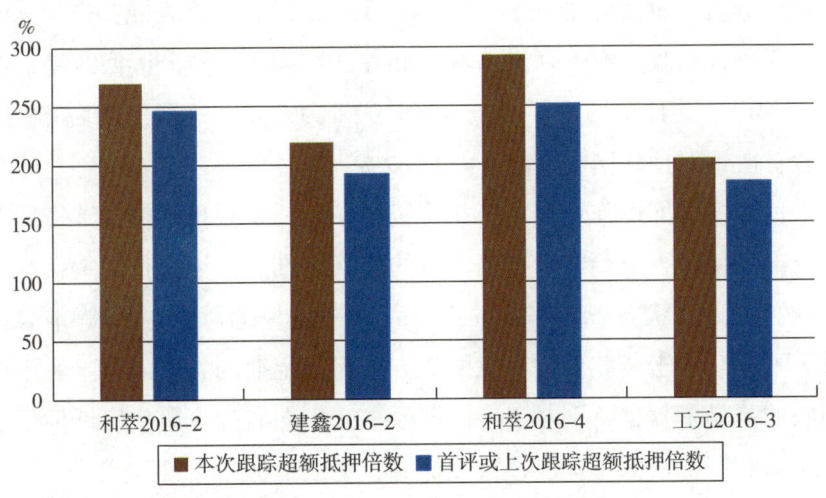

资料来源：中债资信整理。

图60 资产跟踪期内超额抵押率变化

③交易结构分析

整体来看，2017年跟踪的4单个贷类不良资产证券化项目运用多样化的交易结构设置提高对证券按期兑付的保障，一是通过设置不合格资产赎回条款保证入池资产池符合合格标准，避免由于债权灭失、贷款性质变化等阻碍证券按期兑付，对资产池现金流起到一定保障作用；二是设置流动性储备账户、外部增信机构等加强流动性支持，缓释流动性风险。本次跟踪期内，共计2单项目触发不合格资产赎回事件，1单项目触发流动性支持事件，无项目发生违约事件。

第一，不合格资产赎回。

不良资产证券化项目中可能对权属、诉讼时效以及贷款五级分类状态不符合合格标准的贷款进行赎回操作，不合格贷款的赎回能够加快实现现金回收，对保证证券未来现金流的稳定性起到一定积极作用。

此次跟踪评级涉及的4单个贷类不良资产证券化项目中有2单项目进行了不合格资产的赎回，共赎回不合格资产55笔，涉及借款人35户；共计赎回未偿本金余额4 058.25万元，赎回价格为1 741.21万元，低于该部分资产首次评级预计回收金额。具体来看，和萃2016-2赎回资产16笔，涉及借款人15户，共计赎回偿本金余额2 080.06万元，赎回价格为887.62万元，较首次评级预计回收金额下降23.44%；和萃2016-4入池资产赎回39笔，涉及借款人20户，共计赎回未偿本金余额1 978.19万元，赎回价格为853.59万元，较首次评级预计回收金额下降42.62%。

上述两次赎回操作，均由于相应资产在信托设立日不符合"贷款五级分类标准为次级、可疑或者损失类"的合格标准。由于个贷类贷款在"正常"或"关注"状态下的摊还方式一般为等额本金/等额本息/等本等费，而进入不良后由于贷款催收贷款回款方式为不定期的大额回款。对于可能有回收的不良贷款，特别对于合同期限在30年左右的一般住房抵押贷款，尽管贷款赎回价格低于首次评级预计回收金额，但"正常"或"关注"类贷款的赎回能够加快实现现金回收，对保证优先级证券的按期偿付起到一定积极作用。

第二，流动性支持（包括流动性储备账户、第三方增信机构）。

为缓释流动性风险，此次跟踪评级涉及的4单个贷不良资产支持证券均设置了流动性储备金账户、流动性支持机构等流动性支持条款，均在一定程度上降低了优先档证券的流动性风险。具体来看，和萃2016-2、建鑫2016-2及和萃2016-4设置了除发起机构外的次级档证券持有人为流动性支持机构，对优先档证券的利息进行差额补足，其中和萃2016-2约定次级档证券持有人在信托设立日差额补足优先档证券利息，和萃2016-4约定流动性支持机构在信托设立日提供1 363.70万元的流动性支持资金；工元2016-4设置了外部增信机构中证信用增进股份有限公司为流动性支持机构。

存续期间，和萃2016-2由于评级机构给予流动性支持机构的主体长期信用等级低于AAA，因此触发流动性支持事件，由流动性支持机构优先提供2 284.64万元作为未来流动性支持资金。跟踪期内无违约事件。

截至跟踪评级基准日，4单个贷类不良资产支持证券本息兑付正常，未发生逾期或违约事件。

第四章 REITs专题

一、REITs概况

1. REITs的概念

房地产投资信托基金（Real Estate Investment Trusts，REITs）是一种通过发行股份或受益凭证的方式来汇集特定多数投资人的资金，由专门的托管机构进行托管，并委托专门的投资机构进行房地产相关投资经营管理，将投资综合收益按比例分配给投资者的一种信托基金。REITs作为成熟市场中一种重要的投资类别，其收益主要来源于租金收入和房地产的升值且大部分的收益用于发放分红，同时REITs的长期回报率相对稳定，一般介于股票、债券之间。

一般来说REITs具有以下特点：首先，REITs具有筹集资金、分散风险的功能。它既解决了中小投资者无法进入房地产业这个资本密集型产业的难题，又为房地产业开拓了新的融资渠道，将流动性较差的房地产资产转化成了更具流动性的证券，满足了投融资双方的不同需求；其次，REITs具有投资针对性强、管理专业、收益率高的特点。REITs总资产的投资组合必须以房地产、现金、政府证券为主。例如，美国的房地产基金规定，REITs必须将至少75%的资产投资与房地产有关的业务。REITs将房地产资产组合交由房地产投资的专业人士经营管理，且多数基金明确规定将90%以上的利润分红给股东，这些因素为股东获得稳定的高收益率创造了条件。另外，REITs享有的税收优惠是REITs发展的最根本动因。根据《美国国内税收法案》规定，如果REITs每年将大部分盈利以现金分红方式分配给投资者，则免征公司所得税。这就有效地避免了双重课税，为提高经营效率提供了有利条件。

受市场环境、法律制度、税收政策等因素的影响，目前国内已发行产品主要为类REITs。类REITs是指通过对房地产项目的经营与管理，以其在未来能够产生的可预期稳定现金流（如租金、物业经营性收入等）为基础的结构化融资产品。从已发行产品来看，类REITs产品在资产端通常会通过多层SPV（Special Purpose Vehicle，特殊目的载体）的架构设计，使投资者可间接持有标的物业资产，享有固定收益以及资产增值；在证券端一般采取结构化的分层设计，优先级证券通常具有固定收益性质。

2. 国外REITs的产生与发展

二十世纪五六十年代美国经历了战后经济复苏时期，大量退伍军人和居民的住房需求刺激了美国房地产发展的需求，在美国投资信托日益发展之际，不少议员提出建议发展REITs，使得投资者可以在间接持有房地产的情况下更加灵活地投资商业房地产。直至1960年美国历史上第一部《REITs法案》由美国国会正式发布，标志着现代REITs正式诞生。同年艾森豪威尔总统又签署了《国内税收法》，对符合要求的REITs予以公司层面免交公司所得税，大大刺激了战后美国REITs的发展。

自1960年REITs在美国出现以后，其相继在荷兰、澳大利亚、加拿大、新加坡、日本等国家出现，产品在过去几十年中获得了迅猛发展。全球目前已有20多个国家和地区推出了REITs，在海外发达经济体中，REITs已在各自的股市市值和整体资本市场中占有重要地位，仅仅美国上市REITs的总市值已经达到1万亿美元。

3. 国内REITs的发展

近年来，REITs受到了政府机关、监管机构及市场的广泛关注，我国在REITs方面做了许多探索和尝试。

2007年6月，人民银行联合住建部等部门召开会议，认为应按照"试点与立法平行推进"的原则推进REITs。

2008年，银监会发布《信托公司管理办法》的修订版，鼓励REITs的发展。

在对REITs讨论和探索的过程中，银监会在2009年推出的《房地产集合投资信托业务试点管理办法（草案）》以及人民银行在2009年起草的《银行间债券市场房地产信托受益券发行管理办法》为我国REITs的顶层设计提供了可行的初步框架。

2010年6月，人民银行、住建部等多个部门联合发布《关于加快发展公共租赁住房的指导意见》，提到应当鼓励公租房的新融资渠道，探索使用REITs、信托等形式。

2014年，国内首只REITs产品——中信启航专项资产管理计划获得监管层批准，并首次尝试在交易所流通，计划3年后公募上市。同年，人民银行《关于进一步做好住房金融服务工作的通知》中，提出了将积极稳妥开展REITs试点工作。随后中国的类REITs进入快速发展道路，相继出现了中信苏宁、海航大厦、云南彩云之南酒店、中信华夏苏宁云享等类REITs产品。2017年2月20日，"兴业皖新阅嘉一期房地产投资信托基金（REIT）资产支持证券"在银行间市场成功发行，这意味着银行间市场首单公募REITs产品的落地。

截至2017年12月底，已有28单类REITs产品在上海/深圳证券交易所、机构间私募产品报价与服务系统、银行间市场发行，累计发行规模624.34亿元，其中2017年共发行14单，规模合计266.48亿元。

表37 已发行类REITs产品统计

	项目名称	发行总额（亿元）	发行日期
1	中信启航专项资产管理计划	52.10	2014-04-25
2	中信华夏苏宁云创资产支持专项计划	43.95	2014-12-16
3	中信华夏苏宁云创二期资产支持专项计划	33.35	2015-06-29
4	恒泰浩睿—海航浦发大厦资产支持专项计划	25.00	2015-11-26
5	招商创融—天虹商场（一期）资产支持专项计划	14.50	2015-12-11
6	恒泰浩睿—彩云之南酒店资产支持专项计划	58.00	2015-12-23
7	天风—中航红星爱琴海商业物业信托受益权资产支持专项计划	14.00	2016-06-08

续表

	项目名称	发行总额（亿元）	发行日期
8	东证资管—青浦吾悦广场资产支持专项计划	10.50	2016-06-16
9	中信华夏苏宁云享资产支持专项计划	18.47	2016-06-24
10	首誉光控—光控安石大融城资产支持专项计划	25.00	2016-08-05
11	中信华夏三胞南京国际金融中心资产支持专项计划	30.53	2016-11-28
12	中信皖新阅嘉一期资产支持专项计划	5.55	2016-12-13
13	平安苏宁广场资产支持专项计划	16.80	2016-12-23
14	长江楚越—中百一期资产支持专项计划	10.40	2016-12-26
15	恒泰弘泽—华远盈都商业资产支持专项计划	7.36	2017-01-23
16	天风光大—亿利生态广场一期资产支持专项计划	10.77	2017-01-17
17	兴业皖新阅嘉一期房地产投资信托基金资产支持证券	5.54	2017/2/16
18	恒泰弘泽—广州海航双塔资产支持专项计划	27.00	2017-03-02
19	开源—北京海航实业大厦资产支持专项计划	22.00	2017-03-16
20	中银招商—北京凯恒大厦资产支持专项计划	30.05	2017-03-15
21	中信—金石—碧桂园凤凰酒店资产支持专项计划	35.10	2017-07-04
22	招商创融—福晟集团资产支持专项计划	17.00	2017-06-23
23	中联前海开源—勒泰一号资产支持专项计划	35.00	2017-07-26
24	天风光大—亿利生态广场二期资产支持专项计划	7.36	2017-07-28
25	畅星—高和红星家居商场资产支持专项计划	26.50	2017-09-13
26	渤海汇金—中信资本悦方ID Mall资产支持专项计划	27.70	2017-10-20
27	新派公寓权益型房托资产支持专项计划	2.70	2017-11-03
28	招商创融—海富通—步步高资产支持专项计划	12.40	2017-12-21

资料来源：中债资信根据公开数据整理。

然而我国目前发行的类REITs产品同成熟市场REITs相比在交易结构、税负水平、运营方式收入来源、收益分配方式、募集范围等方面仍具有很大差异，其发展路径自下而上，产品标准化程度难以媲美REITs。但是随着我国在REITs产品的法律政策、产品实践方面不断地探索积累，可以期待在不久的将来，我国REITs相关的房地产税收政策、法律法规将瓜熟蒂落,届时公募REITs产品也会顺利推出。

二、REITs的结构与特征

1. 国外REITs的结构与特征

(1) REITs的组织结构

对于目前国际上的标准化REITs产品,从组织结构方面来看,可以将REITs分为公司型REITs和契约型REITs两类。

①公司型REITs

传统公司制REITs结构为直接持有房地产物业,并外包第三方房地产管理公司进行经营管理,投资者通过认购股票成为公司的股东,间接持有了物业资产的股份,公司将投资收益以股利的方式分配给投资者。美国的REITs产品多采用公司制的模式,且主要是通过股权方式在资本市场公开上市融资和交易。

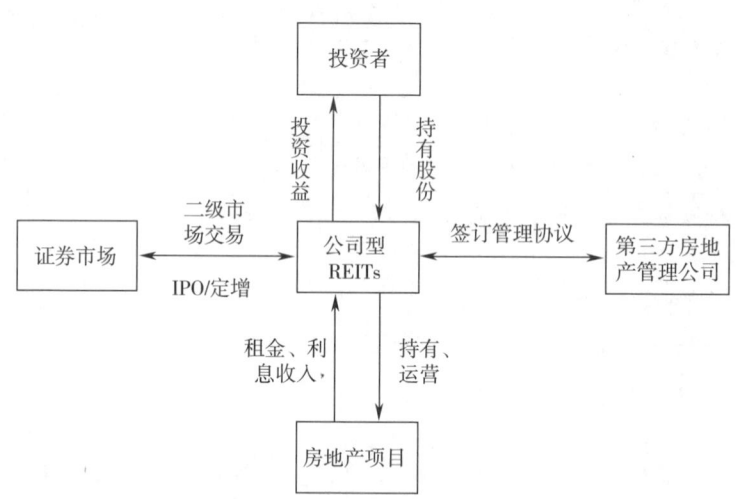

资料来源:公开资料,中债资信整理。

图61 传统公司型REITs组织结构图

1986年是美国REITs发展的一个分水岭,《税收改革法案》解除了REITs在资产运营管理方面的管制,此前美国税法规定REITs不能经营管理资产，必须委托第三方房地产运营公司进行资产的管理运营。该法案的通过使REITs可以对资产的运营管理内部化，不必完全依靠第三方经营公司管理资产，减小了运营者和REITs持有人之间因代理问题产生的矛盾和利益冲突，但是还不能经营非收租类业务。

1992年，经过对传统REITs结构的创新，伞形REITs正式出现。伞形REITs一经推出便在美国得到了广泛的应用和发展，成为权益型REITs的主流形式，20世纪90年代以来美国大多数REITs均采用了伞形结构的REITs，至今也成为美国REITs产品的主流结构，目前约有2/3新设立的REITs采用了UpREITs结构。在组建伞形REITs时，由一家或者多家房地产企业出资成立有限责任合伙企业，将房地产转移至有限合伙企业并取得经营型合伙单位（Operating Partnership Unit，简称OP单位），投资者购买伞形REITs的股份，而伞形REITs则将募集来的资金用来购买合伙企业的合伙股权凭证，相当于以普通合伙人的身份加入经营性合伙企业。

伞形REITs广受欢迎的主要原因在于其实现了延迟纳税的功能。根据美国国内税法，REITs为投资公司，房地产资产在向REITs转移的过程中，因资产的所有权发生转移需缴纳资本利得税。只有当REITs参与人将合伙单位（OP）出售以换取REITs股份或现金时，有关财产的转让才实际发生，因此伞形REITs给投资者提供了很好的延迟纳税优惠。此外，这种结构的设计也更容易实现REITs规模的扩大以达到上市的目的。

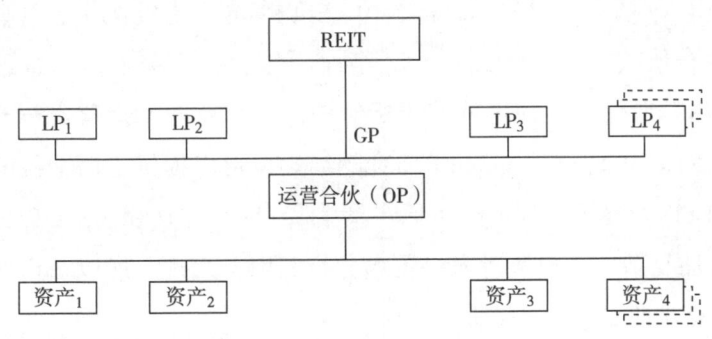

资料来源：网络，中债资信整理。

图62 UpREITs组织结构示意图

伞形REITs有以下几个优点：

递延纳税功能。对于资产出售方来讲，将资产出资成立合伙企业换来的经营型合伙单位的份额（OP）在变为REITs股份和现金前，不需要缴纳资产转移的资本利得税。因为对于资产出售方来讲，将资产转移至经营性合伙企业与出售至REITs公司并不一样，前者在税法规定中不为投资性公司，可以不需缴纳资产转移产生的税款。当经营性合伙企业收购一个或多个物业资产时，换回的经营型合伙单位份额可以由合伙企业来决定何时和出售多少份额为REITs股份，起到了递延纳税的功能。

灵活购买资产，扩大REITs规模。对于传统REITs来讲，按照税法要求REITs成立以后每年收益的90%需要分配给REITs股份持有者，如此对于REITs来讲可留存的收益就变得很有限，这成为REITs经营者购买新资产，扩大规模的障碍。而在UpREITs中，经营型合伙企业的OP是不需要股利分红的，合伙企业的持有人就可以利用OP单位的留存收益，购买其他资产，从而灵活扩大REITs规模。

在UpREITs的基础上，后来又出现了DownREITs。DownREITs作为UpREITs的创新产品，其组织结构更复杂，区别在于DownREITs并不是通过一个有限合伙企业来运营管理多个房地产资产，通常针对不同的资产分别出资成立不同的有限合伙企业。每当REITs需要扩大规模购置新的资产时，就由新资产的持有人出资成立新的有限合伙企业换取有限经营合伙单位（OP）。然后和UpREITs一样，由REITs参与人出资换取经营合伙单位成为普通合伙人。DownREITs中，各个有限合伙企业的运营管理都相互独立，REITs股份的表现也依赖于所对应的合伙企业所运营资产的表现，而非整个REITs的表现。DownREITs的结构也可以提供延迟纳税的优势，同时在REITs需要扩大规模时可以灵活购买资产，但DownREITs也因此组织结构更加复杂，对投资者来讲更难分析其财务表现，所以在市场上不如UpREITs受欢迎。

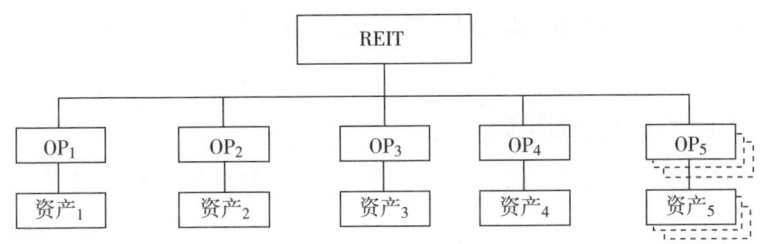

资料来源：网络，中债资信整理。

图63　DownREITs组织结构示意图

②契约型REITs

亚洲较为流行的则是信托制/基金制REITs。在这种模式下，REITs持有人持有的是信托凭证或基金份额，REITs本身即为信托/基金实体，多数需要外聘基金管理人和物业资产管理人。

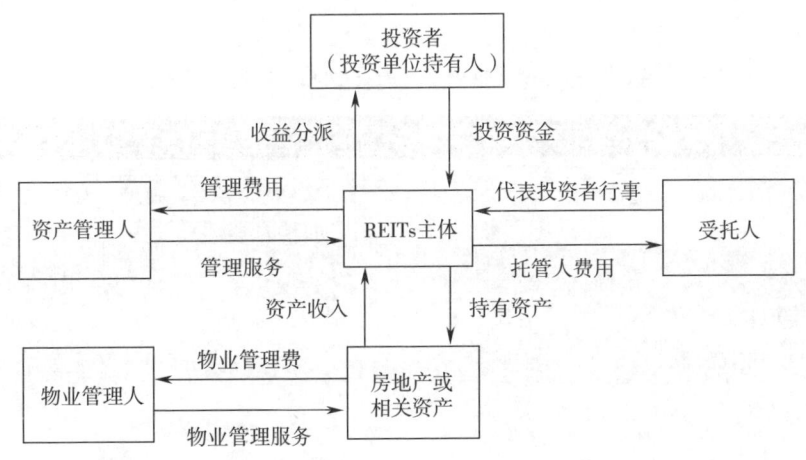

资料来源：公开资料，中债资信整理。

图64　信托制/基金制REITs组织结构

在REITs市场发展的初期，采用信托型/基金型（契约型）的REITs结构，做成有期限的、可上市交易的封闭式基金，可以减少REITs设立的法律程序，容易为管理层和投资者接受。但是，由于公司型REITs拥有一个独立的按照投资者最佳利益行事的董事会而非像信托/基金型REITs的投资者那样要委托外部管理人负责REITs的运营发展，公司型REITs通常可以更好地解决投资者和管理者利益冲突的问题。

（2）REITs的投资形式

根据REITs投资产品和收益方式的不同，可以将其分为权益型REITs（Equity REITs）、抵押型REITs（Mortgage REITs）和混合型REITs（Hybrid REITs）。

权益型REITs主要是通过对房地产物业组合进行持有、经营管理、维护等措施，以实现房地产租金收益及未来的增值的权益型产品。抵押型REITs的投资标的主要为房地产抵押贷款或其他债务融资工具（如MBS），以获得贷款利息、手续费为主要收益。混合型REITs则是上述两者的综合性产品，通过设置权益型和抵押型之间的投资比例达到稳定收益的目的。

表38 权益型、抵押型及混合型REITs的特征对比

	权益型	抵押型	混合型
投资形态	直接参与房地产投资、经营	作为金融中介赚取利差	二者混合
投资标的	房地产本身	抵押债券及相关证券	二者混合
影响收益的主因	房地产景气与否及经营业绩	利率	二者混合
投资风险	较高	较低	居中
类似的投资标的	股票	债券	二者混合

资料来源：《房地产投资信托运营》。

在REITs产生和发展的初期，美国市场上的REITs产品以抵押型为主，主要是由于抵押型REITs通常具有更高的股利和投资回报，而权益型REITs则具有较好的稳定性与长期性特点。直至20世纪70年代，美国国内经受通胀困扰，很多抵押型REITs因信贷政策偏激出现了大量的不良，而权益型REITs表现较为稳定，最终权益型REITs取代抵押型REITs成为了市场上的主流产品。

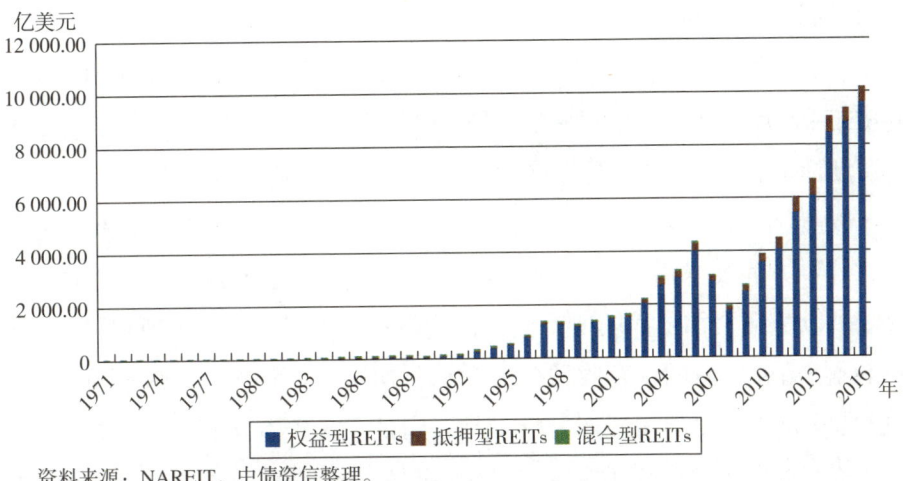

资料来源：NAREIT，中债资信整理。

图65 美国市场三种类型REITs规模统计

此外，REITs一般还按其投资的物业类型细分为零售商场REITs、住宅REITs等。能够获得租金收益的商业房地产几乎都能成为REITs投资的对象，如商业中心、公寓、办公楼、仓库、工业厂房、酒店、高尔夫球场、医院、健康中心等。根据NAREIT公布的美国2017年REITs产品投资类型分布，投资类型占比最高的是零售资产类REITs，在所有REITs中的规模占比约为16.92%，其中子类包括购物中心、地区性商场、小商铺；其次为住宅资产类REITs，占比为14.07%，子类包括公寓、预制房屋、个人住宅等。

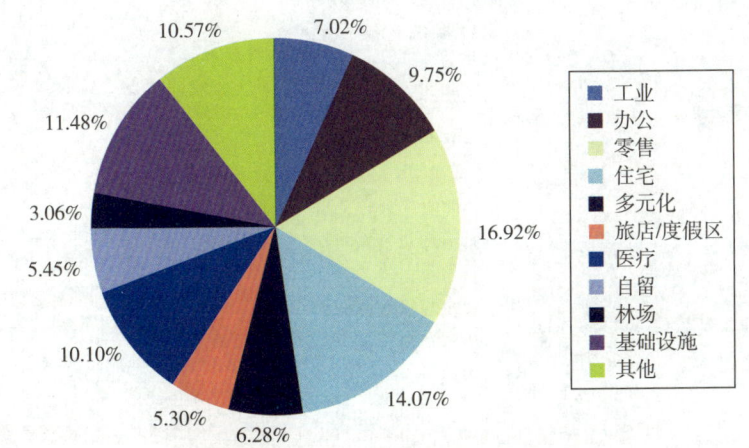

资料来源：NAREIT，中债资信整理。

图66 2017年美国REITs的投资类型分布

(3) 税收政策

税收政策作为政府用来引导、推动REITs市场发展的重要工具，是影响REITs发展的重要因素之一。国外成熟市场通常都为REITs制定了相应的制度标准，REITs在满足标准的情况下可享受一定税收优惠。

以美国为例，其国内税法规定，在满足投资范围、收入比例、组织形式等各方面要求后，如果将REITs公司应税收益的90%以上分配给投资者则可以免征公司层面的所得税，仅投资者个人需缴纳个人所得税，此外REITs公司分配后的留存收益仍需缴纳公司所得税。这样的政策刺激，让REITs成为了主要的房地产融资工具，满足了投资者尤其是个人投资者对大类资产配置的投资需求。

表39 国际上主要国家、地区REITs政策比较

	美国	日本	新加坡	中国香港
REITs设立的主要条件	1.REITs投资者至少100人，其中前5人合计持股比例不超过50%； 2.需将总资产的75%以上投资于不动产、抵押贷款、其他REITs份额、现金或政府债券等； 3.总收入中至少75%来源于不动产出租或出售利得、抵押贷款利息，并至少有90%来源于上述资源、股息、利息及证券出售利得（否则，将承担100%的惩罚性税收）。	1.至少需满足以下条件之一：a.公开发行且最低发行金额为1亿日元；b.财年末，至少有50名投资者或由合格机构投资者持有； 2.资产管理及托管必须是外包资产管理人及托管人； 3.任何投资者不得拥有超过50%的发行份额； 4.50%以上资产须投资于符合规定的资产。	1.REITs管理人应为国内实体，股东出资不低于100万新加坡元，至少25%的信托单位由500名以上大众投资人持有； 2.需要独立REITs管理人； 3.至少70%以上的资产投资于房地产及房地产相关资产； 4.禁止REITs投资于房地产开发活动； 5.投资于境内开发完成的非住宅房地产资产比例不得超过总资产的20%。	1.REITs需为信托形式，并在港交所上市； 2.受托人需独立于REITs管理公司； 3.只能投资房地产项目，不能投资获得任何承担无限责任的资产； 4.收入须主要来源于房地产租金收益； 5.持有不能产生收益的房地产资产不能超过REITs净资产总额的10%； 6.每年须将至少90%以上净收益以分红形式向信托单位持有者分配。

续表

	美国	日本	新加坡	中国香港
税收政策	REITs的应税收入除资本利得与确定的非现金应税收益外，可免税进行股利分配，但至少90%必须以股利形式派发给股东或受益凭证持有人。	每年将90%以上的净收入及出售利得进行分配，可免除企业所得税。	公司分红及出售利得部分免税，投资者出售利得免收个人所得税。	针对卖方的出售利得都免征企业所得税；在持有物业运行REITs期间，对公司层面免除了对未分配利润、收入和出售利得的税务；免除了境内外投资者分红、出售利得涉及的个人所得税。

资料来源：中债资信根据公开资料整理。

2. 国内REITs的结构与特征

（1）类REITs的组织结构与投资形式

目前，类REITs的主要组织结构是专项资产管理计划及信托计划，属于契约型交易结构，这种组织形式为证券提供了可在交易市场转让的流动性。从投资形式的角度来看，国内类REITs一般都会进行物业资产所有权变更处理，因此可归类于权益型[①]。针对已发行的权益型REITs产品，其交易结构主要又可分为两类：通过私募基金（或专项计划）持有项目公司股权与债权的模式[②]；直接持有项目公司股权的模式[③]。

市场上的类REITs产品通常采取信托计划或专项计划持有私募基金股权，私募基金再持有项目公司股权的模式，主要是考虑到未来若推出REITs的相关政策，私募基金的形式更容易实现上市或转让。此外，采取项目公司形式主要是为了规避因物业资产转让所产生的高额土地增值税，而使用

---

① 国内有时也称CMBS（Commercial Mortgage Backed Securities）为抵押型类REITs，然而相较于国际上的抵押型REITs，两者有较大的差异。CMBS不在书中介绍的类REITs范围之内。
② 此类结构的使用较为广泛，中信启航、苏宁云创、兴业皖新阅嘉等均采用此类结构。
③ 天虹商场项目采用了此类结构。

股权+债权的模式，可以一定程度上通过利息支出抵扣部分所得税。

以苏宁云创项目为例，中信金石设立私募投资基金，通过《私募投资基金股权转让协议》，收购苏宁云商持有的项目公司100%的股权。华夏资本再通过专项管理计划，购买物业资产的全部私募投资基金份额，从而间接持有物业资产。

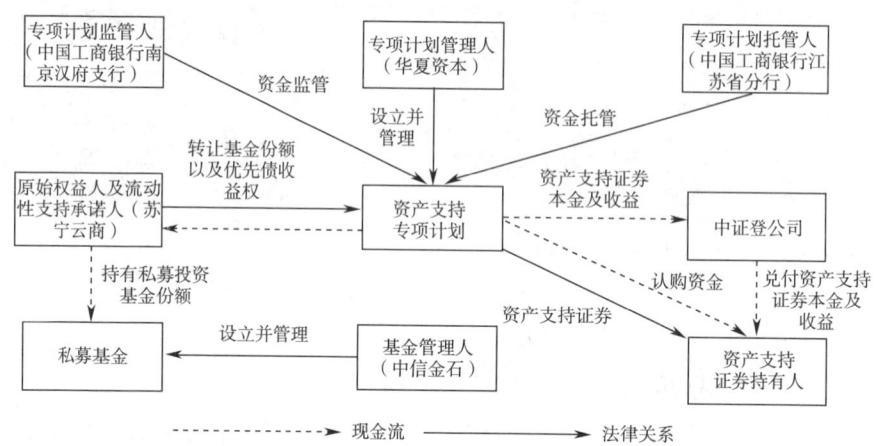

资料来源：中信证券，《中信华夏苏宁云创资产支持专项计划说明书》。

图67 "中信华夏苏宁云创资产支持专项计划"交易结构

（2）税收政策与税务筹划

我国现行税法仍然存在多重税收的问题，在类REITs的购置处置期、持有运营期及分配收益期都将承担不同的税收。税负主要集中在土地增值税、转让层面原始权益人的所得税、契税、REITs运营层面企业所得税等较大税种。

① 物业购置、处置阶段

我国税制下买方需要承担的税负有两类：契税和印花税，其中契税税率较高。买方税负与美国、新加坡、中国香港近似，但对于卖方而言，需其承担印花税、土地增值税、增值税和所得税，且物业处置利得存在重复征税（缴纳土地增值税后，净利润部分还需缴纳企业所得税）。

目前国内类REITs通过设立私募基金持有项目公司股权的结构，可以规避高额土地增值税、增值税以及契税。

土地增值税：股权转让过程中，公司土地、房屋权属不发生转移，不征收土地增值税。

增值税：由于转让非上市公司股份的行为不属于营改增试点征收范围，因此在本过程中不征收增值税。

契税：股权转让过程中，公司土地、房屋权属不发生转移，不征收契税。

②物业运营阶段

物业运营管理公司或REITs需要承担租金收入对应的增值税、企业所得税和房产税。在分配给投资者时，分红及资本利得需要再次缴纳个人或企业所得税。

通过100%股权+债权的结构，可以规避部分企业所得税。"股+债"的模式，实际上是通过私募基金购买项目公司股权并以发放委托贷款的形式将募集资金发放给融资主体。根据企业所得税原理，相应债务资本部分的收益属于利息收益，可以列为财务费用，从应纳税所得额中扣除，从而减少了企业的应交所得税。

整体上，在目前现行税制下，REITs的盈利空间及收益率受到了较大影响。虽然目前国内类REITs项目均选择了合适标的物业以及交易结构以达到避税、节税的效果，但相较而言，国内的REITs产品税负较重。

表40　国内类REITs各环节涉及税种及避税措施

环节	纳税主体	税种	避税措施
物业资产购置/处置环节	买方	印花税	无
	买方 卖方	契税	通过收购项目公司股权的方式，可以规避契税、土地增值税及增值税。
	卖方	土地增值税 增值税	
		所得税	无

续表

环节	纳税主体	税种	避税措施
持有运营环节	运营公司或REITs主体	增值税	无
		企业所得税	通过股权+债权的形式，可以规避债权部分对应企业所得税。
		房产税	无
分配阶段	企业投资者	企业所得税	无
	个人投资者	个人所得税	无

资料来源：中债资信根据网络公开资料整理。

3. 国内外REITs的差异

综合比较国内外REITs产品的特点，不难发现类REITs与REITs之间在产品性质、运营、收益分配等方面都存在较大的差异。REITs的标准化、国际化道路依然任重道远。但是REITs这些具有中国特色的市场实践毋庸置疑地为我国REITs发展积累了实实在在的经验。随着市场不断渐进发展，实践经验持续积累，我国在关于REITs的制度环境安排上将更加容易具有针对性，能够设计出符合国情的REITs政策法规。

（1）产品性质及运营方式不同

从产品性质的方面来看，国际上REITs具有更多投资属性，以美国为例，由于采用公司型组织结构，REITs公司作为投资主体，其运营多以不断提高盈利水平，为股东谋求长期回报为目的。因此在REITs公司发展过程中通常会适时不断收购新的物业资产或投资于其他靠销售方式如酒店、高尔夫球场获得收入的业务，扩大REITs经营规模。

当前我国类REITs产品具有更多融资属性，虽然在结构设计上为自上而下，但实际上主要由拥有房地产物业资产的企业发起。发起人即原始权益人决定入池的基础资产，在产品存续期内专项计划也不会购买新的物业资产，其项目收入也仅限于基础物业公司的运营收入以及产品到期退出时物业资产的处置收入或原始权益人支付的权利对价等。类REITs产品的发行通常能够使原始权益人达到融资、优化报表等目的。

（2）面临承担的税负水平不同

国外成熟市场REITs产品通常可以享受一定税收优惠。如美国，其国内税法规定，在满足投资范围、收入比例、组织形式等各方面要求后，如果将REITs公司应税收益的90%以上分配给投资者则可以免征公司层面的所得税，仅投资者个人需缴纳个人所得税；但REITs公司分配后的留存收益仍需缴纳公司所得税。

而在我国，在基础物业资产转移给SPV（如私募基金和信托公司）时，由于所有权发生转移，根据现行法律原始权益人还需缴纳25%的企业所得税，如果原始权益人为房地产开发公司还另需按照累进税率缴纳30%~60%的土地增值税，如在以后《公司法》允许的条件下通过公司制成立REITs公司，在REITs公司运营层面还需缴纳公司所得税，因此我国REITs所承受税负还处于比较高的水平。

（3）收益分配方式不同

美国、新加坡、中国香港等成熟市场在REITs收益分配方面，都采用了需将应税收益的绝大部分以股利或分红形式分配给投资者才可享有税收优惠的规定。

我国由于没有针对REITs的法律法规在收益分配方面的具体要求，在受益权形式上出现了优先级、次级等多种类别的收益类型。其中优先级证券大多只享有发行时确定的固定利率或享有部分在计划退出资产处置时产生的增值收益，大部分资产处置的收益分配权由次级或称权益级享有。而享有物业处置收益的次级或权益级通常期限较短，不能达到长期持有享受增值的目的。

（4）募集形式不同

国外成熟市场REITs产品的投资人范围广，投资期限长。以美国为例，REITs在成立时受益人即须在100人以上，持股最多的5名股东所持份额不能超过总流通值的50%；如要满足上市要求则需更多的股东持股或满足一定交易量；投资者通常可长期持有也可交易转让。

我国当前产品受限于专项资产管理计划形式的限制，多为私募形式，募集范围一般在200人以下。在3～5年后产品到期退出时即使我国在各方面都具备了发行公募REITs的条件，因为原始权益人拥有优先回购权，根据不同交易条款的设置也可能影响产品最后以发行公募REITs形式退出。

表41　国内外REITs差异对比

	国外REITs	国内类REITs
产品属性	偏投资型	偏融资型
交易结构组织形式	公司型/契约型	契约型
税负水平	REITs收益分配达到一定比例后，分配给投资者的部分免征公司层面所得税	资产转移过程中需缴纳公司所得税、土地增值税等较高税负
收入来源	具有法律法规相关要求，REITs公司或计划会购入新资产，但大部分收入来源于可产生稳定收入的房地产租金、相关处置收入或其他合格投资收益	未设法律法规相关要求，目前大部分来自于项目成立时的基础物业公司运营收入、处置收入等
分配要求	超过一定比例的收益分配给投资者，可长期持有	分设优先级和B级或次级，优先级享有固定收益，B级或次级可享有物业处置收益
募集形式	具有公募REITs，成立时在100人以上，上市公开发行时股东数量要求更高	一般在200人以下，原始权益人拥有的优先回购权，可能影响最后以公募REITs形式退出

REITs的标准化、国际化道路依然任重道远，但是这些具有中国特色的类REITs产品的实践毋庸置疑地为我国REITs发展积累了实践经验。随着市场的不断发展，我国在关于REITs的制度环境安排上也将更加容易具有针对性，可以期待在合适的市场时点，我国的REITs的政策法规也将瓜熟蒂落，符合国情的标准化REITs产品也会顺利推出。

三、类REITs的评级

从本质上看，目前国内的类REITs产品属于以房地产物业为基础资产的结构融资性产品,其产品质量主要依赖于物业的评估价值以及现金流的稳定性。同时,交易结构设计、各参与主体的尽职能力等因素也会对产品的风险有一定影响。

1.类REITs的估值

正常情况下,类REITs产品会通过物业处置收入完成其对证券端本金的兑付,以完成产品的退出。因此,对于类REITs产品,标的物业在未来产品存续期间的价值变化也会影响整个产品的信用质量。标的物业的估值主要受业态、标的物业环境、区位情况、市场流动性等多重因素的影响。

物业价值评估一般应当评估市场价值,而市场价值是估价对象经适当营销后,由熟悉情况、谨慎行事且不受强迫的交易双方、以公平交易方式在价值时点自愿进行交易的金额。物业价值评估应当根据估价对象及其所在地的房地产市场状况等客观条件,对市场法、收益法、成本法等估价方法进行适用性分析后,选择适用的估价方法。

表42　物业资产主要评估方法

估值方法	定义	适用情况
市场法	利用相同或类似的资产、负债或资产和负债组合的价格以及其他相关市场交易信息进行估值的技术	拥有成熟、活跃的房地产市场,有可比资产及其交易活动,适合单项资产的评估
收益法	将未来金额转换成单一现值的估值技术	预期收益、所承担的风险可预测并衡量,获利年限可预测,适合单项或整体资产
成本法	反映当前要求重置相关资产服务能力所需金额(通常指现行重置成本)	适用于继续使用前提下的资产评估,被评估资产的预期收益能够支持其重置及投入价值

资料来源:中债资信根据公开资料整理。

(1)市场法

市场法又分为直接比较法和间接比较法。直接比较法以坪估对象的某一或若干基本特征与参照物的同一及若干基本特征直接进行比较,得到两者的基本特征修正系数或差额,在参照物交易价格的基础上进行修正从而得到评估对象价值的方法，如购物商场的修正因素可考虑评估对象和参照物的区位状况、品牌定位、装修情况、开发商品牌溢价等；间接比较法是利用资产的国家标准、行业标准或市场标准作为基础，分别将评估对象与参照物整体或分项预期对比打分从而得到评估对象价值。

（2）收益法

收益法根据评估对象的不同假设条件对其未来现金流/收益进行折现，其原理为理性投资者愿意支付的购置或投资成本不会高于资产在未来能给其带来的回报。由于收益、资本化率、年限三个关键参数均包含了评估人员的主观判断及一定假设，评估结果的可调节性较大，对于房企自持的拥有稳定的租金收益的商业物业，较适合使用该方法进行估值。

在应用收益法评价一个商业地产项目估值是否合理时，我们在考虑项目历史出租率、租金收入的基础上，结合商圈内其他商业地产的经营情况对未来租金收入进行预测，再结合项目账面价值估算出项目资本化率，并与商圈内其他商业地产的平均资本化率对比。若项目资本化率明显低于商圈内其他商业地产的平均资本化率，则项目账面价值或存在高估。

（3）成本法

成本法需要测算被评估资产的重置成本及各种贬值因素，其基本原理是投资者愿意支付的价格不会超过构建该项资产的现行构建成本，其中重置成本的主要方法包括重置核算法、价格指数法、功能价值类比法。与市场法下的价格指数及功能价值类比法不同的是，成本法使用的是被评估资产的历史成本和参照物的重置成本，而不是成交价格。成本法估值比较适合易贬值的机器设备的价值评估，而对于商业地产公允价值的评估适用性较差。

对于商业地产来说，成本法适用性较差，而市场法和收益法的应用需要考虑商业地产的经营效益、所在位置以及商圈内供求结构等因素。具体而言，商业购物中心需要较长的培育期，经营效益（通常以坪效衡量）是影响其公允价值的核心因素，而商业购物中心的经营效益取决于运营者的管理能力以及所在商圈的供求情况。一个新投入运营的购物中心可能会改变商圈内的供求关系,并且受运营者管理能力的影响,其经营效益可能无法与区域内已稳定经营多年的购物中心相比,因此对于一家运营初期的商业地产,市场法的适用性较差。而对于同一商圈内位置、规模、经营效益等因素均相近的商业地产,市场法和收益法均适用。

表43 三种估值方法的评估方式

估值方法	主要技术方法	计算公式
市场法	直接比较法(如果只有一个调整项,则衍生方法包括现行市价法、市价折扣法、功能价值类比法、价格指数法、成新率价格调整法)	评估价值=参照物成交价格×修正系数1×修正系数2×⋯×修正系数N 或评估价值=参照物成交价格±基本特征差额1±基本特征差额2±⋯±基本特征差额N
	间接比较法	评估价值=参照物成交价格×评估对象打分值/参照物打分值
收益法	根据假设条件进行现金流折现	$P=\sum_{i=1}^{n}\frac{R_i}{(1+r)^i}+\frac{A}{r(1+r)^n}$ 该公式假设为:R_i为第i年的收益,在n年之前是变化的,$n+1$年起固定为A,收益年限为无限期;r为资本化率
成本法	重置成本扣除贬值因素(对商业地产适用性较差)	P=资产重置成本−资产实体性贬值−资产功能性贬值−资产经济性贬值

资料来源:中债资信根据公开资料整理。

2. 类REITs评级要素

类REITs产品用于偿付证券持有人的现金流源于标的物业通过出租等经营行为获得的运营收入和产品退出时物业处置收入,标的物业作为类REITs产品中的核心要素,其现金流产生能力及自身的保值能力将对产品的存续产生极大影响。在分析物业资产的质量时,主要可以从物业业态、区域、物业运营方管理能力、租赁及收入情况等维度进行考量。

(1) 标的物业业态

物业自身的业态属性将对其未来的经营性收入能力造成一定影响,如办公物业、商业物业，通常情况下项目公司与租户之间均有租赁合同，根据以往租赁情况及现有租赁合同，标的物业现金流较易预测，且其租户通常较多，部分租户退租对物业现金流影响程度较小；相较而言，酒店类物业与住客无明确的租赁合同，且可能存在明显的淡旺季情况，现金流较难预测；而厂房/仓储物业，其租户又较为集中，若租户退租将对现金流产生较大影响。

此外，对于同一业态的不同物业资产也有相应的等级区分，其物业等级也与现金流之间存在相关性，通常情况下办公楼等级/酒店星级越高，其租金/房价水平越高。

（2）区域情况

区域情况主要是标的物业所处地区及所在区域的地理位置、周边交通便利情况、周边配套设施情况、周边同类型物业竞争情况等。通常情况下，标的物业所处的地理位置越优越、周边交通越便利、配套设施越齐全、同类型物业越少（市场性竞争越少），其出租情况越好，产生的现金流越稳定。如位于一、二线城市中心地段的物业，其能够产生的现金流通常较稳定，保值增值能力也较强。

（3）物业运营机构的管理能力

物业运营机构主要负责标的物业日常的运营，包括标的物业的招商、租赁合同的签订、租金的收取、日常运营成本的开支等。运营机构在对标的物业的定位、招商/招租、定价机制、维护管理等方面的策略都将影响标的物业经营性收入的能力，从而对现金流产生影响。此外，不同类型的物业，物业运营机构的管理能力对其影响也有不同。

（4）收入情况

标的物业的收入情况可以作为预测未来盈利能力的基准。针对办公、商业等物业，其租赁收入情况主要可以考察历史租赁合同及现存租赁合同，对于酒店类型物业，则可以考察其历史入住情况。

以办公、商业物业为例，在考察其租赁收入时，需关注的要素包括：

租户信用状况；租户集中度；租赁期限分布；租金水平合理性；续租/退租/转租情况；空置率及变化情况；租金收缴率；运营时间。

（5）原始权益人的业务模式与经营状况

对于一些"售后回租"类项目，如中信启航、苏宁云创等，原始权益人通过产品实现标的物业的所有权转移，同时以租赁形式保持对标的物业的使用。由于标的物业历史数据和未来的运营收益均与原始权益人的业务模式和经营状况高度相关。此时除了分析物业的业态、区位、市场价值等因素，还需重点分析原始权益人的信用质量。

3. 类REITs风险关注要点

（1）交易结构风险

① 混同风险

混同风险是指交易参与机构在交易管理过程中，将物业资产收入资金与其持有的其他资金混同在一起，若交易参与机构发生信用危机或破产清算，被混用的资金权属难以区分，可能导致证券持有人本息发生损失的风险。

理想情况下，物业资产产生的现金流应与交易参与机构其他资金分离，并快速转入受托机构在资金保管机构开立的账户。但在实践中，收入款项由资产运营机构管理和归集，在相应转付日资产运营机构将款项划至信托账户。若混同风险只是暂时性的，这将引致证券的流动性问题，其可通过启用差额补足等措施来缓解；若混同是长期性的，则租金收入账户中的资金可能发生损失，这将影响资产支持证券持有人本息的获付。

② 私募基金退出风险

类REITs产品设计私募基金持有项目公司股权的模式，主要目的在于私募基金可以在未来市场允许的条件下转为公募，以实现退出。然而由于国家相关法律政策的不确定性以及物业资产市场景气度的波动，可能无法实现直接或间接以项目股权或物业资产权益发售可公开交易证券，或者私募基金可能无法在证券存续期间成功出售物业资产，导致私募基金无法如期退出。

③ 流动性风险

各档证券本息的主要还款来源为物业资产的经营管理收入（一般为租金收入），而市场的波动性、物业资产的环境变化、租户与租赁合同的稳定性、管理机构的管理能力与策略等因素都会影响租金收入对证券端本息的覆盖，当租金收入无法保证对证券的本息偿付时，可能会导致流动性风险。

（2）参与机构尽职能力

① 物业运营机构尽职能力

物业运营机构通常由发起机构或者相关的附属机构担当，负责物业资产组合的经营管理及经营收入的收取、归集、转付，并向受托机构和投资者定期提供物业资产管理报告，审核资产运营状况和相关协议是否一致等。物业运营机构的尽职能力会直接影响物业资产的运营状况与经营收入。物业运营机构对物业资产的运营策略、定价策略包括其自身的管理能力都会影响到物业资产的市场定位及经营收入。能否吸纳优质的客户/租户并保证经营收入的稳定性是管理机构尽职能力强弱的表现。对于目前市场上发行的产品，存在一些由发起机构或相关机构作为标的物业的承租人的情况，这种情况下相关交易合同中通常会约定较长甚至能够覆盖证券存续期的租赁协议，并规定最低的租金水平与增长率。这样的安排能够在一定程度上避免租户、租赁合同变动等因素所导致的租金收入波动。

② 差额支付承诺人、流动性支持机构、保证担保人尽职能力

在产品的交易结构中，通常会设置差额支付承诺人、流动性支持机构、保证担保人作为对证券的增信措施，一般情况下由信用资质较高的机构担任。从目前市场上发行项目的情况来看，差额支付承诺人、流动性支持机构、保证担保人通常由委托人的股东等相关联企业担任。这些机构的尽职能力与潜在风险状况都可能对产品造成不利影响，因此，我们需要关注和分析相应参与机构的主体信用水平及其尽职能力，具体包括管理体制、发展情况、市场地位、经营稳定性、潜在财务风险等内容。

③其他参与机构尽职能力

其他参与机构包括受托机构、资金保管机构、基金托管机构、基金管理机构、登记托管机构、支付代理机构等。受托机构一般是金融机构，代表投资者对于资产实施监督、管理，设立专门账户，将账户内的现金流入定期支付给投资者。受托机构依照信托合同约定负责管理信托财产，持续披露信托财产和资产支持证券信息，依照信托合同约定分配信托利益等。涉及以私募基金作为SPV的类REITs产品，基金管理机构则是主要负责管理用以投资于项目公司股权、债权的私募基金，其依据合同文本约定进行底层物业资产收益的归集。此外，私募基金的结构设计通常也与未来转公募退出提供了便利。资金保管机构主要负责安全保管信托财产资金，依照资金保管合同约定方式，向资产支持证券持有人支付投资收益，管理特定目的信托账户资金，定期向受托机构提供资金保管报告，报告资金管理情况和资产支持证券收益支付情况。这些参与机构尽职能力，具体包括法人治理机构、部门及下属机构设置情况、管理体制及基本管理制度、主要资产管理业务制度、风险控制制度及实施情况、操作流程的合规性、内部管理水平、经营稳健性、财务风险等，从而考察资产支持证券各现金流转环节的正常运营情况。

（3）法律风险

类REITs作为银行间乃至国内金融市场的创新性产品，我国目前还没有出台相应的税收政策和法律法规。因此在交易过程中，仍存在较多的法律风险，进而影响投资者的权益。针对类REITs产品的法律风险，则需要重点关注交易中的破产隔离风险、法律及政策环境变化风险、税务风险等。

四、国内REITs产品案例分析

1. 案例一：兴业皖新阅嘉一期房地产投资信托基金（REIT）资产支持证券

（1）概述

兴业皖新阅嘉一期房地产投资信托基金（REIT）资产支持证券（以

下简称"兴业皖新")于2017年2月16日在全国银行间债券市场发行。其发行规模为5.535亿元人民币,并在银行间市场的机构投资者之间进行交易。作为首单银行间市场类REITs项目,该项目的成功发行将对国内其他国有企业的资产盘活提供很强的借鉴意义和指导性作用。

表44 兴业皖新产品要素

发行规模总额（亿元）	5.535	
证券分档	优先A级	优先B级
金额（亿元）	3.3	2.235
金额占比	59.62%	40.38%
信用等级	AAA	AA+
发行利率	4.80%	5.40%
还本方式及付息频率	固定摊还按年等额偿还本息	到期还本
交易场所	银行间	

资料来源：中债资信根据公开资料整理。

（2）交易结构

本次证券化交易中,皖新传媒将其持有的私募基金份额作为基础资产,以信托方式交付兴业信托,由兴业信托在全国银行间债券市场发行资产支持证券,以信托财产所产生的现金流支付资产支持证券的本金和收益。此项目在结构设计上较为复杂,主要为私募基金和财产权信托两大结构。

其具体交易步骤[①]依次为：原物业持有人作为股东,通过以标的物业作为资产出资的方式设立项目公司,使项目公司成为标的物业的持有方；皖新传媒作为股东,投资设立SPV[②],作为收购项目公司的主体；SPV和

[①] 资料来源：兴业皖新阅嘉一期房地产投资信托基金（REIT）资产支持证券募集说明书。
[②] 此处是指合肥兴金、合肥兴阜、合肥兴蚌、合肥兴北、合肥兴淮房地产投资有限公司。

原物业持有人签订股权转让协议，向原物业持有人收购其持有的项目公司100%的股权；根据《基金合同》，皖新传媒认购私募基金份额，设立私募基金，收购其持有的100%的股权，办理工商登记；根据《信托合同》的约定，皖新传媒作为发起机构将相关私募基金份额委托给受托人，由受托人设立信托，受托人将发行以信托财产作为支持的资产支持证券，并将募集的资金净额支付给发起机构；由各项目公司与皖新传媒签订《租赁合同》，以约定租金水平整租全部标的物业，由私募基金与皖新租赁签署《运营管理协议》，皖新租赁担任项目公司运营服务商，承担物业的运营、维护与租金归集等职责。

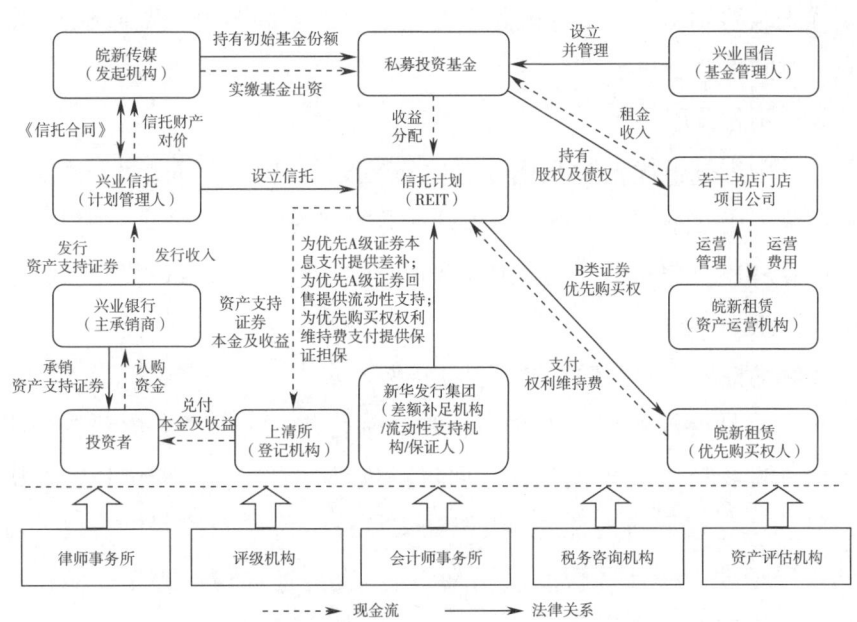

资料来源：兴业皖新阅嘉一期房地产投资信托基金（REIT）资产支持证券募集说明书。

图68　皖新阅嘉产品交易结构

（3）增信及风险缓释措施

本次证券化交易中主要的增信及风险缓释措施主要有物业资产抵押、现金流超额覆盖、结构化的分层设计、流动性支持和差额支付承诺等。

①物业资产抵押

标的物业资产为位于安徽省合肥市、阜阳市、蚌埠市、淮北市、淮南市的核心城区8处新华书店门店资产，根据基金管理人、SPV公司和兴业银行股份有限公司合肥分行三方签署的《委托贷款借款合同》，SPV公司将其所有的物业资产抵押给委贷银行，物业资产可为优先A级资产支持证券提供有效增信。

②现金流超额覆盖

项目公司存续期间，皖新传媒拟整体回租入池资产。在正常情况下，根据租赁合同约定的租赁金额以及信托计划的分配方案，在扣除当期的税费及优先级费用之后，每年的租金净收入可以超额覆盖优先A级资产支持证券每年的本息支出。

③结构化分层

产品中进行了优先/劣后的证券化分层设计，其中优先A级资产支持证券规模为3.3亿元，优先B级资产支持证券的规模为2.235亿元，优先A级的预期收益和本金将优先于优先B级获得偿付，优先B级可以优先吸收损失为优先A级提供增信。

④流动性支持、差额支付及保证担保

根据交易合同约定，新华发行集团为优先A级资产支持证券的回售提供流动性支持。如果截至某一回售行权日，受托人从登记托管机构获取的已确认完成回售的优先A级资产支持证券份额与该回售行权日对应的回售登记期内确认回售的优先A级资产支持证券份额存在差额，流动性支持机构应于回售行权日买入差额部分的全部份额。同时，新华发行集团为本产品提供了差额补足承诺，在某一收款期间租金收入不足以支付优先级证券本息的情况下，新华发行集团则需要对其差额部分进行补足，这对优先A级证券本息的支付提供了一定的保障。此外，对于皖新租赁所承担的权利维持费、优先B级证券收购价款，新华发行集团也做了保证担保。

（4）案例特点

兴业皖新产品的成立，标志着首单银行间REITs产品问世。兴业皖新REITs与交易所REITs产品交易结构相似，依然属于类REITs。通过REITs方式将国有资产不动产实现证券化发行，也是国有资产证券化和国企改制重组的有益尝试，有利于帮助文化企业盘活存量、优化资源配置，支持我国文化产业转型升级。虽然类REITs产品仍然与标准REITs产品存在较大差异，但该产品在银行间市场成功发行对于完善信息披露制度、提升产品流动性和市场参与度等方面均有重要积极意义。

2. 案例二：高和晨曦—中信证券—领昱系列资产支持专项计划

（1）概述

2017年12月26日，中国首单民企长租公寓储架类权益型REITs——高和晨曦—中信证券—领昱系列资产支持专项计划（以下简称"旭辉领寓类REITs"）获批，开创了民企长租公寓资产证券化新篇章。旭辉领寓类REITs储架注册规模30亿元，涉及10~15个项目，获准在2年内分期完成发行，首期发行底标项目为已实现经营现金流入的旭辉领寓旗下柚米国际社区浦江店与博乐诗服务公寓浦江店。旭辉领寓此单成功落地，是民企租赁住房证券化的破冰之举，也是上海第一个租赁公寓证券化项目。

表45　旭辉领寓类REITs产品要素

发行规模总额（亿元）	上交所批复储架式发行30亿元，其中第一期产品拟发行规模为2.5亿元		
证券分档	优先A级	优先B级	权益级
金额（亿元）	0.90	0.60	1.00
金额占比	36.00%	24.00%	40.00%
信用等级	AAA	AA+	—
利率类型及付息频率	固定利率/半年付息	固定利率/半年付息	不设期间收益
还本方式	到期一次性支付		
交易场所	交易所		

资料来源：中债资信根据公开资料整理。

（2）交易结构

此项目在结构设计上与"皖新阅嘉"类似。上海领昱作为原始权益人将其持有的私募基金份额作为基础资产，成立资产支持专项计划，并由中信证券作为计划管理人，产品以资产所产生的现金流支付资产支持证券的本金和收益。其中具体结构中依然采用以物业资产成立项目公司、私募基金持有项目公司100%股权及债权等措施。在产品退出安排方面，主要有三种途径：公募REITs上市退出优先收购权人行权；基金管理人制订处置计划，计划管理人以公开拍卖等方式处置物业资产。

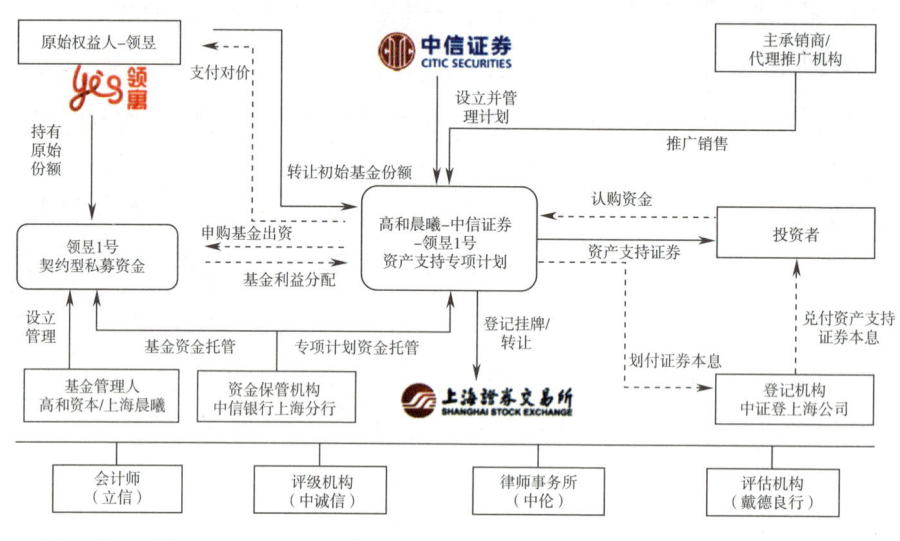

资料来源：网络公开资料。

图69　产品交易结构

（3）增信措施

产品的增信措施主要包括物业净租金超额对证券期间利息覆盖、物业处置收入对证券本金超额覆盖以及优先级/次级分层等方面。

①物业净租金超额对证券期间利息覆盖

正常情况下，标的物业净资产的现金流入根据专项计划中的兑付安排能够对优先级证券的利息支付形成超额覆盖，对优先级证券收益的保障较高。

②物业处置收入对证券本金超额覆盖

标的物业资产评估价值为30 560万元，目前标的物业资产评估价值对优先级本金的覆盖倍数为2.04倍，对优先A级资产支持证券本金的覆盖倍数为3.39倍，其较高的覆盖倍数保障了未来通过处置分配以兑付优先A级资产支持证券以及优先B级资产支持证券本金的保障程度很高。

③优先级/次级分层

产品中进行了优先/次级的证券化分层设计，其中优先A级资产支持证券规模为0.90亿元，优先B级资产支持证券的规模为0.60亿元，次级证券1.00亿元，优先级证券优先获得收益与本金的偿付，可以获得劣后级证券的增信。

（4）案例特点

该项目作为国内首单长租公寓储架式权益类REITs，兼具权益型和储架式的开放特性，进一步推动了不动产证券化的突破创新，为存量公寓的盘活树立了样板。未来，伴随着越来越多的租赁住房用地入市，积极拿地开发的房企也将成为长租公寓市场的核心力量。据统计，在目前的TOP30房企中已超1/3切入了长租公寓领域，预计这一数字在未来还会持续攀升，并且主要是自持的重资产运营模式。

五、国内REITs未来发展展望

1. 目前政策、市场环境情况

（1）我国租赁市场加速发展是推进REITs发展的大背景

我国房地产市场在经过20年高速发展后，我国存量房地产规模已积累到一定程度，目前我国核心城市房价高昂、长效机制亟待建立、房企杠杆高企，中国的房地产市场来到了从高速周转阶段向存量运营阶段转型的攻坚期。从2017年以来的租赁市场发展历程来看，2017年7月住建部等九部委发布《关于在人口净流入的大中城市加快发展住房租赁市场的通知》并划定12个试点城市以来，住房租赁市场已经呈现出前所未有的火热景象。

习近平总书记在十九大报告中指出，"坚持房子是用来住的、不是用来炒的定位，加快建立多主体供给、多渠道保障、租购并举的住房制度，让全体人民住有所居"，更加明确了未来我国房地产市场租购并举的政策导向。11月21日，住建部等三部门又召开座谈会，要求各地大力发展住房租赁市场，加大对新市民的公租房保障力度，因地制宜发展共有产权住房。2018年中央经济工作会议也指出，要发展住房租赁市场特别是长期租赁，保护租赁利益相关方合法权益，支持专业化、机构化住房租赁企业发展。从目前的我国政策目标来看，大力发展租赁市场是房地产调控的长效机制之一，REITs能够有效推动住房租赁市场的发展。从目前的市场情况看，由于土地价格高、资金沉淀量大、回报期长等问题，大多数参与其中的企业并不能盈利。而REITS可以解决前期资金沉淀量大、沉淀时间长的问题，同时又可以通过和投资者分享风险和收益的机制部分解决回报问题。REITs的推出符合我国房地产行业发展方向的大政方针，深化住房制度改革中，税收和住房租赁市场是主要内容，REITs在其中扮演着重要角色，有利于助推租赁市场的成长。

此外，地方租赁政策落地，长期自持等形式的租赁用地增加进一步推动REITs产品的发展。自2016年6月国务院办公厅发布《关于加快培育和发展住房租赁市场的若干意见》，提出培育发展住房租赁市场的具体要求以来，有超过12个省份的50多个城市出台了有关租赁的政策内容，多以省会城市和重点城市为主，政策落脚点主要是针对租购同权的政策，增加租房者获得的权益，加大租赁住房供应力度，同时保护租房者、维护租赁关系稳定。在政策出台的同时，已经有北京、佛山、上海、广州、深圳、杭州、珠海、天津、成都等超过10个城市开始增加租赁土地供应规模。58集团房产数据研究院统计显示，截至2017年12月15日，全国10个城市涉及住宅的自持用地（含部分自持）达149宗，自持体量约514万平方米。其中杭州达到了51宗之多，上海和天津分别有29宗，北京也有27宗之多。由于我国租赁住房资产发行REITs产品，面临的一个首要问题便是资产收益率偏低、难以达到投资人收益预期,该问题的成因主要是资产的取得成本与市场上可正常出售的住宅或公寓没有本质差异,从而难以避免地形成租金收益率与资产价值相比偏低的问题,但长期自持的土地供应出现,其取得成本与可散售住宅的土地成本相比具有较大优势,类似的土地供应模式调整对于我国租赁住房市场及其REITs产品的发展将起到重要推动作用。

总体来看,大力发展住房租赁市场和增加租赁用地供应为住房租赁类REITs提供了发展的动力和大量的存量资源,为其创造了良好的政策环境。

表46 国家层面发展租赁住房市场相关政策

时间	文件/会议	主要内容
2016年6月3日	《国务院办公厅关于加快培育和发展住房租赁市场的若干意见》	《意见》从六个方面,提出了培育和发展住房租赁市场的具体政策措施:一是培育市场供应主体;二是鼓励住房租赁消费;三是完善公共租赁住房;四是支持租赁住房建设;五是加大政策支持力度;六是加强住房租赁监管。
2017年7月18日	住建部等九部委《关于在人口净流入的大中城市加快发展住房租赁市场的通知》	培育机构化、规模化住房租赁企业;建设政府住房租赁交易服务平台;增加租赁住房有效供应;创新住房租赁管理和服务体制。
2017年8月21日	国土资源部、住建部《利用集体建设用地建设租赁住房试点方案》	确定第一批在北京、上海、沈阳、南京、杭州、合肥、厦门、郑州、武汉、广州、佛山、肇庆、成都13个城市开展利用集体建设用地建设租赁住房试点。
2017年9月26日	利用集体建设用地建设租赁住房试点工作启动会	以构建租购并举的住房体系为方向,着力构建城乡统一的建设用地市场,推进集体土地不动产登记,完善利用集体建设用地建设租赁住房规则,健全服务和监管体系,提高存量土地节约集约利用水平。
2017年10月18~24日	中国共产党第十九次全国代表大会	坚持房子是用来住的、不是用来炒的定位,加快建立多主体供给、多渠道保障、租购并举的住房制度,让全体人民住有所居。

续表

时间	文件/会议	主要内容
2017年11月21日	住建部、国土资源部、人民银行召开部分省市房地产工作座谈会	大力发展住房租赁市场；加大对新市民的公租房保障力度；因地制宜发展共有产权住房。
2017年12月18~20日	中央经济工作会议	要发展住房租赁市场特别是长期租赁，保护租赁利益相关方合法权益，支持专业化、机构化住房租赁企业发展。
2017年12月23日	全国住房城乡建设工作会议	在人口净流入的大中城市加快培育和发展住房租赁市场，推进国有租赁企业的建设，支持专业化、机构化住房租赁企业发展，加快建设政府主导的住房租赁管理服务平台，加快推进住房租赁立法，保护租赁利益相关方合法权益。

资料来源：中债资信整理。

表47 地方层面部分发展租赁住房市场相关政策

城市	时间	文件	主要内容
广州	2017年7月10日	《广州市加快发展住房租赁市场工作方案的通知》	保障租购同权，加大住房公积金对租赁住房的支持力度，增加租赁住房供应，允许将商业用房等按规定改造成租赁住房。
成都	2017年8月3日	《关于印发成都市开展住房租赁试点工作实施方案的通知》	培育机构化、规模化住房租赁企业，建立健全政府住房租赁交易服务平台，多渠道增加租赁房源，鼓励住房租赁消费。
南京	2017年8月15日	《南京市住房租赁试点工作方案》	培育国有企业拓展租赁业务，加大租赁住房供应力度，承租人享有教育、医疗等服务。
郑州	2017年8月16日	《郑州市培育和发展住房租赁市场试点工作实施方案》	有效增加租赁住房供应，搭建住房租赁信息化管理平台，建立完善住房租赁管理和服务机制。
北京	2017年8月17日	《关于加快发展和规范管理本市住房租赁市场的通知》征集意见稿	增加租赁住房供应，建立住房租赁监管平台，明确住房租赁行为规范，加强市场主体监管。
合肥	2017年8月22日	《合肥市人民政府关于印发合肥市住房租赁试点工作实施方案的通知》	将各区（开发区）拆迁安置后剩余闲置的安置房源，转为租赁住房；组建国有房屋租赁经营公司。

续表

城市	时间	文件	主要内容
深圳	2017年8月28日	《深圳市关于加快培育和发展住房租赁市场的实施意见（征求意见稿）》	鼓励原农村集体经济组织及继受单位开展规模化住房租赁业务；允许商业用房按规定改建为租赁住房。
杭州	2017年8月29日	《关于加快培育和发展住房租赁市场试点工作方案（征求意见稿）》	未来5年公共租赁住房保有总量不少于8万套，主城区商品住宅项目用地配建公共租赁住房比例不低于总建筑面积的10%。
上海	2017年9月15日	《关于加快培育和发展上海市住房租赁市场的实施意见》	保障租赁当事人合法权益，加快建立住房租赁平台，多途径增加租赁住房供应。
太原	2017年10月26日	《关于加快培育和发展住房租赁市场的实施意见》	支持房地产开发企业改变经营方式，提高公租房运营保障能力，允许改建房屋用于租赁。

资料来源：中债资信整理。

（2）我国关于REITs的探索提速

自2005年中国香港实现首只REITs产品上市发行，内地相关监管部门已开始逐渐对REITs融资模式进行试点探索。包括国务院、商务部、证监会、银监会在内的多个政府监管机构均对REITs试点进行了不同方面的指引工作，旨在加快推进REITs模式在我国发展，截至目前我国虽尚未出台专门的有关REITs的政策法规，这使得REITs的设立和运行面临诸多法律瓶颈，但我国对于REITs的讨论和探索一直在进行，在2016年国家提出加快培育和发展住房租赁市场后，中央和地方关于REITs产品的鼓励政策频繁出台，在2017年7月《关于在人口净流入的大中城市加快发展住房租赁市场的通知》出台后，各地政府也积极响应，上海、深圳、杭州、太原、山东省、浙江省等地都在发展住房租赁市场的实施意见中提出要积极支持符合条件的住房租赁企业开展房地产投资信托基金（REITs）试点，拓宽企业融资渠道。我国对REITs关注度也达到了历史新高，对REITs的探索开始提速。伴随着各地随着市场不断渐进发展，实践经验持续积累，我国在关于REITs的制度环境安排上将更加容易具有针对性，能够设计出符合国情的REITs政策法规。可以期待在合适的市场时点，我国的REITs的政策法规也将瓜熟蒂落，符合国情的标准化REITs产品也会顺利推出。

表48 我国对REITs的探索历程

时间	事件
2007年6月	人民银行联合住建部等部门召开会议，认为应按照"试点与立法平行推进"的原则推进REITs。
2008年3月	银监会发布《信托公司管理办法》的修订版，鼓励REITs的发展。
2009年8月	人民银行和银监会发布《房地产集合投资信托业务试点管理办法》，提到REITs将被两家监管机构共同监管。
2009年11月	人民银行发布了《银行间债券市场房地产信托受益券发行管理办法》征求意见稿。
2010年6月	人民银行、住建部等多个部门联合发布《关于加快发展公共租赁住房的指导意见》，提到应当鼓励公租房的新融资渠道，探索使用REITs、信托等形式。
2014年5月	证监会发布《关于进一步推进证券经营机构创新发展的意见》，特别讨论了建立REITs相关的制度及解决方案。
2014年9月	央行、银监会《关于进一步做好住房金融服务工作的通知》中，提出了将积极稳妥开展REITs试点工作。
2015年1月	住建部在《关于加快培育和发展住房租赁市场的指导意见》中指出，要积极推进REITs试点工作，积极鼓励投资REITs产品。
2016年3月	《"十三五"规划纲要》明确提出"开展房地产投资信托基金试点"。
2016年10月	《国务院关于积极稳妥降低企业杠杆率的意见》中指出，支持房地产企业通过发展房地产信托投资基金向轻资产经营模式转型。
2017年7月	《关于在人口净流入的大中城市加快发展住房租赁市场的通知》中指出，鼓励地方政府出台优惠政策，积极支持并推动发展房地产投资信托基金（REITs）。

资料来源：中债资信整理。

（3）我国市场需求巨大

除政府和监管机构提供了良好的政策环境外，我国体量庞大的存量基础资产也为REITs的发展提供了强大的动力。根据北京大学光华管理学院

《中国不动产投资信托基金市场规模研究》，其通过分析美国、新加坡、中国香港和澳大利亚等REITs市场的绝对和相对规模，认为中国标准化的公募REITs市场的潜在规模应在4万亿～12万亿元之间。考虑到中国基础设施建设的巨大需求和城市化人口的增长，预测未来中国公募REITs市场包括REITs上下游的产业链市场将会是极其巨大的规模和体量[①]。

其主要原因有两点，第一，PPP基础设施投资项目为REITs提供大量的优质并购标的，是PPP投资退出的重要通道。目前，中国已成为世界上最大的PPP市场。截至2017年10月末，全国PPP综合信息平台入库项目10 685个，总投资额为12.73万亿元，预计2017年PPP项目落地规模或达3.8万亿元。按照住建部专家的估计，2020年以前，中国仅在绿色公共交通、保障房、水务、建筑节能、可再生资源和卫星城建设6个领域就将投资不少于60万亿元人民币。根据现有存量数据，基础设施REITs的潜在市场规模达万亿级。第二，随着中国城市化进程的加快，城市人口的增加将创造一个巨大的房屋租赁市场。链家研究院2016年底发布的《租赁崛起》报告指出，目前中国房屋租赁市场规模是1.1万亿元，预计到2025年，将增长到2.9万亿元，到2030年将超过4万亿元。根据全球发达经济体的经验，REITs是解决住房租赁融资来源的重要渠道。REITs收购住房并出租经营，有助于消化住房市场库存，盘活存量住房并加以有效利用，从而提高资源利用效率和住房租赁市场的活力。住房租赁市场的增长将为REITs市场的规模增长提供动力。

（4）我国REITs仍面临多重障碍

我国鼓励政策频繁出台，类REITs产品破冰，对REITs的热情空前高涨，但在我国尚未出台专门的规范文件之前，大规模的产品发行仍较为困难，面临多重障碍。

缺少专门的法律规定。目前，我国现行立法中涉及REITs的主要法律

---

① 《北京大学光华管理学院"光华思想力"新金融研究系列报告》。

法规有《公司法》、《信托法》、《证券法》、《证券投资基金法》、《合伙企业法》及《信托投资公司管理办法》、《信托投资公司资金信托管理暂行办法》等,但监管部门尚未出台专门调整和规范REITs的单项法律,这使得REITs的设立和运行面临诸多法律瓶颈。

缺乏专门的税收优惠政策。目前我国还没有就类REITs产品制定专门的税收优惠政策,类REITs产品设计时需要将资产装入私募基金,涉及土地增值税、企业所得税、营业税、契税、房产税等税收负担,特别是资产重组时土地增值税导致重组成本过高;而且企业和投资人的所得税不能减免,这就对我国REITs的投资回报率带来了很大压力。过往项目中,税负问题通过"一事一议"的方式得到了部分解决,但未能形成系统化的优惠税收体制。

目前的交易安排尚未能完全发挥REITs产品优势。比如,现阶段类REITs产品期限相对较短。其开放期或退出期通常在3~5年之间,到期需要通过资产处置或原始权益人回购的方式实现投资人退出,尚未达到公募REITs以交易方式实现的"永续"效果。再如,类REITs产品投资门槛高、流动性较差,最低投资门槛为100万元人民币,且仅能通过交易所大宗交易平台以协议方式转让、流通。

2. 未来发展的方向

经过约10年的准备,中国REITs已经取得了初步发展,主要成果如下:获得了政府和监管机构政策上的充分肯定和支持,党的十九大前后新派、保利、旭辉领寓等REITs项目的发行具有风向标意义;产品结构设计上在一定程度上规避了目前税制难点;目前项目涉及写字楼、公寓等多种业态,还涉及ABS、CMBS、REITs等多种资产证券化形式;通过多种案例的先后成功发行,积累了在我国特殊市场环境下金融创新的经验,这些都是后续标准化REITs发展重要的支撑和前奏。

诚然,我国REITs发展距离成熟市场还有着很大差距,在发行方式、配套政策、市场流动性、管理能力等诸多方面还亟待提高和改善,REITs

的发展还需要政策与市场各方面共同努力。政策方面，在法规制定完善之前，可以指导性文件和专项试点的方式先试先行。我国发展契约型REITs以信托或基金为载体，相应的制度建设也将依托于信托和基金的相关法律法规。无论是修订现行的《信托法》或《证券投资基金法》，还是单独系统地制定REITs的规范性文件，都需要较长时间。而以指引、指导意见等指导性文件的形式过渡则相对容易，可将其配合推出标志性、示范性的试点案例，从实践中积累经验，由点及面进行制度的完善和充实。市场方面，资产管理能力是REITs稳健成长的前提和保障，标的资产盈利能力是REITs的根本与基础，市场机构需要不断发展商业地产的资产管理能力、金融机构的资产管理能力以及未来REITs基金的资产管理能力，为REITs发展保驾护航。但在我国REIT市场发展的初期外部专业管理机构缺乏的条件下，采用内部管理人制度能够尽可能小的改变原有物业的运营方式，有利于产品的发展，也有利于降低代理成本。

综上所述，为了推进REITs在我国的发展并为我国经济蓬勃发展作出其应有的贡献，政策上需要监管层能够推陈出新，解决税收、流动性等问题，市场方面还需要企业积极探索和尝试、积累经验，中国REITs的发展，仍将是一个逐渐探索前进的过程。

第五章 Fintech专题

金融科技（Fintech），是由金融"Finance"与科技"Technology"两个词合成而来的新词汇，是近年来涌现的热点产业之一，代表着金融与科技两个行业的相互交融促进。信息技术和金融活动的深层融合不断打破传统金融的边界，为金融服务的运作方式带来深刻的改变。借助科技的力量，金融面对的本质问题暨资金在短缺方和盈余方之间高效流转和配置，能够得到更好的解决方案；通过各类科技手段，传统金融业所提供的产品。金融科技是金融业适应信息时代所发生的一次深刻变革，将对人类的生产、生活方式产生深远的影响。

早期，国内与金融科技对应的概念主要是互联网金融，它主要是指在互联网技术环境下以网络连接为主要特征的金融服务方式的更新。因此，互联网金融本质上是利用互联网技术驱动金融创新，以信息技术的手段实现金融服务，从而提高效率降低成本。近年来，随着科技的突飞猛进，人工智能、区块链、云计算、大数据等新兴技术越来越多地应用于金融业的各个细分领域，创新的金融服务也不断涌现，如数字货币、智能信贷、智能投资顾问等。金融与科技的融合程度日益加深，从互联网金融迈入了一个新的阶段，成为如今大家所谈论的金融科技。一方面，先前的金融科技是通过互联网的连接功能实现了资金端的高效对接，而经过进化后的金融科技则进一步打通了金融业的资产端环节，通过技术实现科学而快速的市场定价，从而达成资金端与资产端的精准高效匹配，提升了金融服务的效率，重构了新的金融生态。另一方面，与早期金融科技的互联网属性不同，当前的金融科技则强调其回归金融本源的属性，通过技术驱动和金融产品的创新，拓宽了金融服务的维度，向普惠金融和智慧金融迈出重要一步，比如，云计算让金融服务随时随地都可享受到，将更多的个体和产品在云端实现互通互联；大数据分析扩展了征信服务的边界，让越来越多的原本无法获得授信的群体也能够匹配到合适的金融服务或产品；人工智能驱动的智能投顾，降低了投资理财的门槛，让理财服务惠及更广泛的人群；区块链技术则从数据存储上冲击着传统金融业的基础设施和思维方式。

一、金融科技发展概况

1. 政策支持与监管

在金融科技领域不断收获创新变革的同时，相关产业正迎来制度改革及需求激增的红利。我国在制度层面的重视和支持，以及金融服务实践中的迫切需求，共同推动着金融科技产业的蓬勃发展。

早在2013年，央行就多次表示支持科技创新以推动互联网金融发展；2014年，互联网金融首次被写入政府工作报告，提出促进互联网金融健康发展，完善金融监管协调机制；2015年，央行等十部委联合印发了《关于促进互联网金融健康发展的指导意见》，按照"鼓励创新、防范风险、趋利避害、健康发展"的总体要求，提出了一系列鼓励创新、支持互联网金融稳步发展的政策措施，积极鼓励互联网金融平台、产品和服务创新。近两年，我国政府及相关监管部门也愈加强调金融与科技的深度融合，并出台了一系列政策引导金融科技的探索与建设。2017年，央行成立了金融科技委员会，一方面为了完善中国金融科技发展战略规划与政策指引；另一方面将促进相关标准研制和完善工作，支撑金融科技创新有序发展。这明确显示了我国政府以积极包容的态度支持金融科技创新，对不断完善我国金融体系、有效填补传统金融空白、逐渐满足普惠金融需求起到积极作用，为金融科技的蓬勃发展奠定了坚实基础。

支持与监管并举，我国政府在鼓励金融科技创新的基础上，通过政策法规进一步推动市场秩序建设和行业健康发展。以互联网金融为例，在发展初期，由于进入门槛低，行业风险事件频发。面对行业乱象，决策层及时进行了严格引导和规范。2016年,政府以"鼓励合法,打击非法"为核心原则,开展了为期一年的互联网金融专项整治。后续随着各类政策的不断出台,金融科技行业在严格监管的主基调中发展,由曾经的野蛮生长、良莠不齐逐渐转入正轨道路。并且,随着金融服务行业越来越广泛地应用科技,监管部门也可以对之适当运用,充分利用科技进步的成果,提升风险管理的全局化和系统化水平。

2.技术发展与革新

互联网金融是科技与金融相互融合的初始阶段及形态,可认为是1.0阶段。在此期间,互联网和移动互联网技术使产品在用户体验上取得了明显提升。金融机构利用互联网和移动设备为客户提供线上服务,简化业务流程,优化产品界面,并有效降低金融服务抵达目标客户的成本。此后的数年里,利用更多前沿科技改造金融业的探索步伐从未停止过,但是受制于对应的底层技术和基础设施发展尚未成熟,很多尝试仍然处于研发投入阶段和商业化应用初期,并没成为主流的商业模式。目前,金融科技已完成了从1.0阶段至2.0阶段的过渡。随着金融科技2.0阶段的到来,以云计算、大数据、人工智能、区块链为代表的新兴技术逐渐从概念走向应用,纷纷取得突破性进展,由此为金融科技的再次发展提供了技术支撑,为金融服务的升级提供了强大引擎。

(1)云计算

云计算是一种基于互联网的计算方式,通过这种方式,共享的软硬件资源和信息可以按需求提供给计算机和其他设备。用户不再需要关心"云"架构下基础设施的细节,不必具有相应的专业知识,也无须直接进行控制。云计算描述了一种基于互联网的新的IT(Information Technology)服务设立、使用和交付模式,通常涉及通过互联网来提供动态易扩展而且经常是虚拟化的资源,它意味着计算能力也可作为一种商品通过互联网进行流通。在过去数年里,伴随着各领域大量业务的互联网化,负载数据量不断激增,传统的IT部署架构早已无法招架,因此企业将目光逐渐转向能够更加高效利用IT资源的云解决方案。企业对节省运营成本、提高处理效率和实现快速响应的追求，推动云计算成为大势所趋。

云计算有三种服务形式：IaaS（Infrastructure as a Service，基础设施即服务）、PaaS（Platform as a Service，平台及服务）、SaaS（Software as a Service，软件即服务）。对于金融行业，首先，机构可利用云计算模式搭建基于IaaS的物理集成平台，对各类服务器基础设施应用进行集成，形成能够高度复用与统一管理的IT资源池，提供统一硬件资源服务，帮助机构内实现基础设施标准化和数据库统一化，实现生产与灾备的集成管理；其次，在信息系统整合方面，建立基于PaaS的系统整合平台，实现各异构系统间的互联互通；最后，在金融业务方面，则依托SaaS的软件应用平台，支持客户在云端对接机构业务，机构人员可以直接在这套系统上进行业务操作管理、提供金融服务，提高运营和服务效率。

（2）大数据

近几年来，大数据一词的热度不断上升，主要是指信息大爆炸时代所产生的海量数据。首先，大数据意味着数据体量巨大、类型多样、来源丰富。伴随着移动互联网及各种随身智能设备的广泛使用，大量的数据被生产出来，并导致需要采集、存储和计算的量节节攀升；数据种类涵盖了文本、图片、音频、视频等多种类型，来自个人、企业、设备等丰富的数据源。其次，大数据需要新型的数据处理和分析技术。在网络无孔不入的今天，信息感知无处不在，附带生产了大量低价值密度的数据，为了从中挖掘有效信息和数据价值，需要结合业务逻辑并应用高效算法。而考虑到数据的增长速度快及时效性要求高，大数据处理又有别于传统数据统计。

金融本身就是基于数据和信息的产业，大数据在金融业的深度应用顺理成章。各金融机构在业务开展过程中逐渐积累了大量的终端用户数据，包括用户基本信息、资产负债情况、资金交易记录等。互联网时代互通互联的不断深化更是将金融行业大数据进一步升华,机构可以通过数据挖掘进行多维度的分析,总结宏观及微观的规律,甚至预测市场发展的趋势,从而达到洞悉市场变化、优化业务决策的目的,进而促成了征信、授信、营销、定价、风控等细分领域的发展和革新。例如,在信贷业务中,商业银行依赖人工、基于流程的风控模式造成了放贷门槛高企、手续烦琐,倾向于财务及经营数据完善透明的大型企业,又或收入稳定消费较高的高净值个人,而将大量具有小微资金需求的企业或中产以下人群拒之门外。借助于大数据积累和分析,后者的行为特征和信用水平得以被刻画,从而使得信贷便利能够惠及更广泛的人群。

目前,大数据的应用还处于起步阶段,数据整合及部门协调等问题仍是暂时阻碍各金融机构高效利用数据的瓶颈。但随着内部管理、基础设施的不断完善,这些桎梏终会得到解决,大数据技术作为金融与科技融合的重要切入点之一,也将打开更加广阔的施展空间。

(3)人工智能

2016年,Google AlphaGo与韩国围棋九段李世石的对弈,让全世界惊叹于人工智能(Artificial Intelligence,AI)的强大能力及无限潜力。作为对人类智能进行模仿、延伸和扩展的科学和计算机技术,人工智能已历经了较长的发展时间,理论和技术日益成熟,应用领域也不断扩大。

对于人工智能,上文提到的云计算和大数据是重要的基础。企业通过提供包括存储及运算等云端服务,能够天然地将用户数据沉淀下来。用户在云上运行的时间越久,积累的数据量越大,产生的用户黏性也就越强。基于这些数据,企业能够开展大数据技术的应用,为用户提供数据增值服务。最后,在积累了充足且优质的数据之后,企业就能够利用这些数据来训练人工智能模型,开展人工智能相关服务。

在金融领域,目前人工智能主要包括四类应用:第一,自动报告生成,金融日常工作中难免与诸多文档打交道,如招股说明书、研究报告及投资意向书等,通常需要人员投入许多时间精力进行数据排版以及重复撰写，而利用计算机的文档模板、字符识别、自然语言处理可以方便快捷地完成上述工作，并加入智能化生成的观点和结论；第二，知识搜索归纳，金融研究中为了支持某一论点通常需要收集大量数据和信息作为论据进行整理分析，在信息过载的时代，利用人工智能建立有效的搜索引擎或知识图谱，可以筛除信息噪声和拼接信息碎片，准确定位有价值的信息，快速挖掘出相关联的信息，提高研究工作的效率；第三，量化分析辅助，过去计算机多用于对数据的简单统计，为人类决策提供数据参考，如今则可利用机器学习技术，结合预测算法，对历史经验和市场信息的不断演化进行计算机的自我学习，用于预测股票、债券等多种金融资产的价格波动及相关性；第四，智能投顾，传统的投资顾问需要帮助投资者规划符合其风险偏好、资金需求的投资标的组合，并随之产生较为昂贵的人工费用及较高的服务门槛，而智能投顾则在量化交易的基础上，致力于在尽量少的人工干预下完成自动化的财富管理及监控，提供适合投资者的操作建议。

（4）区块链

区块链（Blockchain）是一种分布式的数据储存方式，是利用去中心化方式集体维护一本数据簿的技术方案。它是多种现有技术的整合，其中主要包括点对点（Peer to Peer，P2P）技术、密码学、信任机制及共识算法等。

2008年，中本聪首次提出了区块链概念；2009年，比特币的首个区块数据暨创世区块诞生；随后几年里，比特币逐渐成为一种全球范围内可交易的数字货币，是目前区块链技术最成功的应用之一。而区块链作为比特币的底层技术和基础架构，是比特币各参与节点所有交易的公共账簿，也是一串经密码学方法相关联产生的数据块，每个数据块中都包含了一定时间内系统上比特币交易的数据，并可以验证其信息的有效性和链接下一个数据块。当前各金融机构更多关注的也正是比特币背后的区块链技术。

区块链的加密信任机制及去中心化特点，使得网络交易双方在相互陌生时也可进行可信任的价值交换，在保障信息安全的同时，有效规避了中心化系统运营的低效又高成本的痛点。因此，这项技术可用于替代原本由中介或中心机构处理的交易流程。另外，借由区块链技术所形成的交易记录可有效防止篡改或虚构，且区块链网络中的共识不依赖于单独节点，因此交易双方之间的价值交换数据可以随时被追踪和验证，便可利用该技术为物品或数据建立一套不可篡改的追溯记录。结合上述特点，区块链在金融领域中的应用主要在如下方向：第一，资金账户的存储、传输和结算，区块链技术可以让传统金融机构原本复杂的流程变得更加直接，并能更便捷地实现跨境、无中介、低成本的交易；第二，资产的转让，金融资产或标的物的创建和流转，都可以采用区块链来进行记录和跟踪，保证在案资产的真实性和信息完整性，这在资产证券化业务中已有了比较成功的实践；第三，合约的保存，金融交易中涉及多方的合约可以保存在区块链中，由此保证合约在履行过程中不被篡改或遗失。

二、金融科技在资产证券化领域的应用

资产支持证券作为近30年来金融领域最重大和发展最迅速的金融创新工具之一，从其诞生就对信息技术有着强烈的依赖。从资产池的筛选，到现金流分析、信用评级，再到证券的存续期管理，产品的每个环节都离不开信息技术的支持。欧美等发达国家对资产证券化市场的信息化基础设施建设更是有着非常高的标准和严格的要求，其监管部门始终致力于将市场的监督和管理建立在高度发达的信息化基础设施之上。人民银行在《指导意见》中明确指出要推动信用基础设施建设，培育互联网金融配套服务体系，鼓励从业机构依法建立信用信息共享平台，支持具备资质的信用中介组织开展互联网企业信用评级，增强市场信息透明度。可见，要推动资产证券化常规化发展就必须要有完备的信息化基础设施作为支撑，通过信息技术与金融业务的融合向投资者和市场揭示产品风险，这正是金融科技在资产证券化领域重要性和特殊性的重要体现。

1. 金融科技在ABS行业应用的发展格局

经过多年发展，国外资产证券化市场形成了较为丰富的信息服务体系，第一，相关政府及监管机构提供的信息服务，通过设立制度和数据平台，使市场数据可以被公开查询和下载；第二，相关自律组织、行业协会等机构提供的信息服务，包括通过各种历史数据、交易信息等形成的统计数据信息；第三，专业化市场机构提供的信息服务，国外资产证券化市场拥有较多专业化的数据信息服务商，这些市场机构提供了丰富的基础数据、模型构建、现金流测算、信用评分等方面的专业化服务。

我国的资产证券化市场起步较晚，2005年由中国人民银行、中国银行业监督管理委员会联合发布《信贷资产证券化试点管理办法》标志着我国银行间市场信贷资产证券化业务的正式开展。2008年国际金融危机爆发，监管部门出于风险担忧和审慎原则的考虑暂停了资产证券化的审批。直到2012年，人民银行、银监会、财政部下发文件重启信贷资产证券化至今我国资产证券化市场获得了全面发展。与此同时，与之相应的金融科技领域随着国内资产证券化市场的成熟也开始了爆发式发展，在资本、科技以及政策的共同助推下，如今也已经形成多主体共生、多业态并存的行业格局。

2. ABS细分领域的金融科技公司

资产证券化行业的金融科技公司根据其提供服务的形式和产品类型可分为四类：工具类供应商、数据与工具类综合供应商、系统开发类服务商以及信息平台类运营商。国内外代表企业与产品见表49。

表49　资产证券化领域金融科技公司按产品类型分类

服务形式与产品类型	国内外提供商
大数据与工具类	Moody's、Bloomberg、Wind
工具类	Intex、Trepp、AD&Co
系统开发类	兆尹科技、凡润科技、安硕科技
信息平台类	Moody's、中债资信、CNABS、厦门国金、京东金融、百度金融、蚂蚁金服

资产证券化行业的金融科技公司根据其主体类型可以归纳为三类：传统金融机构＋信息技术、数据软件公司＋金融、互联网平台＋金融，国内外代表企业与产品见表50。

表50 资产证券化领域金融科技公司按主体类型分类

主体类型	国内外提供商
金融机构＋信息技术	Moody's、中债资信
数据软件公司＋金融	Intex、Trepp、AD&Co、Bloomberg、Wind、兆尹科技、凡润科技
互联网平台＋金融	CNABS、厦门国金、京东金融、百度金融、蚂蚁金服

"金融机构＋信息技术"的主要模式是指银行、证券、保险等传统金融机构与信息技术的融合，在资产证券化领域的代表机构主要是Moody's和中债资信这样的信用评级公司，他们借助大数据、人工智能、云计算等技术的发展，将评级技术与信息技术相融合后开展信用评级相关业务。

"数据软件公司＋金融"的主要模式是指传统科技公司、软件公司利用自身IT技术优势，通过向金融机构提供信息、系统、软件等基础设施的形式，逐渐积累自身的金融行业背景，进一步丰富自身在金融领域的服务内容。这种模式下既有Intex为代表的软件厂商、也有兆尹科技为代表的系统厂商以及Wind、Bloomberg等金融大数据公司。

"互联网平台＋金融"的主要模式包括了电商平台、第三方支付、ABS信息资讯等各类互联网平台，电商平台通过自身入口获得小微商家和个人消费者的信用信息，借助大数据手段建立信用评分并为其提供金融服务，再通过ABS的方式将产生的金融资产打包出售补充自身流动性；ABS信息资讯类互联网平台以云平台的形式通过构筑ABS市场信息基础设施、提供咨询服务为主要业务模式服务于整个ABS市场。

三、金融科技在ABS领域应用的国际经验

经过几十年的发展，国外资产证券化信息服务市场已相对成熟。总的来看，国外资产证券化信息服务的业务领域较为细化，各领域呈现出寡头垄断的格局，信息技术的发展为发行方、投资方提供了极大的便利，对提升市场流动性发挥了积极的推动作用。美国资产证券化市场的信息技术类业务领域主要信息服务提供商包括专业资产证券化软件服务商（如Intex）、立足细分资产证券化产品信息服务商（如Trepp、AD&Co）、信用风险咨询机构（如Moody's Analytics）、综合资讯提供商（如Bloomberg）以及专业指数信息服务商（如Markit）。上述机构的共同点在于所使用的核心数据大同小异，每家几乎都涉及跟踪、分析和定价服务，也会提供分析工具和平台，但不同机构也有自身的优势领域或专业定位，例如Intex是住房抵押贷款支持证券（RMBS）信息产品份额最大的两家机构之一，而Trepp在商业抵押贷款支持证券（CMBS）上领先。从覆盖面来看，由于美国资产证券化市场以RMBS产品为绝对主体，因此主攻该领域的现金流模型提供商（如Intex）在信息服务市场中占据较大份额。超过四分之三的投资者会购买商业模型，但同时一半以上的投资者也使用自主编写的模型。65%的投资者会使用两家以上的商业模型，用于对比或补充某一特殊领域投资的使用。其中，Intex与Bloomberg使用最多，处于该领域的主导地位。

1. Intex

对于资产支持证券的量化分析，以标普、穆迪、惠誉为代表的评级机构都拥有自己成熟的信用风险分析工具，而现金流模型则是对交易结构的客观描述，具有统一化，标准化的特点，加上相关数据处理的需求，催生了一批专业的信息技术服务商，提供包括现金流计算在内的结构化金融产品相关的信息服务。

成立于1985年的Intex，是全球最大的专业资产证券化信息服务商，主要产品包括Intex DealMaker、Intex Calc和Intex Link，其中前两者可以覆

盖资产支持证券从产品设计到二级市场估值参考的完整生命周期。Intex产品面向开发人员提供了灵活的API接口，支持VB、VBA、.NET和C＃等多种编程语言。除了提供信息产品外，Intex承担着资产证券产品信息集散平台的职能，主要是为投资银行提供发布产品信息的平台。在数据库领域，Intex覆盖了RMBS、ABS、CMBS、CDO等四类产品几乎所有公开发行的交易和众多私募交易，具有美国最大的资产证券化数据库和交易模型库。Intex于2015年推出中国个人住房贷款抵押证券交易模型库包含了中国市场上不断增加的RMBS项目。目前，中信证券等券商已经在项目发行过程中使用Intex测算现金流。

2. Bloomberg

作为全球领先的金融信息和财经资讯的综合提供商，Bloomberg（彭博）成立于1981年，拥有庞大的客户基础。近年来，彭博在资产证券化信息服务领域持续发力，在细分领域如RMBS上已经超过Intex。

彭博终端不仅提供ABS资讯信息同时允许用户在线进行产品设计和估值功能，基于彭博终端的STRU模块可以实现CMO交易结构设计、抵押品管理、现金流测试、情景测试、证券分析以及项目管理等功能。终端可以通过用户分组的方式实现产品设计的共享和隔离。在结构设计方面，彭博不但提供界面化工具同时支持直接使用Python语言进行编辑，通过彭博抵押资产支持证券设计工具设计或者载入的结构化产品，可以直接生成产品结构背后对应的Python代码。在STRU模块中，用户可以创建早偿率曲线和利率曲线来分析每一单产品的现金流变化，也可以通过接口调用的方式，调用第三方早偿模型、利率模型、违约模型等。

3. Moody's

Moody's（穆迪）公司是Moody's Investors Service（穆迪投资者服务）和Moody's Analytics（穆迪分析）的母公司，两家子公司根据主营业务的不同，分别向市场提供信用评级、研究、新闻资讯等产品，以及金融业务开展和金融风险管理所需要的信息科技产品、咨询服务等。随着金融市场和信息科技的发展，金融产品对信息科技的要求越来越高，从穆迪公司的财报可以看出其信息技术方面的收入稳步提升，金融科技业务的发展趋势逐渐明晰。

穆迪分析作为穆迪集团专门提供信息科技服务的子公司，提供软件、数据库、咨询和研究服务等共计104种产品极大丰富了国外金融市场的信息科技产品。在资产证券化领域，其提供的信息科技类产品分类精细：第一，用于结构化产品设计和监测的模块（Cashflow Models & Data），该模块包含CDOnet、Structured Finance Portal、Structured Finance Regulatory Module、WSA Platform、ABSNet等产品，为结构融资产品用户提供了整体解决方案允许用户对所有结构化资产（RMBS、ABS、CMBS和CDO）进行监测、定价和压力测试，并且可提供贷款层和资产池级别的数据和历史指标；第二，结合宏观经济预测信用风险的模块（Credit Models & Macroeconomic Forecasting），该模块包含CDOEdge、CMM、CDOROM和Portfolio Analyzer这四个产品，使用该模块可以结合穆迪的资产池和贷款级的信用模型以及MA宏观经济情景来对资产组合进行压力测试；第三，用于估值和咨询服务的产品模块（Valuation & Advisory Services），通过该模块客户可以获得创新性的估值结果和咨询服务；第四，结构化产品管理系统（Structuring & Administration Software），包括Structured Finance Workstation、CDOnet、ABS System这些系统提供了前面产品的任意组合，可以覆盖与结构化产品相关的所有需求。此外，穆迪拥有全球规模最大的违约数据库，其数据库积累超过45年的违约数据、42 000家上市公司的EDF和超过10 500家的违约记录，收集到8 500万家私营公司的财务报表、历史数据涵盖全球30多个市场的数个经济周期。

4. AD&Co

在美国的机构住房抵押贷款支持证券市场中，债券募集说明书中习惯于把公共证券协会（PSA）提前偿付基准作为提前偿付假设的基础依据。这个提前偿付基准假设的条件提前偿付率（CPR）是第一个月为

0.2%，接下来的30个月直线地上升到6%，之后保持6%的早偿率。对于快于或慢于公共证券协会提前偿付基准的速度，用基准提前偿付速度的倍数来表示。但是，对于非机构住房抵押贷款，直接使用公共证券协会提前偿付基准很难刻画此类贷款的早偿率，因此华尔街的一些机构为此开发出了提前偿付模型，AD&Co公司作为此类公司的代表在市场竞争中脱颖而出。

成立于1992年的AD&Co公司是一家从事金融研究与分析、抵押贷款证券产品开发、证券估值和套期保值业务的金融科技公司。该公司开发的风险分析工具VECTORS Analytics专门用于抵押贷款支持证券现金流模型相关参数的预测，客户可以通过接口调用的方式将其嵌入在他们通过穆迪或Intex设计的资产组合中，用来预测资产池的早偿、拖欠、违约和损失风险，如图70所示为早偿模型的调用机制。同样也支持彭博的接口调用，从而实现自动加载市场利率、波动率以及抵押贷款支持证券的存续期表现和抵押贷款的明细数据。

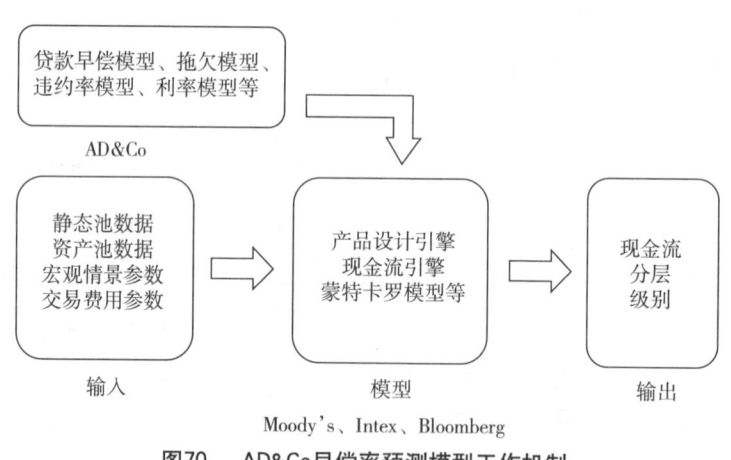

图70　AD&Co早偿率预测模型工作机制

5. 金融科技在国际ABS领域应用的结论

从国外资产证券化信息服务商的发展来看，呈现出了如下的趋势：

第一，使用专业化的脚本语言，专用脚本语言提升了模型的灵活性、兼容性，而这正是决定相关模型质量的关键因素。第二，积累起了庞大的模型库和数据库，随着业务的开展，信息服务商积累了大量的交易模型和数据，模型库越庞大越有利于发行人进行产品设计，有利于投资人进行分析、估值、管理投资组合。第三，提供交易设计工具，帮助一级市场的参与机构设计交易结构，资产证券化产品在从一级市场到二级市场的传递过程中，用户会对现金流模型产生了明显的路径依赖。一旦金融工程师使用其现金流模型设计交易结构，那么二级市场的投资人也自然而然地使用其产品进行分析估值。第四，技术壁垒、产品功能衍生出高度的用户黏性，针对一级市场的产品使得用户产生很强的黏性和聚集效果，而在描述负债结构时金融分析师需要使用特有的脚本语言，用户黏性促使服务商不断拓宽客户群体，技术壁垒更进一步增加了客户的忠诚度。

四、金融科技在ABS领域应用的国内实践

在借鉴国外相对成熟的资产证券化市场金融科技发展经验的基础上，结合我国资产证券化市场的特点，各机构通过自主研发或技术合作等方式搭建起适合国内市场的信息化基础设施。相较国外成熟市场拥有多家专业化细分化的综合信息服务商，国内资产证券化信息服务市场仍处于起步阶段，各类金融科技公司的市场占有率相差不大。但与国外市场发展特点不同的是，国内资产证券化市场的发展伴随着信息技术的高速发展，大数据、云计算这类信息技术已经成熟地运用到资产证券化市场中，有着互联网背景的科技公司更是将区块链技术成功运用到资产证券化产品中。随着国内资产证券化市场的快速发展，对相关的数据、模型的积累逐渐丰富，金融科技公司在中国资产证券化市场逐渐演化出更加丰富的形式。下面简要介绍金融科技在国内资产证券化市场的实践。

1. 电商云平台在ABS领域的应用

京东金融ABS云平台源于京东金融自身发行专项资产证券化项目的实

践。平台主要包含三大板块的服务："服务商—基础设施服务"、"资产云工厂—资本中介业务"、"夹层基金—投资业务"。服务商基础设施业务将向金融机构提供承做期、存续期两套本地部署的底层系统，协助资产证券化中介机构进行产品设计和投后管理，全面提升资产证券化中介机构的服务效率和管理效率。资产云工厂是资金端与资产端联结的桥梁，解决传统资金端难以评估消费金融资产的痛点，降低消费金融ABS发行门槛。夹层基金将投资于ABS产品的夹层级，激活交易市场多层次投资需求，增强ABS交易市场流动性。

京东金融将京东电商平台作为信用中介和资产入口，以电商平台的信贷产品白条、金条的形式发放小额贷款，通过京东金融ABS云平台进行资产证券化业务。目前，国外尚无此类证券化业务案例，国内以京东金融、蚂蚁金服为主的电商平台截至2017年12月31日已经累计发行90单总计2 081亿元应收账款类证券化产品（数据来源：Wind资讯）。

百度ABS区块链系统BaaS（Blockchain as a Service）是百度自主研发的服务资产证券化业务的平台，实现参与节点独立部署、分布式记账、去中心化、信息可溯源及无法篡改等功能。BaaS系统使用联盟链，将各个参与方的信息写到区块链，从项目立项尽职调查开始到产品设计发行及存续期管理全生命周期实现合作伙伴信息共享。通过共识机制、非对称加密技术保证数据库真实、不可篡改和摧毁，保证资产真实性，降低投资人风险成本，解决资产证券化过程中信息不透明、披露不充分的问题。同时使用受法律认可的智能合约，计算机自动执行，减少线下审批环节，大大提高业务效率。应用百度区块链系统的"百度—长安新生—天风2017年第一期资产支持专项计划"已于2017年9月在上交所成功发行，这也是国内首单运用区块链技术的交易所ABS产品。

百度ABS智能管理系统AaaS（ABS as a Service）是百度自主研发的ABS全生命周期管理系统。可以实现资产风控、资产分析、资产监控等功能，从项目立项、尽职调查到产品设计、产品发行、资产购买、存续期监控进行全生命周期管理。该系统依托百度大数据体系对每一底层资产进行全方位评估和识别，对每条资产的违约率进行准确预估；提供专业的金融分析工具对特定资产进行准确分析；协助发行方灵活管理基础资产，在项目的不同阶段对资产进行入池、购买、赎回、置换等操作；与特定资产管理人对接系统，实时同步更新每条资产变动信息，产品存续期间自动生成详尽的阶段监控报告，使参与方及时、全面了解底层资产表现情况。

案例XX

资产证券化产品相比于贷款、债券、股权等传统金融产品呈现出交易结构复杂、参与主体多、操作环节多、数据传递链条长、数据量大的特点，发行阶段的资产池筛选以券商为中心节点，存续阶段的现金流分配、存续期管以信托为中心节点，这样的数据传递结构放大了信息在中介机构之间传输的操作风险且效率低下。而区块链技术通过打破中心化数据传输模式，实现数据分布式存储和点对点传输，有效降低数据传输过程中的操作风险。

2017年8月17日，场内首单基于区块链技术的ABS——"百度—长安新生—天风2017年第一期资产支持专项计划"获得上交所批准通过，这是一单以汽车消费贷款为基础资产的证券化产品。百度金融作为技术服务商搭建了区块链服务端BaaS并引入了区块链技术，项目中的各参与机构（如表51所示）作为链上的参与节点。区块链技术实现了底层资产从Pre-ABS模式放款，到存续期还款、逾期以及交易等全流程数据的实时上链，对现金流进行实时监控和精准预测，提升了项目的效率、安全性和可追溯性，提高了对基础资产全生命周期的管理能力。

表51　百度—长安新生—天风2017年第一期资产支持专项计划主要参与人

参与角色	参与机构名称
原始权益人/贷款服务机构	长安新生
信托公司	长安国际信托
计划管理人	天风证券
技术服务商	百度金融
法律顾问	大成律师事务所
评级机构	联合信用
会计	天健会计师事务所

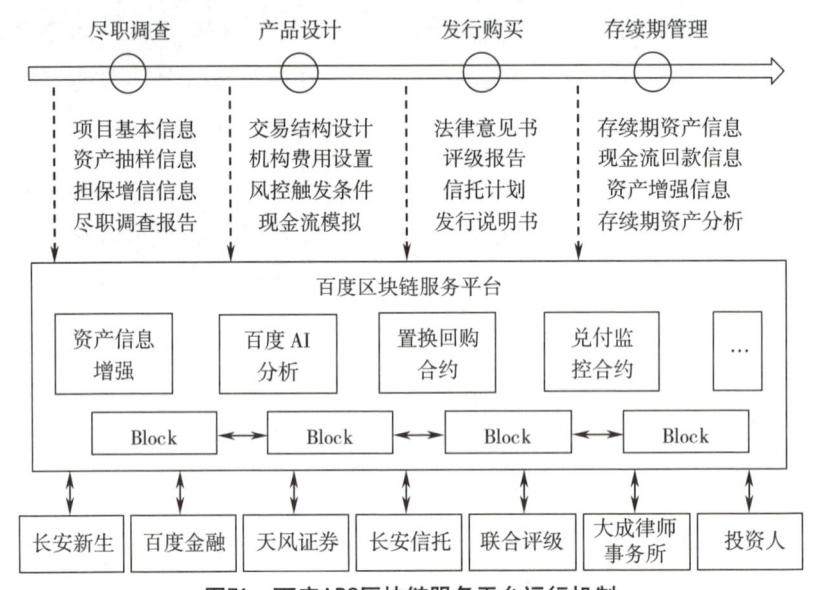

图71　百度ABS区块链服务平台运行机制

对于投资者而言，区块链技术的介入，使得所投资产的透明程度显著提高，同时二级交易的估值和定价也变得有据可依。对于中介机构而言，使得资产证券化产品尽调环节的尽调置信程度明显提升，尽调效率也得到提高。对于监管机构而言，能够更大程度上满足穿透式审核和监管的要求。区块链与ABS的相结合，有效保障了底层资产质量真实性，有助于解决交易各方的信任问题。

2. 资产证券化系统服务商

（1）凡润科技证券化管理系统

凡润科技的核心团队由原中信证券的信息与量化部门人员组成，是一家以开发结构化金融产品设计系统、资产管理系统以及估值量化模块为主的信息系统服务商。

凡润科技证券化管理系统可以无缝对接各类基础资产，支持用户自定义资产统计分析维度，实现了产品设计要素的全变量化。为用户提供了从筛选、入池到资产池特征分析的全套资产池建立工具，实时监控各类基础资产的各项表现。现金流模型方面，他们提供的资产现金流分析、产品收益、现金流覆盖等预测引擎可嵌入第三方如AD&Co公司提供的利率模型、早偿模型、违约率模型，在发行阶段的压力测试和二级市场产品估值方面为市场提供测算工具。系统支持多种资产类型的证券化产品设计，同时提供分档、税费、子账户、现金流流转规则等产品辅助设计工具。在证券的存续期内提供基础资产循环购买、回款管理、产品收益分配全自动计算、持续风险监控等功能，文档管理功能可提供项目整个生命周期的各种流程以及各类文档的管理，同时支持全局文档搜索功能。报表引擎可以支持各类复杂业务场景的报表设计和自动生成。

（2）兆尹资产证券化系统

兆尹科技是一家致力于为银行、券商、基金、保险、资产管理等金融机构提供金融数据分析和信息化服务的公司。兆尹科技的资产证券化系统涵盖了发起方（银行投行部、银行金融市场部、银行企业金融部，券商）、发行方（信托）、市场方和投资方的全业务范围；并且支持证券化产品从资产筛选、组合管理、产品设计、发行到存续期交易管理以及后期的会计核算、清算管理等整个产品周期的业务流程。同时该系统基于金融产品可扩展标记语言（Financial Products Markup Language）进行软件设计开发，具有较好的扩展性、兼容性。系统提供证券化产品立项、收集资产资料、资产筛选、产品设计、产品发行、贷后管理的全生命周期系统化管理。基础资产方面，支持多种类型产品，包括：CLO、CSF、CBO、RMBS、CMBS、Auto ABS、Credit Card ABS等；产品设计方面，提供多种功能及模型，如：分档结构设计、支付顺序设计、现金流分析、资产特征分析、敏感性分析、蒙特卡罗模拟分析以及期限、收益率等关键指标测算。根据规范化的会计核算要求和后台业务管理需要，系统可实现自动化的联机账务核算、清算功能。同时，系统提供了产品投资价值分析功能。

3. 中介机构在ABS市场基础设施建设的创新

在国内评级机构中，中债资信率先实现了使用自主开发的自动化、标准化线上模型工具进行资产证券化产品在线评级，避免了人为原因造成的误差，保证了评级模型的稳定性和评级结果的可靠性。中国资产证券化分析网在吸收国际发达市场经验后结合云计算、大数据等技术，搭建起服务于国内资产证券化市场的综合性信息云平台。

（1）中债资信资产证券化信息服务平台

中债资信资产证券化信息服务平台是国内首个由评级机构推出的ABS信息服务平台，该平台是以中债资信评级方法和量化分析模型为核心、以大数据和云计算技术为支撑的金融科技产品，平台先后推出了影子评级，资产池管理、动静态池管理，现金流压力测试，在线评级，以及情景测试和投资价值评估等功能模块。

①影子评级模块

该模块是集自助影子评级、基础资产筛选、入池资产全面分析功能于一体的产品模块，模块基于中债资信近年来积累的大量中小企业数据，借助大数据分析、机器学习的方法，根据中小企业的行业特征、经营特征、财务特征和历史级别等属性进行级别分类。该产品通过单一资产评价、组合资产建议两方面的功能帮助CLO发行人或券商高效、准确地完成CLO基础资产筛选，产品以图表的形式展示分析结果，出具相应的风险提示和资产组合建议，用户可根据拟入池资产的特征分析和风险提示建议调整资产组合。随着项目量的增加，越来越多的项目数据作为训练集存入数据库，使得中债影子评级模块的评级精度不断优化。

② 现金流压力测试与投资价值评估模块

平台提供的现金流模型计算引擎满足用户对已有的资产证券化产品进行现金流压力测试和产品估值测算的需求。平台所涵盖的证券化产品模型具有覆盖面广、基础数据全、数据更新及时、设计灵活等优势，旨在为承销商进行交易结构设计、为投资人进行交易决策，以及为资产管理人进行投资组合监控提供专业工具，以满足市场各方的多元化需求。

③资产池管理与在线评级模块

该模块提供基础资产的管理与分析功能。用户可对拟证券化资产池中基础资产的贷款信息、还本计划、担保信息和抵（质）押物信息进行逐笔编辑也可以批量导入。在确定资产池后，展示页将会在线同步生成资产池全景概况以及相关统计信息。平台以拖拽的方式实现了用户对交易结构的在线设计，并增加了用户自定义情景测试的功能，用户可以在中债资信评级标准的压力情景之外额外自定义压力情景参数，并测算在此假设下的现金流流入流出情况，可通过设定交易参数来测算收益率、久期的债券价格信息。平台基于大数据处理技术，通过分布式并行计算的方式将千万次的蒙特卡罗模拟用时压缩到秒级，兼顾了模型准确性和计算效率的多重要求。

④资产证券化数据库

支持平台运行的数据库是银行间市场最全面的ABS数据库，收录了2012年资产证券化重启以来银行间市场发行资产证券化产品相关信息，包括产品发行信息、存续期信息、首次和跟踪评级期间的资产池明细数据以及上亿笔的贷款主体历史表现信息。ABS数据库为平台相关产品提供了强大的数据支持，促进了资产证券化产品数据结构标准化、专业化发展，对整个资产证券化市场的健康发展具有积极的推动作用。

（2）中国资产证券化分析网（CNABS）

中国资产证券化分析网是专注于中国资产证券化市场的信息、分析、发行、交易、管理的综合信息平台。该平台涵盖了发行与管理、投资管理、交易、市场、研究等五个功能模块。在产品设计及模型方面，平台具有自动筛选资产、优化资产包、发行预评级、结构智能化建立，以及产品存续期管理等功能模块；同时也可以实现量化分析、现金流偿付模型、定价模型和组合管理模型等功能。在数据方面，平台对市场数据和行情进行采集、挖掘、处理、分析，目前涵盖市场动态、资讯和市场已发行产品状态。在交易方面，平台利用区块链作为底层技术，支持交易完成，同时利用网站资源，撮合交易双方达成交易意愿。在研究方面，CNABS与金融时报共同发起成立了中国资产证券化研究院，通过产学研结合模式，打通研究市场、教育市场、培植市场，促进中国资产证券化市场健康发展并鼓励技术创新。

（3）厦门国金ABS云平台

厦门国际金融技术有限公司由腾讯、厦门金圆、大公国际和永安金控等公司合资组建，涵盖了金融机构、评级机构、互联网企业，本身就构成了一个以资产证券化为核心的生态圈。厦门国金和厦门国际金融资产交易中心等战略合作伙伴共同开发运营的资产证券化全流程共享工作平台（以下简称ABS云平台），是一个集ABS工厂、ABS数据库和ABS研究院为一体的互联网服务和信息平台。该产品还加入了近期比较热门的区块链技术及大数据技术作为业务运营的核心工具。

厦门国金ABS云平台主要有三大功能：第一，为资产证券化产品设计、发行和存续期管理提供一个多方参与的在线工作平台，实现ABS产品的全生命周期管理。第二，提供中国资产证券化市场的数据和信息，追踪ABS市场走势，提供产品量化分析。第三，涉及有关资产证券化业务的分析观点、市场动态及相关法律法规和监管指引。

简单来说，ABS云平台试图把流程冗长、繁复的资产证券化过程变得更为标准、简单。从前期的资产池导入数据和风控，到产品设计和发行，再到后期对于对基础资产产生的现金流进行实时、动态、全面的监控。

4. 金融科技在国内ABS领域应用的结论

从国内资产证券化信息服务商的发展来看，逐渐呈现以下特点：第一，电商融合ABS的业务模式逐步成熟。受益于国内电商平台的发展，以电商平台为消费场景的贷款服务蓬勃发展，从而促进了阿里巴巴、京东等电商的场景贷资产证券化业务快速发展。第二，对于新技术的应用程度较高，随着业务的开展，大量金融科技人才从海外市场回归国内，促进了国内资产证券化市场的创新效率和信息化建设，同时互联网科技公司的介入将大数据、区块链等技术引入金融领域，加速了金融与科技产业的融合。

第六章　ABS市场产品投资价值专题

自2012年我国资产证券化市场重启以来，共发行1 653单ABS产品，总共6 445只资产支持证券[①]。其中处于存续期的共3 093只，其中228只证券发生级别变动；共399单ABS项目完成清算，总计兑付7 878.28亿元，占ABS产品发行数量的20.10%，发行金额的19.11%。我们收集、整理了2012年至2017年底所有标准化ABS产品发行、存续以及清算各期证券的实际表现情况，从证券收益率、信用风险水平以及期限三方面，对ABS产品的投资价值进行分析。

一、ABS产品收益分析

从ABS产品发行的证券级别来看，AAAsf档证券发行金额占整个ABS产品规模近80%，且95%AAA档证券的期限集中4年以内。因此我们选用证券存续期限在4年以内的AAAsf级ABS证券作为分析ABS产品的收益率水平样本，并分别从一级市场收益率水平、已结清证券收益率水平和存续期利率水平三个方面对ABS收益率水平进行分析。

1. 已发行ABS证券一级市场收益水平

我们从ABS产品证券与短期融资券（以下简称短融）、中期票据（以下简称中票）以及非公开定向债务融资工具（以下简称PPN）发行利率、中国银行间交易市场与证券交易所发行证券之间、同一发行场所不同基础资产类型证券发行利率之间三个维度，对已发行ABS证券一级市场收益率进行分析。

[①] 包括资产支持专项计划的资产支持证券、信贷资产支持证券化信托的资产支持证券、资产支持票据以及保监会监管的资产支持证券。

我们首先将ABS产品证券①与中票短融的发行利率进行了比较，如图72所示，与短融中票的发行利率相比，标准化ABS产品的发行利率基本高于AAA档短融、中票，但是利差水平逐年缩小：2015年利差水平大约在50~100个基点，而到了2017年利差缩减到20~60个基点。同时，AAAsf档ABS证券发行利率的走势与AAA级短融、中票类债券非常吻合，基本不存在滞后或者超前调整的情况。总体来说，AAAsf级ABS产品证券相对于同期限的中票短融具备一定的正利差，同时发行利率的走势与中票短融节奏较为吻合，可见同级别、类似期限的ABS产品在绝对收益率上具备一定投资价值，但逐渐缩小的利差水平也表明投资人对ABS产品较好的投资属性愈加认可。另外，考虑到ABS流动性相对中票短融差距较大的特点，我们将ABS产品的发行利率与同样缺乏流动性的PPN产品进行了比较，如图72所示，2015年1月至2015年9月，ABS产品与PPN的利差较小且基本保持恒定。但2016年9月开始，利差逐渐走阔，表明ABS与PPN在发行利率方面均因为流动性差支付了额外的"溢价"，但随着ABS产品信用表现持续良好得到投资人的认可，因此相对于PPN，信用溢价支付的相对较少。

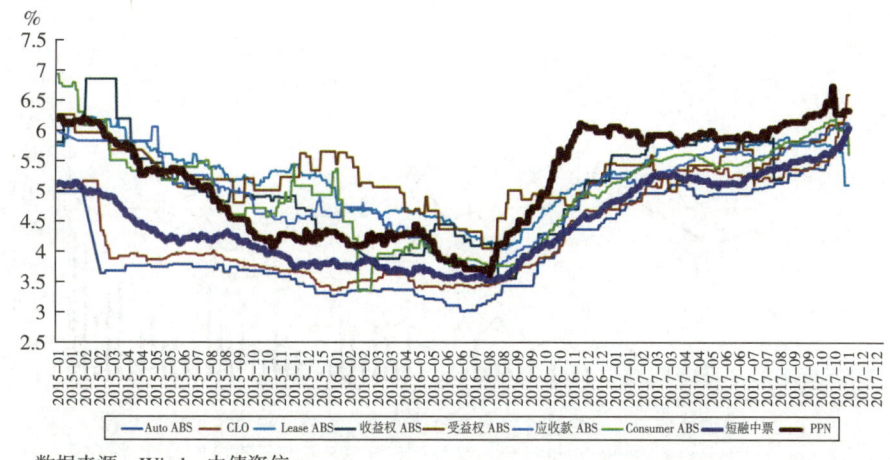

数据来源：Wind，中债资信。

图72　2015—2017年AAAsf档证券发行利率对比

① 将产品发行规模占比很小的产品类型进行了剔除，按底层基础资产类型保留7类主要产品。其中由于RMBS产品AAAsf证券平均期限大于4年，故未纳入对比。同时，为了更直观地观测各产品的发行利率变动趋势，我们将发行利率进行了季度移动平均，平滑因发行频率较低带来的波动噪声。

其次，我们分析了不同交易所之间的发行利率的水平。具体来说，重启以来标准化ABS产品的发行主要集中于交易所、银行间市场，具体可分为企业资产支持证券、信贷资产支持证券以及资产支持票据。从发行规模来看，2015年以前主要以银行间市场发行的信贷ABS为主，占全年发行规模的80%以上。2016年以后，交易所市场发行的企业ABS的规模占比有了大幅提升，逐步从30%上升到50%以上。交易商协会监管的ABN产品发行规模在2017年实现超3倍的增长，但是总的发行规模相比其他两个市场还有很大差距。随着发行规模的上升，ABS产品的市场认可程度逐渐上升。从发行利率来看，企业ABS产品的发行利率依然稳定高于信贷ABS产品。2012—2015年，由于交易所产品发行规模有限，两个市场ABS产品AAAsf档证券平均利差为70~190个基点，相对利差区间较大。在此之后，两个市场产品的发行规模和认可程度都得到了明显提升，2016年利差区间下降至60~160个基点、2017年进一步下降至20~80个基点。两个市场ABS产品无论从实际的发行利差还是利差区间都有所缩减。而ABN由于发行规模有限，当前实际的发行利率波动很大，但是整体的趋势与另外两个成熟的市场保持一致。

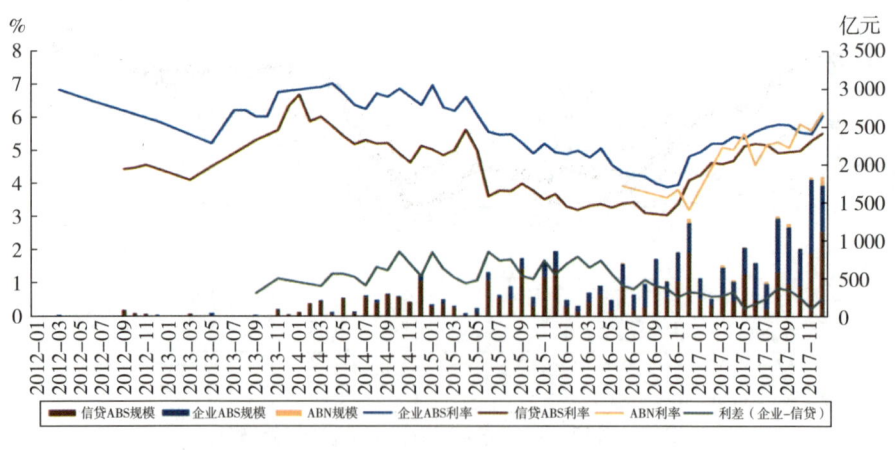

数据来源：Wind，中债资信。

图73　资产支持专项计划、信贷资产支持证券和ABN发行规模、利率比较

随后，我们将信贷ABS和企业ABS主要类型产品的发行利率进行比较。首先，银行间市场主要发行的产品类型包括Auto ABS、CLO、Consumer ABS、Lease ABS、NPAS和RMBS。我们将各年信贷ABS产品AAAsf档证券的平均发行利率作为参照基准，对比不同类型同级别证券的发行利率。如图74所示，CLO作为累计发行规模最大的ABS产品，发行利率最接近平均水平。在市场重启的初期阶段只有两种产品类型，Auto ABS由于发行规模较小其发行利率高于CLO产品，但是在2013年之后随着Auto ABS的不断发行逐渐成为最被市场认可的产品，各年的发行利率在所有类型中保持最低。2014年以来，RMBS和Consumer ABS逐步成为主流产品，发行利率呈下降趋势。随着发行规模的不断增大和市场认可度的不断提升，RMBS从2014年的最高发行利率产品下降到2017年平均水平。Consumer ABS在2015年、2016年这两年都低于平均水平，但是在2017年底由于现金贷相关政策出台的负面影响，发行利率有所上升。NPAS从2016年开始重启试点发行，近两年的发行利率都保持在最高点，表现出投资人对此类型产品的谨慎观望态度。

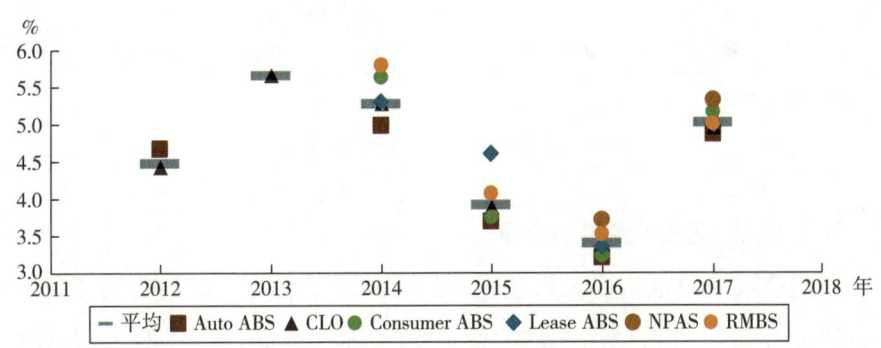

数据来源：Wind，中债资信。

图74 信贷ABS各类型平均发行利率

企业ABS主要的产品类型包括CLO、CMBS、Consumer ABS、Lease ABS、PPP ABS、REITs、RMBS、收益权ABS、应收款ABS等。交易所市场发行的产品种类比较丰富，我们将发行量较小的CMBS，PPP ABS和

RMBS等的产品进行了剔除,如图75所示。累计发行规模最大的Consumer ABS,在2014年、2015年的发行利率均高于平均水平,但随着发行规模的不断上升,利率逐渐下降到平均水平。应收款ABS的发行规模紧随其后,在2014年、2015年比较受到投资人的青睐,发行利率在产品中最低,但是随着产品类型的不断丰富,发行利率逐渐上升到平均水平。Lease ABS在交易所的发行规模要远大于银行间市场,但是利率基本高于平均水平。相比银行间市场,交易所市场2017年产品的AAA档证券发行利率相差不大,投资人对产品类型没有特别的偏好。

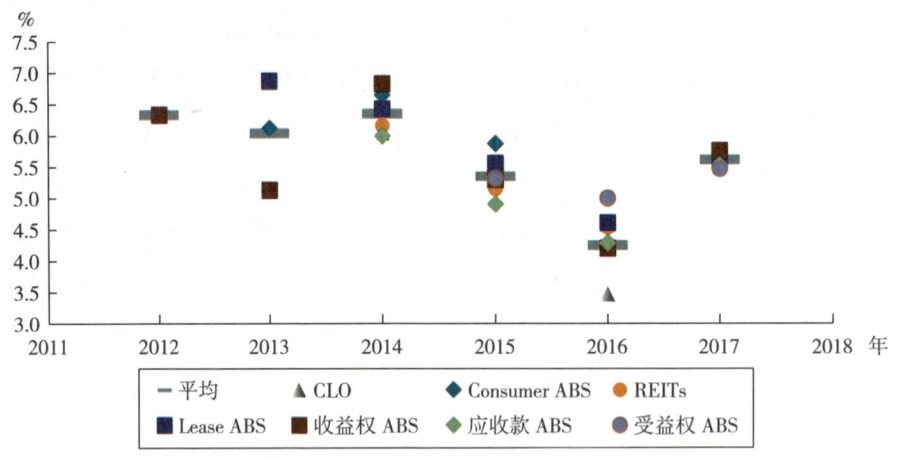

数据来源:Wind,中债资信。

图75 企业ABS主要类型平均发行利率

2. 已结清ABS产品收益水平

我们通过清偿报告以及每期受托报告整理了已清偿的信贷资产支持证券各档证券实际的利息收入,结合ABS产品实际的违约以及早偿表现分析各类产品的实际收益水平,发现次级档证券68.46%实际年化收益[①]高于8%,整体收益水平较高。具体而言,统计149只次级信托清算时累计收到

---

① 实际年化收益=总利息收入/证券发行金额/证券发行价格/(证券实际到期日−信托成立日)×365。

的利息收入，剔除发行价格影响，次级档证券68.46%实际年化收益高于8%，其中Auto ABS、Consumer ABS平均年化收益水平较高。鉴于当前阶段入池资产表现好于预期、平均违约率较低的市场环境下，次级档证券是很好的高收益投资标的。

表52 已清偿信贷ABS次级档证券年化收益情况

	证券数量	实际年化平均收益	次级发行均价格	收益大于8%占比
CLO	112	12.15%	101.90	62.50%
Lease ABS	5	21.95%	100.00	60.00%
Auto ABS	21	30.60%	100.00	90.48%
Consumer ABS	10	60.13%	100.00	90.00%
NPAS	1	37.01%	100.00	100.00%
总计	149	18.46%	101.43	68.46%

数据来源：Wind，清算报告，受托报告，中债资信。

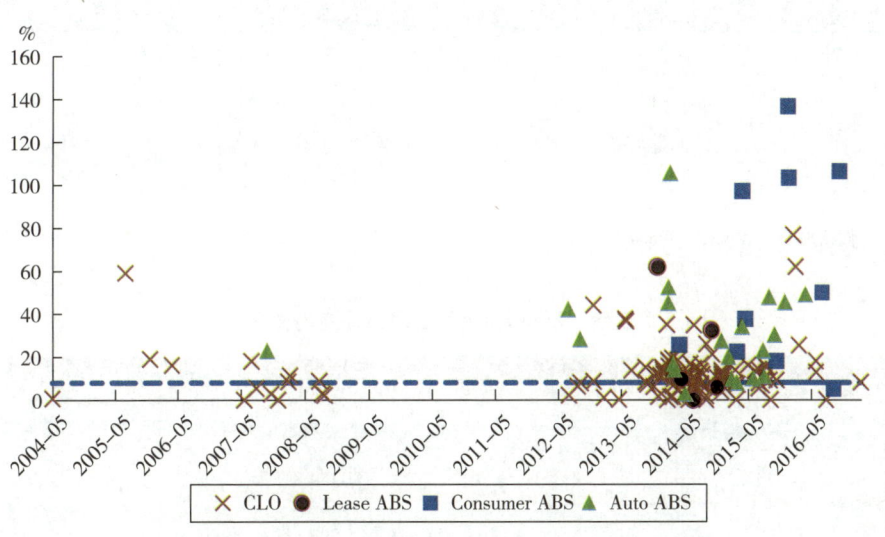

数据来源：Wind，清算报告，受托报告，中债资信。

图76 已清算信贷ABS次级档实际年化收益率分布

3. 存续ABS产品收益水平

我们梳理了2017年存量ABS证券投资交易活动，总体来看二级市场活跃度明显上升，ABS流动性有望进一步得到改善。从场内市场体现的交易数据来看，2017年ABS区间成交总量为1 621.67亿元，其中包括信贷ABS 1 233.85亿元、企业ABS 169.41亿元、ABN 218.41亿元。从具体的分布上来看，ABS交投市场主要集中于AAAsf档证券，区间成交额占比75.79%，AA-级及以下等级证券暂无二级交易；基础资产类型主要集中于RMBS、CLO、Auto ABS、Lease ABS、Consumer ABS和应收款ABS，区间成交额占比88.41%；证券的存续时间主要集中在1年以内，区间成交额占比93.53%。由于现阶段ABS二级交易除场内交易外，场外柜台交易占据较大比例，如2017年"借呗"、"花呗"系列并未在场内进行二级交易，但场外交易较为活跃。

表53　各类（按发行场所）ABS二级市场交易情况

ABS类型（发行场所）	区间成交额（万元）
信贷ABS	12 338 481.15
ABN	2 184 067.74
企业ABS	1 694 147.24
总计	16 216 696.14

数据来源：Wind，中债资信。

表54　不同级别ABS二级市场交易情况

行标签	区间成交额（万元）
AAA	12 290 800.64
次级	1 754 815.18
AA+	1 384 115.62
AA	679 176.54
A-	83 767.46

续表

行标签	区间成交额（万元）
AA-	24 020.69
A	—
A+	—
BBB	—
总计	16 216 696.14

数据来源：Wind，中债资信。

表55　各类（按基础资产类型）ABS二级市场交易情况

ABS类型（基础资产）	区间成交额（万元）
RMBS	3 969 486.94
CLO	3 799 839.92
Auto ABS	2 077 675.64
Lease ABS	1 950 460.99
Consumer ABS	1 447 210.33
应收款ABS	1 092 281.06
收益权ABS	641 065.33
NPAS	616 157.67
受益权ABS	447 700.69
REITs	169 738.31
其他	5 079.25
CMBS	—
PPP ABS	—
总计	16 216 696.14

数据来源：Wind，中债资信。

表56 各类（按基础资产类型）ABS二级市场交易情况

存续时间（月）	区间成交额（万元）
（0，4）	11 376 550.93
[4，8）	2 581 485.87
[8，12）	1 209 695.79
[12，16）	394 164.28
[16，20）	273 068.61
[20，24）	265 948.00
[24，28）	83 767.46
[28，32）	32 015.19
[32，33）	—
总计	16 216 696.14

数据来源：Wind，中债资信。

2017年ABS二级市场最大的亮点在于，部分储价发行或连续发行ABS券二级市场的接受程度极高，甚至出现二级市场与一级市场发行利率倒挂的现象。以2017年交易所市场发行量最大的"花呗"、"借呗"系列为典型案例，二级市场的发行价格与一级市场基本持平，年中第二季度与第三季度中旬甚至出现利率倒挂的现象，具有较高投资机会。

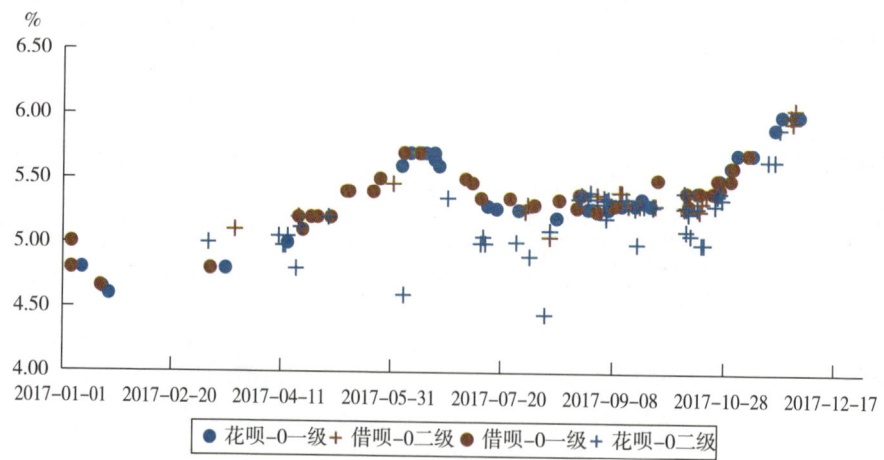

数据来源：公开市场信息，中债资信。

图77 花呗、借呗一、二级利率水平

现阶段，ABS二级市场中市场机构主观参与积极性有所增强，但投资人内部投资ABS产品流程不通畅、信息不对称、市场基础设施落后的桎梏仍是阻碍ABS二级市场发展的重要因素。当前ABS二级市场的主要参与者是基金以及券商，银行作为主要投资者仍以持有到期为主，其中以主承销商为代表的中介机构积极进行撮合交易，推动ABS二级市场发展。但现阶段流通的ABS证券期限主要集中在1年以内，一方面受制于现阶段投资者对ABS产品的了解程度仍然较低，同时ABS产品相对于其他种类债券的，内部风控、投资流程较不通畅；另一方面主要受限于当前ABS产品存续期信息披露数据的不充分且市场上没有成熟的现金流分析工具，投资者无法依靠传统债券品种的估值方式对ABS产品进行准确的估值定价。

二、ABS产品信用风险分析

通过前面部分的分析发现，一级市场发行的ABS产品与同级别同期限短融中票相比，绝对收益率具备一定的正利差，同时已清算ABS产品的次级收益率较为客观。但投资价值是由收益率与其对应的信用风险联合体现的，因此本部分我们将从ABS证券信用风险角度，分析其在获得相对高收益的同时具备的信用风险水平如何。我们将从ABS证券获得增信水平和实际的信用级别迁徙两个维度进行分析。

1. 已发行ABS产品获得的信用支撑水平

相比其他固定收益类证券，ABS证券因为普遍安排了优先级/次级的内部增信措施，因此优先受偿的证券拥有天然的信用保护，只有当整个资产池的损失超过证券获得的信用支撑后才会受到损失。因此，证券获得信用支撑越高，证券的信用风险越小。整体来看，已发行证券中评级为AAAsf的证券数为2 935只，占比45.54%，累计发行规模为2.47万亿元，占ABS产品总发行规模的77.13%。AAAsf档证券获得的信用支撑平均为22.87%，其中包括来自夹层档的支撑比例是12.5%，次级档的支撑比例为10.37%。同时，我们观察到2014年开始ABS产品的证券设计逐步出现夹层档，夹层档的证券评级主要集中在AA+sf到Asf之间。由于夹层档与次级档同样对AAAsf档证券提供信用保护，因此整体来看2014年后AAAsf档证券获得的增信从13%～15%上升到21%～25%的水平。

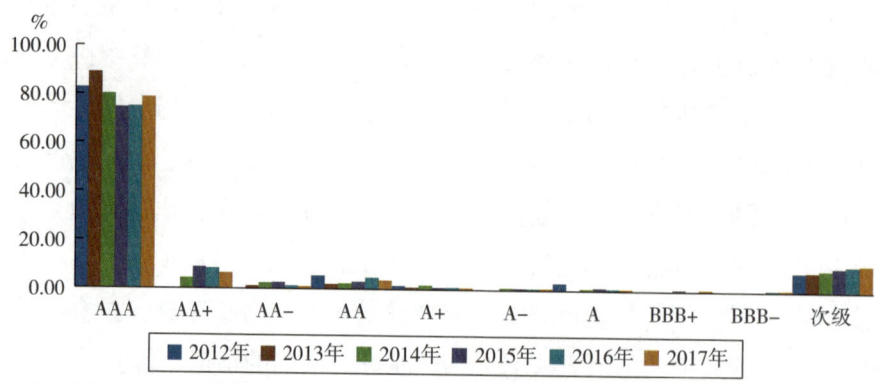

数据来源：Wind，中债资信。

图78　2012—2017年ABS证券评级结果分布

进一步来看，我们通过比较已结清ABS产品基础资产实际的损失水平与优先档证券获得信用支撑的水平，来分析信用支撑对资产池的损失吸收水平，进而观察ABS产品的信用质量。从已清算信贷ABS产品的发行时间分布来看，主要集中于2014年至2015年，金额占比68.63%。从产品类型分布来看，CLO远超其他各类产品，共有112单项目、384只证券完成清算，总金额占比73.20%。其他类型项目清算数量均小于30单，总体样本量较小，实际表现规律需要进一步观测及验证。

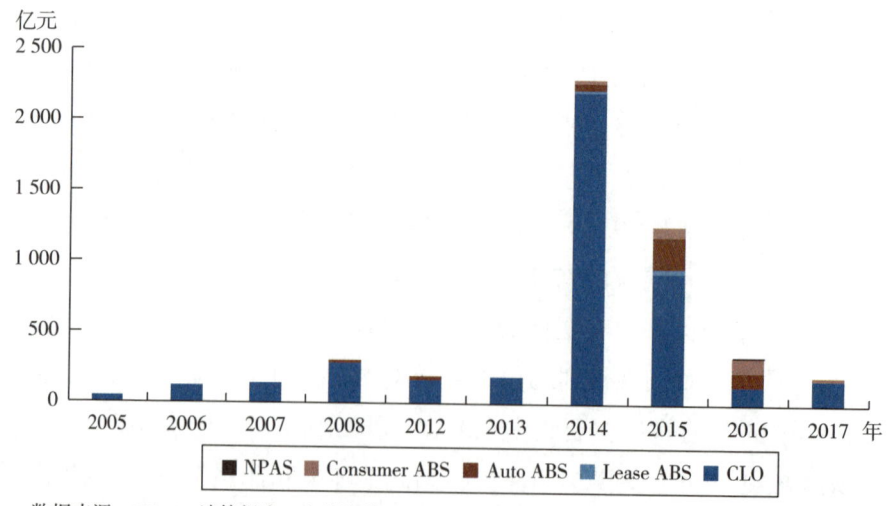

数据来源：Wind，清算报告，中债资信。

图79　已清算信贷ABS产品发行时间分布

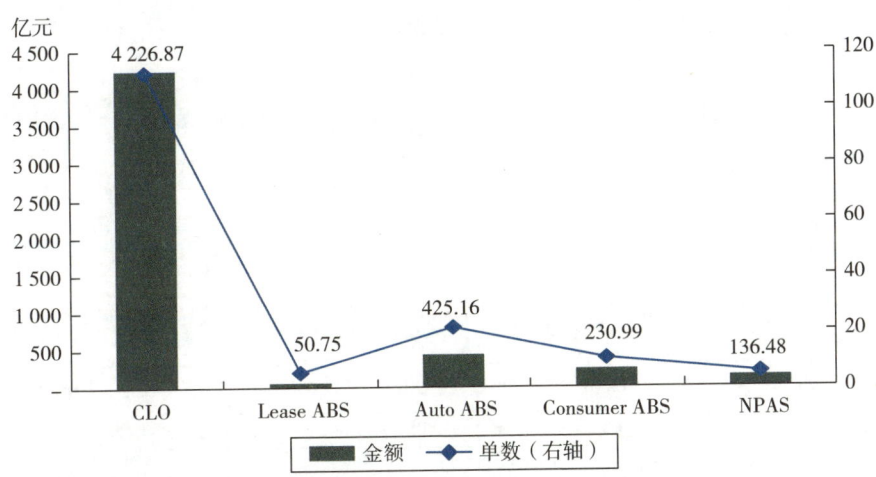

图80　已清算信贷ABS产品类型分布

153单出具清算报告的信贷ABS产品中,4单铁路专项ABS产品只有优先档,其余149单项目加权平均次级厚度为10.25%,其中不良资产证券化次级加权平均占比最高达到41.10%,Consumer ABS次级加权平均占比最低为6.58%。从不同发行时间看各类已清算信贷ABS产品的次级保护程度,发现重启后除NPAS外次级的保护程度逐渐加大,与整体市场发展趋势一致。其中,NPAS产品的独特表现是因为NPAS产品应该用入池资产金额而非项目发行总额对优先/夹层的覆盖程度考察保护程度。

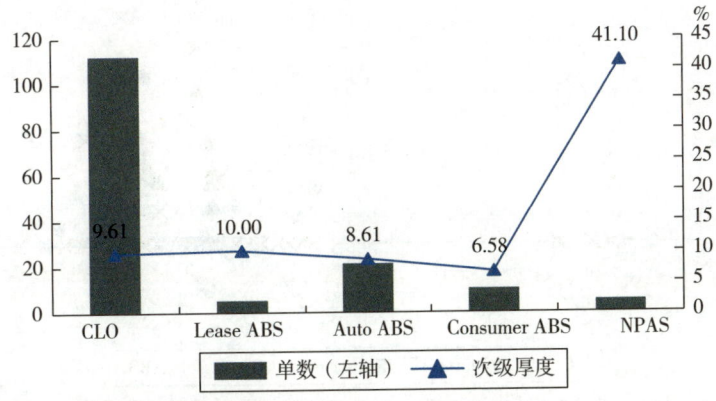

图81　已清算信贷ABS产品各类型加权平均次级占比

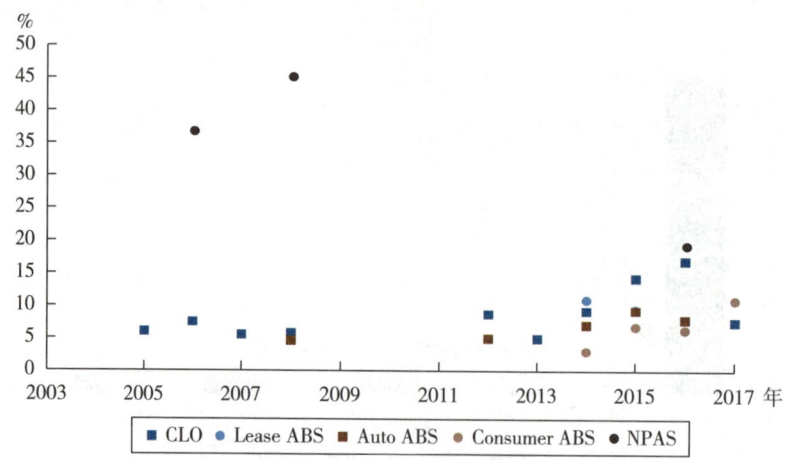

数据来源：Wind，清算报告，中债资信。

图 82 已清算信贷ABS产品各类型加权平均次级占比

我们计算了已清算ABS产品最后一期受托报告披露的累计违约率，从完整存续周期来看不同类型产品违约表现差异较大，其中最高实际累计违约率也仅为3.78%，低于最低的加权平均信用支撑水平6.58%。

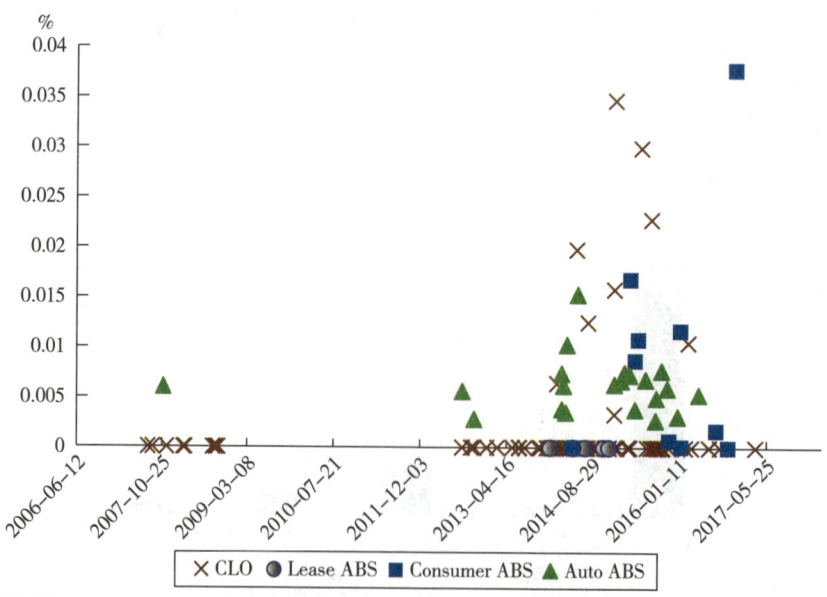

数据来源：Wind，清算报告，中债资信。

图83 已清算信贷ABS产品累计违约率分布

分基础资产类型来看，Auto ABS产品年化违约率现稳定在0.12%~0.66%区间，整体违约风险较低。Auto ABS资产池具有单笔金额小，分散性较高的特点，同时现阶段主流Auto ABS发起机构经营时间较长、业务流程较为标准且历史数据较为稳定，故21单已清算产品中算数平均年化累计违约率为0.31%，最低年化累计违约率为0.21%，最高年化累计违约率为0.66%。

CLO、Lease ABS等产品由于集中度较高资产池违约表现的波动性较大。153单已清算产品中算数平均年化累计违约率为0.15%，其中115单未发生资产违约，最低累计违约率为0，最高年化累计违约率为4.42%。

Consumer ABS产品由于底层基础资产、发起机构类型等差异较大，违约表现也不尽相同。Consumer ABS底层资产可包括房抵贷等抵押类消费贷和信用卡等纯信用类消费类贷款业务，同时发起机构包括银行、银行系消费金融公司、产业系消费金融公司等。年化违约率从0.00%到1.02%不等。

表57　已清偿信贷Consumer ABS产品累计违约率分布表（按基础资产类型）

	保险担保类	信用卡分期	有具体消费场景	无消费场景
年化违约率	0.00%	0.51%	0.96%	1.02%

数据来源：清算报告，受托报告，中债资信。

表58　已清偿信贷Consumer ABS产品累计违约率分布表（按发起机构类型）

	银行	银行系消金	产业系消金
年化违约率	0.44%	0.62%	2.21%

数据来源：清算报告，受托报告，中债资信。

表59　已清偿信贷ABS产品次级比例—实际违约率分布

	Auto ABS	CLO	Consumer ABS	Lease ABS	NPAS
累计违约率	0.58%	0.08%	0.61%	0.00%	—
次级占比	8.59%	10.47%	6.58%	10.03%	19.31%
保护距离	8.00%	10.39%	5.98%	10.03%	—

数据来源：Wind，清算报告，受托报告，中债资信。

如表59所示，从153单已清偿ABS产品证券实际表现来看，次级档比例高于资产累计损失率约10个百分点，在当前经济环境下较好地吸收了资产违约损失风险。总体来看，ABS证券的信用质量很高，损失风险很低。

2. 存续ABS产品信用评级迁徙情况

截至2017年底，存续共3 093只固定收益证券，其中228只证券发生级别变动，共222只证券发生级别上调、涉及71个原始权益人，共6只证券发生级别下调、涉及3个原始权益人。特别地，宝信国际融资租赁有限公司发行的3单ABS证券中，宝信租赁2015-5、宝信租赁2016-1两单项目共3只证券发证级别上调，宝信租赁2015-2的PB2B在2017年6月28日上调级别后又于8月24日下调级别。ABS证券7.05%的较高级别上调率主要源于现阶段产品实际表现好于预期，随着产品兑付优先档因超额抵押上升受到的保护较好对冲了资产池笔数变少而带来的集中性风险。

分交易场所来看，银行间发行的ABS产品拥有较高比例的评级上调，且只出现了1只证券级别下调，主要原因是现阶段其基础资产的信用质量好于预期，同时虽然较为单一但按照优先级顺序顺次偿还证券本息的现金流支付顺序保证了优先档证券获得越来越高的信用支撑。交易所发行的ABS产品上调评级结果的比例较信贷ABS略少，A级及以下所有证券均未出现评级上调。我们认为主要原因主要包括：一是次级档普遍设计有期间收益，减缓了优先档超额抵押的上升速度；二是交易所ABS证券非AAAsf证券的信用级别主要依赖于第三方差额支付或者保证担保提供方的外部信用支持，且证券获得内部信用支撑通常较少，因此尽管证券存续期获得的内部信用支撑有所提高，但尚未达到因为信用支撑的提高而提升信用级别的水平，或者即使提高也并未达到超越第三方差额支付或者保证担保提供方的信用级别的地步。

表60　2017年ABS评级变动情况

	最新评级各证券信用等级							
		AAAsf	AA+sf	AAsf	AA-sf	A+sf	Asf	A-sf	# Tranches
首次评级各证券信用等级	AAAsf	—	—	—	0.44%				1
	AA+sf	32.02%	—	2.19%	—		32.02%		78
	AAsf	16.67%	17.54%	—	—		16.67%		78
	AA-sf	6.14%	6.14%	8.77%	—		6.14%		48
	A+sf	2.63%	2.63%	1.75%	0.88%		2.63%		18
	Asf	0.44%	0.88%	—	—	—			3
	A-sf	—	—	0.44%	0.00%	0.44%			2
	# Tranches	132	62	30	3	1			228

数据来源：Wind，中债资信。

分基础资产类型来看，中债资信于2017年7月31日以前对所有进入跟踪评级期的ABS证券进行跟踪评级，其中包括89只CLO证券、10只Lease ABS证券、62只RMBS证券、39只Auto ABS证券、9只Consumer ABS证券、7只NPAS证券。

2017年被跟踪的48单CLO产品中，共涉及127只优先档证券，其中89只证券依然处于存续期，整体信用表现良好，各级别序列证券信用等级均出现调升现象或维持原有级别，其中30只证券级别调升，59只证券维持原级别，无降级现象。

2016年初始评级以及2016年跟踪评级在AA-及以上的证券有116只，本次跟踪评级后信用级别达到AA-及以上的证券下降至87只（不包含已兑付完毕的38只AAAsf级别证券），占总存续证券数量的97.75%。本次跟踪的证券原级别全部在A-sf及以上，原级别在A-sf至A+sf的11只证券，在本次跟踪中级别也表现出明显的上升趋势，其中5只证券调升至AAAsf级，4只证券调升至AA+sf级，1只证券调升至A+sf级，1只证券维持A+sf级。

跟踪评级涉及的Lease ABS证券共14只，其中4只AAAsf级证券已兑付完毕，2只优先B级证券从AA+级上调至AAAsf级，1只证券维持AA+级别不变，7只证券维持AAAsf级别不变。整体来看，Lease ABS各只证券的信用等级全部调升为AA+sf级以上。

目前，由于我国资产证券化市场发展仍处于初级阶段，各发起机构出于谨慎考虑，基本都是以所拥有的优质信贷资产作为基础资产发行资产支持证券，基础资产的真实违约率较低，且基础资产贷款利率和证券利率之间绝大部分存在正的利差，具有一定的超额利差支持；同时，CLO及Lease ABS提前还款现象明显，优先档证券大部分为过手型偿付，本金偿付速率提升，证券信用增级量的增长对证券的级别提升起到了很大作用；随着证券账龄的增加，其风险暴露时间逐步减小，其违约率也逐渐降低。

表61 CLO证券信用级别迁移表

CLO	跟踪评级各证券信用等级									
		AAAsf	AA+sf	AAsf	AA-sf	A+sf	Asf	A-sf	WR	# Tranches	Wgtd Notch Δ
首次评级各证券信用等级	AAAsf	54.22%	—	—	—	—	—	—	45.78%	83	0.0
	AA+sf	50.00%	50.00%	—	—	—	—	—	—	20	1.0
	AAsf	66.67%	16.67%	16.67%	—	—	—	—	—	6	2.2
	AA-sf	28.57%	42.86%	—	28.57%	—	—	—	—	7	2.0
	A+sf	44.44%	44.44%	—	—	11.11	—	—	—	9	3.6
	Asf	100.00%	—	—	—	—	—	—	—	1	6.0
	A-sf	—	—	—	—	100.00%	—	—	—	1	2.0
	# Tranches	66	18	1	2	2	—	—	38	127	

数据来源：中债资信。

表62 Lease ABS产品优先档证券级别变化情况

Lease ABS		跟踪评级各证券信用等级								
		AAA	AA+	AA	AA-	A+	A	A-	WR	# Tranches	Wgtd Notch Δ
首次评级各证券信用等级	AAA	63.64%	—	—	—	—	—	—	36.36%	11	0.0
	AA+	66.67%	33.33%	—	—	—	—	—	—	3	1.3
	AA	—	—	—	—	—	—	—	—		
	# Tranches	9	1						4	14	—

数据来源：中债资信。

本次跟踪的个人住房抵押贷款资产支持证券共涉及77只优先档资产支持证券。截至跟踪基准日，其中15只AAAsf级优先档证券已兑付，剩余62只依然处于存续期，整体信用表现良好，各级别序列证券信用等级调升明显，无级别降调情况。存续的62只优先档证券中上次评级在AAAsf的证券有51只，本次评级后信用级别上调到AAAsf的证券有10只，AAAsf级证券占总存续证券数量的98%。优先B档级别大幅上升，上次评级为AA-sf的3只证券上调到AAAsf，上升4个子级，上次评级为AAsf的6只证券上调为AAAsf，上升3个子级，上次评级为AA+sf的1只证券上调到AAAsf，上升2个子级，其余3只未发生迁移情况。总体来看，个人住房抵押贷款资产支持证券各等级证券的级别调升幅度较大，评级结果显示出了一定的单边上升趋势。

目前RMBS产品基础资产信用质量实际表现与预期基本一致。随着证券不断兑付，优先B档和次级档所提供的信用增级量进一步提升，同时由于超额利差的存在，RMBS产品形成的超额抵押所提供的信用增级量进一步增加。

表63 2017年RMBS产品跟踪评级优先档证券级别变化情况统计

RMBS		跟踪评级各证券信用等级								
		AAAsf	AA+sf	AAsf	AA-sf	A+sf	Asf	A-sf	WR	# Tranches	Wgtd Notch Δ
首次评级各证券信用等级	AAAsf	77.27%	—	—	—	—	—	—	22.73%	66	0.0
	AA+sf	100.00%	—	—	—	—	—	—	—	1	2.0
	AAsf	85.71%	—	14.29%	—	—	—	—	—	7	2.6
	AA-sf	100.00%	—	—	—	—	—	—	—	3	4.0
	A+sf	—	—	—	—	—	—	—	—	—	—
	Asf	—	—	—	—	—	—	—	—	—	—
	A-sf	—	—	—	—	—	—	—	—	—	—
	# Tranches	61	—	1	—	—	—	—	15	77	—

数据来源：中债资信。

在跟踪的22单车贷项目中，共涉及46只优先级证券。截至跟踪基准日，有7只AAAsf级证券已兑付完毕，剩余的39只证券仅5只未达到AAAsf级别。这39只证券中，共有14只证券进行了上调，其中9只由AA+调升至AAAsf，2只由AA序列调整至AAAsf，1只由A+sf序列调整至AA+sf，1只由A序列调整至AA+sf，1只由A+sf序列调整至AA-sf；剩余的均维持原有级别。整体上看，64.10%的证券级别保持稳定，35.90%的证券级别进行了不同幅度的上调，不存在证券级别调降的情况。这与资产支持证券相应的增信措施有关。随着现金流的流入，优先档证券本金不断获付，使其占比不断缩小，相应的信用增级量不断上升。

从2016年与2017年跟踪评级整体的Auto Loan ABS优先档证券级别迁移情况来看，车贷ABS产品的交易结构设计合理，资产分散度很高，少量基础资产的逾期或违约不足以影响证券的信用水平。在此基础之上，随着资产端现金流的流入以及优先档证券的不断获付，优先档证券获得的信用支撑逐步提高，剩余的优先档证券风险进一步得到降低。

表64　2017年Auto ABS产品跟踪评级优先档证券级别变化情况统计

Auto ABS		跟踪评级各证券信用等级							
		AAAsf	AA+sf	AAsf	AA−sf	A+sf	Asf	WR	Tranches	Wgtd Notch Δ
首次评级各证券信用等级	AAAsf	76.67%	—	—	—	—	—	23.33%	30	0.0
	AA+sf	90.00%	10.00%	—	—	—	—	—	10	1.8
	AAsf	66.67%	0.00%	33.33%	—	—	—	—	3	2.0
	AA−sf	—	—	—	—	—	—	—	—	0.0
	A+sf	—	50.00%	—	—	—	—	—	2	1.5
	Asf	—	100.00%	—	—	—	—	—	1	4.0
	Tranches	34	3	1	1	—	—	7	46	—

数据来源：中债资信。

截至证券跟踪基准日，消费贷ABS跟踪评级涉及的12只优先档资产支持证券中，3只证券已兑付完毕，6只证券的信用级别与上次评级保持一致，3只优先B档证券的级别得到了不同程度的调升，其中16橙易1B由A−调升至AA，16中赢新易贷2B由AA调升至AAAsf，16惠益1B由AA+sf调升至AAAsf。和享2016−1采用持续购买结构，证券前期均处于持续购买阶段，并于最近一个收款期间[1]首次进入摊还期。截至证券跟踪基准日，和享2016−1优先A档证券获得本金偿还55 845.00万元，

---

[1] 2017年4月1日至2017年4月30日。

占证券初始发行金额的17.35%，优先B档获得的由次级档和超额抵押带来的信用增级量较初始起算日提升了5.46%，但尚不足以支撑其级别上迁。

证券级别上迁主要有两方面的原因：一是基础资产信用质量的实际表现好于预期或与预期基本一致；二是随着证券兑付，信用增级量进一步提升。本次跟踪的4单个人消费贷款支持证券全部采用顺序支付的优先级/次级结构。随着优先级证券的持续兑付，信用增级量（次级档、超额抵押）逐渐上升，其相对于优先级证券的覆盖倍数也逐步增加，对优先级的支撑作用增强，从而直接提升了优先档证券的信用增级量。另外，资产池的利息流入高于证券的利息支出及费用支出之和，在存续期内便能积累较多的超额利差，超额利差通过利息账流入本金账便可形成超额抵押，并对优先档证券起到增信的作用。

表65 个人消费贷款支持证券信用级别迁移表

Consumer ABS		跟踪评级各证券信用等级									
		AAAsf	AA+sf	AAsf	AA-sf	A+sf	Asf	A-sf	WR	# Tranches	Wgtd Notch Δ
首次评级各证券信用等级	AAAsf	62.50%	—	—	—	—	—	—	37.50%	8	0.0
	AA+sf	50.00%	50.00%	—	—	—	—	—	—	2	2.0
	AAsf	100.00%	—	—	—	—	—	—	—	1	2.6
	AA-sf	—	—	—	—	—	—	—	—		4.0
	A+sf	—	—	—	—	—	—	—	—		—
	Asf	—	—	—	—	—	—	—	—		
	A-sf	—	—	100.00%	—	—	—	—	—	1	
	# Tranches	7	1	1	—	—	—	—	3	12	—

数据来源：中债资信。

本次跟踪的7单对公不良项目所涉及的7只优先档证券跟踪级别均为AAAsf，较首次评级无变化。根据目前的回收情况来看，跟踪时点各项目实际处置收入及处置速度整体较预期偏好，良好的资产池回收情况在一定程度上保证了对优先档证券本息偿付的支持。信用增级量方面，本期跟踪评级的优先档证券的信用增级量均有所增加，主要是由于跟踪项目全部采用了优先/次级结构的增信措施，且都作出了过手型的偿付安排，而随着资产池端处置收入的不断流入以及优先档证券的不断兑付，次级档占比会逐渐增大，对优先档的增信作用就愈加明显。

表66 不良资产支持证券信用级别迁移表

		跟踪评级各证券信用等级								
		AAA	AA+	AA	AA-	A+	A	WR	# Tranches	Wgtd Notch Δ
首次评级各证券信用等级	AAA	78.57%	—	—	—	—	—	21.43%	14	—
	AA+	—	—	—	—	—	—	—	—	—
	AA	—	—	—	—	—	—	—	—	—
	AA-	—	—	—	—	—	—	—	—	—
	A+	—	—	—	—	—	—	—	—	—
	A	—	—	—	—	—	—	—	—	—
	# Tranches	11	—	—	—	—	—	3	14	

数据来源：中债资信。

3. ABS产品期限分析

目前市场上绝大部分ABS产品都是静态的交易结构，回收的现金流逐期兑付证券本金。在缺少循环购买的机制或固定摊还的结构下，若底层资产提前还款率波动较大，一方面会相对增加投资人对久期管理的难度；另一方面也会因提前还款率高于预期而导致实际证券本金对付早于预计到期日，从而带来再投资风险。我们主要从已清算ABS产品、存续期ABS产品基础资产的早偿率两个方面进行分析。

（1）已发行ABS产品期限分布情况

从历史产品发行的情况来看，59.48%的ABS产品的期限在0~2年，其中银行间1~2年期限的产品比0~1年的产品略高300亿元；交易所市场产品期限主要集中在1~2年，占所有发行规模的23%。期限大约9年的产品类型主要包括RMBS、REITs。整体来看，期限在4~9年的产品是相对较少的，主要的原因有两方面，一是底层资产的期限较短，在没有循环购买的机制下无法支撑长期限的产品；二是市场上缺少普遍认可的ABS估值模型，长期限产品的流动性受到限制。

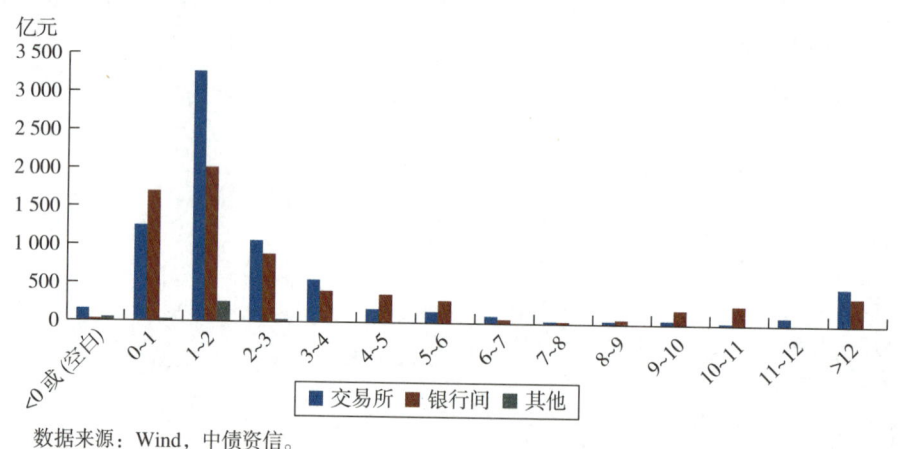

数据来源：Wind，中债资信。

图84 ABS产品期限分布

我们将ABS产品的期限与全债券市场进行了对比，全债券市场期限在0~1年的产品占比为50.93%，剩下的产品期限基本平均分布在1年、3年、5年、7年和10年。ABS产品在这方面还存在市场空白，无法满足投资人配置长久期产品的需求。

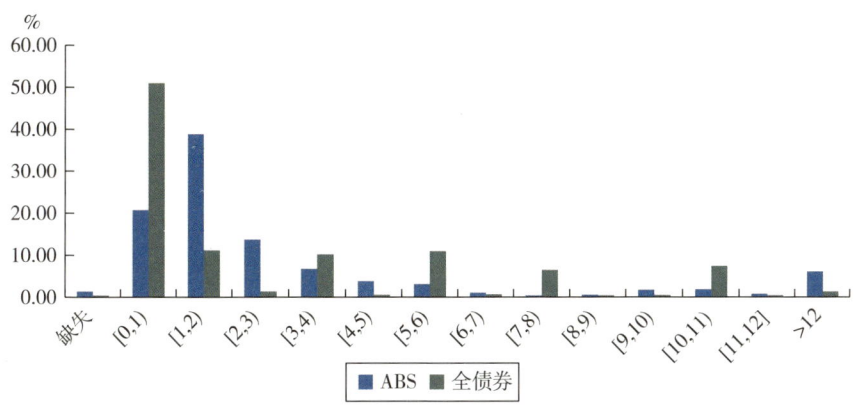

数据来源：Wind，中债资信。

图85　ABS产品久期与全债券分布对比

（2）已结清ABS产品早偿表现

截至2017年底，共有153单信贷ABS产品完成清算，总计兑付5 070.25亿元，占总清算项目数量的38.35%，发行金额的64.36%。已结清项目存续期限分布于0.02年至5.38年，其中3年及以下金额占比86.73%。

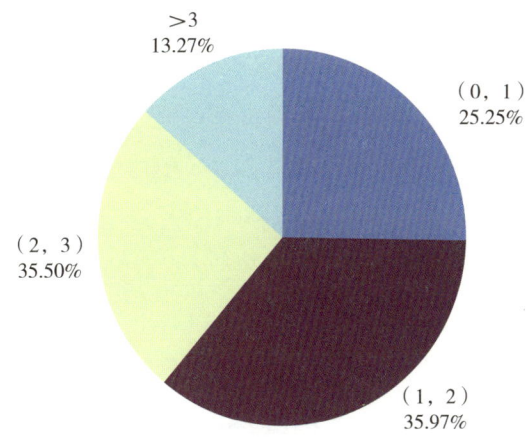

数据来源：Wind，中债资信。

图86　已结清ABS产品存续年限分布

我们通过受托报告详细整理了已清偿的信贷ABS产品完整存续周期内累计提前偿还金额、各档证券的实际到期时间等数据资料，从实际情况来看，当前信贷ABS普遍存在早偿特点，证券提前兑付的情况较为普遍。

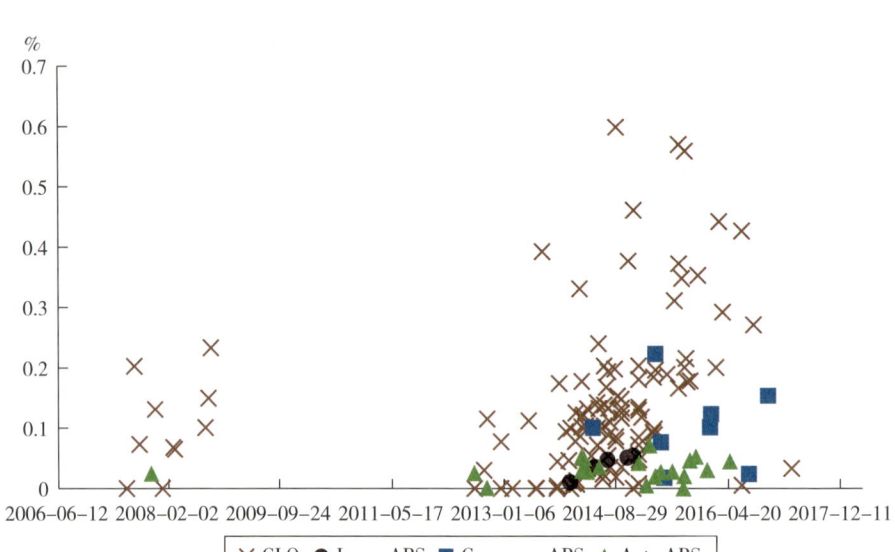

数据来源：清算报告，受托报告，中债资信。

图87 已清算信贷ABS产品年化早偿率分布

分基础资产类型来看，Auto ABS因发起机构经营时间较长且业务较为规范统一整体表现较为平稳，平均提前偿还率稳定在4%左右水平，早偿波动最小且平均早偿率最低。CLO、Lease ABS由于底层资产借款人多为企业，提前偿还行为受市场利率环境影响较大，当市场利率下行时提前还款率较高。Consumer ABS因底层基础资产类型较多，不同消费类贷款针对客户提前还款行为采取的罚息政策差异导致不同项目提前还款率表现各异，具体而言就提前还款罚息较小且综合收益率较高的消费类贷款业务提前偿还率较高，如捷信系列项目年化简单平均提前还款率为13.80%，比其他非循环类Consumer ABS项目高3.58个百分点。

排除次级档证券，已清偿的362只固定收益类证券中共287只过手型证券，其中139只发生提前偿还，占比48.43%。进一步地，按证券实际的转付周期统计提前还款期数，具体而言，CLO、Lease ABS一期为一个季度，Consumer ABS、Auto ABS一期为一个月，287只过手型证券平均提前偿还期数为0.85期，发生提前偿还的139只证券平均提前偿还期数为1.82期，信贷类ABS产品整体面临较高的提前偿还风险。此外，资产的提前偿还对证券的作用除了受提前偿还率影响外，还受提前还款时间分布的影响，即资产的集中性提前偿还发生越早，证券面临的早偿风险越大。

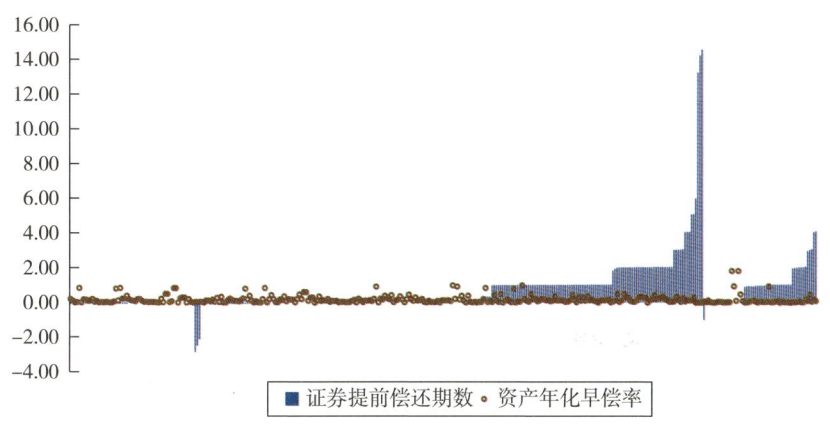

数据来源：清算报告，受托报告，中债资信。

图88　已清算信贷ABS提前偿还期数分布

当前信贷ABS的交易结构设计未很好缓释证券提前偿还的风险。除固定摊还外的设计外，ABS产品可运用循环购买结构较好地缓释资产提前偿还的风险，但现阶段已发行信贷ABS产品中仅Auto ABS、Consumer ABS部分运用循环结构，循环项目占比不到3%。

4. 存续ABS证券早偿风险分析

我们进一步分析了存续期产品的现阶段的提前偿还情况，存续期ABS产品平均提前还款率为6.82%，总体表现与已结清产品表现基本一致，具体体现为：

CLO和Consumer ABS证券早偿风险较高。从绝对值看，CLO和Consumer ABS的平均提前还款率分别为22.55%和19.55%，远大于Auto

ABS的4.18%和Lease ABS的4.22%。从基础资产提前还款率的波动来看，已结清CLO和Consumer ABS最大与最小的提前还款率区间较大，存续期的平均提前还款率具有面临大幅提升的可能。

　　Auto ABS早偿风险最小。Auto ABS资产池的提前还款表现与已结清产品较为一致，不仅绝对值较低且波动区间较小，证券具有较低的早偿风险。

　　Lease ABS、RMBS产品由于样本量较少，需要进一步观测。从存续期提前还款表现来看，Lease ABS的表现可与Auto ABS相媲美非常稳定，但由于到2017年末只有5单产品有完整的表现周期，其提前还款的波动性仍需要进一步观测。RMBS由于证券久期较长，目前还没有已结清的产品进行比较，但是从存续期表现来看，整体提前还款率较高且相对波动较小。

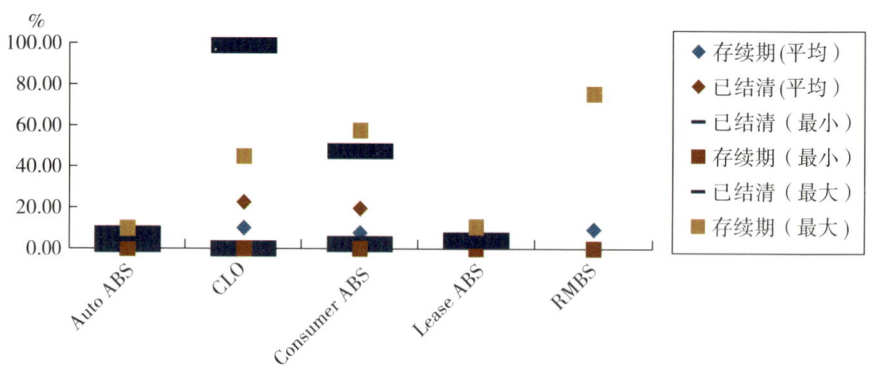

数据来源：清算报告，受托报告，中债资信。

图89　存续期各ABS产品提前偿还表现

第三篇

资产证券化展望

第一章　资产证券化政策展望

2017年可以说是拉开规范中国金融领域序幕的一年，多项政策的出台规范了ABS产品的发展或对ABS产品的投融资产生了深远的影响。一方面，监管部门一系列与资产证券化市场直接相关的政策的出台及落地实施，促进了资产证券化市场的持续稳健发展；另一方面，一系列其他金融领域的严监管政策，也对资产证券化的发展产生了重要影响。2018年，为坚持"促发展"和"防风险"相协调的理念，推动资产证券化市场持续健康发展，加强薄弱环节监管制度建设，打好防范化解重大金融风险攻坚战，更加积极发挥资产证券化在服务供给侧结构性改革方面的作用，推动建立融资功能完备、基础制度扎实、市场监管有效、投资者合法权益得到有效保护的资产证券化市场体系，预计支持资产证券化规范健康发展的政策将会更加细化和有针对性，各方面的规则制度也有望进一步优化完善。

一、监管政策余热开启资产证券化市场新态势

《资管新规》——ABS迎来发展新机遇。《资管新规》第三条明确表示："依据金融监督管理部门颁布规则开展的资产证券化业务，不适用本意见"。这一规定明确了ABS产品不受《资管新规》约束，因此相较于其他投资产品有了更好的设计灵活度和投资属性。《资管新规》于2018年4月正式发布，新规实施后在供给侧、需求侧均利好ABS产品的发展。在供给层面，ABS产品不会受到产品杠杆、多层嵌套、期限错配、信息披露等约束，较传统非标资产有更好的设计灵活度，且银行间、交易所ABS属于标准化资产，能够在非标融资收缩时产生一定的替代作用。

《现金贷整顿通知》——消费贷ABS2018年的发行、投资趋势不明朗。2017年12月1日，《关于规范整顿"现金贷"业务的通知》（以下简

称《现金贷整顿通知》）将现金贷业务纳入互联网金融专项整治范畴，统筹开展对现金贷业务的规范整顿工作。此次关于整顿现金贷的政策预计会在2018年从发行端和投资端对消费贷ABS产生重大影响。从发行端判断，银行间以现金贷为基础资产的消费贷ABS发行速度可能减缓。此次整顿针对"现金贷"，即为"具有无场景依托、无指定用途、无客户群体限定、无抵押等特征"的贷款，对于基础资产为信用卡消费分期贷款等有消费场景的消费类贷款，以此类贷款为基础资产的ABS受本次《现金贷整顿通知》的影响较小。从投资端判断，消费贷ABS的投资受一定限制。《现金贷整顿通知》中规定了银行业金融机构及其发行、管理的资产管理产品不得直接投资或变相投资以"现金贷"、"校园贷"、"首付贷"等为基础资产发售的（类）证券化产品或其他产品。以上述资产类型为主的消费贷ABS产品，未来的投资将受到很大的限制，同时可能会影响相关产品二级市场转让的交易，很多产品只能持有到期。而且对处于存续期涉及循环购买的消费类ABS产品可能会出现资产购买不足的风险。

《大额风险暴露管理办法》——对ABS投资影响有限。2018年5月4日中国银保监会发布《商业银行大额风险暴露管理办法》（以下简称《大额风险暴露管理办法》），首次将ABS纳入管理范围。根据《大额风险暴露管理办法》的规定，投资ABS的特定风险暴露有三个交易对手方：基础资产的最终债务人、产品本身、匿名客户。具体判断方法为：如可以穿透且基础资产风险暴露小于投资银行一级资本净额的0.15%，采用产品本身作为交易对手方；如可以穿透且基础资产风险暴露大于投资银行一级资本净额的0.15%，采用基础资产的最终债务人作为交易对手方。如不能穿透且投资金额小于一级资本净额的0.15%，采用产品本身作为交易对手方；如不能穿透且投资金额大于一级资本净额的0.15%，计入匿名客户。《大额风险暴露管理办法》对ABS提出了明确的穿透式风险暴露管理要求：（1）对于底层资产为少量债务人的，这类ABS的穿透是可实现的，按最终债务人进行风险暴露计算亦不会导致大额超限，由于优先/次级的分层，投资该类 ABS 则按照"使用穿透方法且投资者之间优先级不同"的方法进行计算。（2）对于分散度很高的零售债权资产 ABS。该类ABS基础资产风险暴露很难会超过商业银行一级资本净额的 0.15%，因此可将ABS 视同一个交易对手进行大额风险暴露计算。

相较于征求意见稿，银保监会进一步完善了《大额风险暴露管理办法》有关内容：一是允许符合条件的资产管理产品和资产证券化产品不使用穿透方法，即对于风险暴露小于一级资本0.15%的基础资产，如果银行能够证明不存在人为分割基础资产规避穿透要求等监管套利行为，可以不使用穿透方法，将风险暴露计入产品本身，无需视为对匿名客户的风险暴露。二是设定匿名客户达标过渡期，商业银行应于2019年底前达到匿名客户风险暴露集中度要求（征求意见稿规定2018年底），相当于设置了一年的过渡期。三是完善附加风险暴露计算规则，明确指出，如果商业银行能够证明发起人或管理人与基础资产实现了破产隔离，可以不计算其附加风险暴露。由此可见，《大额风险暴露管理办法》结合国内实际情况，允许符合条件的产品不使用穿透方法，避免上述产品因无法穿透被全部计入匿名客户，有助于提升监管规定的可操作性，并降低银行合规成本，且对ABS投资的影响相对有限。

二、相关政策将更加细化和有针对性

2017年是监管大年，多项政策的出台使ABS走向规范化和标准化，包括直接规范ABS产品的监管规定，间接影响ABS产品的投融资的政策，影响特定基础资产类别ABS政策规定等。但是私募资产证券化不规范、交易所ABS发行主体资质良莠不齐、基础资产质量稳定性有待接受考验等问题较为突出。2018年，预计在国家层面和市场层面继续出台更为细化和有针对性的政策推动资产证券化市场的规范发展，表现在：国家政策层面，有望在2017年各项政策的基础上推动资产证券化成为债券市场深化发展的重要"助推器"、充实"用好增量、盘活存量"的市场"工具箱"，进一步

明确资产证券化在疏导商业银行信贷风险、解决企业融资难、融资贵等问题、推进城市基础设施建设、服务工业增效升级、培育发展住房租赁市场等方面的发展方向；在市场规则层面，随着国务院金融稳定委员会的成立，深化金融改革，加强金融监管，服务实体经济，防范金融风险成为了金融领域发展的主基调。例如，预计会针对各个市场的ABS的发展现状出台更具规范性和针对性的业务规则，加强薄弱环节监管制度建设，实现资产证券化市场的统一规范发展。总而言之，资产证券化将在优化信贷资源配置，服务实体经济，推动经济高质量发展等方面继续得到各个层面政策的支持。

三、制度和规则建设将进一步优化

随着资产证券化市场的纵深发展，相关制度和规则建设也将进一步完善和优化。信息披露指引将进一步得到优化升级。交易商协会有望根据政策导向、产品特征和市场需要，针对新资产类型出台相应的信息披露指引，完善细化信息披露指引的要求。2017年不良资产证券化产品的规模也不断扩升，入池资产的种类涵盖了对公不良贷款、个人住房不良贷款、个人经营贷/消费贷不良贷款、个人信用卡不良贷款，随着入池资产种类的丰富和差异的表现，未来相关政策也有望针对不同的资产类型完善细化信息披露指引的要求，健全市场运行机制，减少发起人和投资人双方的信息不对称程度。相关合同文本将进一步规范化和标准化。在银行间市场和交易所市场的注册制和储架发行制度下，资产证券化产品的存续管理有赖于一系列合同文本的规范制定和有效执行，同质性较强的产品发展速度越来越快的情况下，有望进一步推动交易文件的统一和规范，进一步推动资产证券化的快速发展，进一步加强对市场参与主体的监管和约束。监管机构和自律组织将通过前期调研、额度批准、项目审核、信息披露检查等多元化的途径监督、鼓励市场参与组织尽职履责。

第二章 资产证券化产品展望

一、不良资产证券化发行量将进一步增加

2016年不良资产证券化在我国市场重启,成为信贷资产证券化在2016年发展的里程碑。2017年全年银行间市场共成功发行19单不良资产支持证券,发行金额129.61亿元,累计处理不良资产494.13亿元。不良资产囊括了对公不良资产和信用卡、小微企业、房贷、消费贷等个贷类不良资产。伴随全面深化改革的纵深推进和供给侧结构性改革的全面铺开,中国经济运行整体缓中趋稳、稳中向好,但仍面临防范和处置重点领域金融风险的艰巨任务。截至2017年9月,银行业不良贷款余额为1.67万亿元,不良率连续4个季度保持为1.74%,整体处于历史高位,不良处置的压力仍然较大。鉴于不良资产证券化对加快我国不良资产处置、去杠杆、盘活存量、优化信贷结构、缓释银行业资产信用风险等方面的重要作用,预计2018年不良资产证券化的发行规模将稳步增长。从发起机构来看,2018年工行、农行、中行、建行、招行等成熟的发起机构仍将是不良资产证券化市场的发行主力,未发行的6家试点机构也将充分利用政策优势,陆续发行首单不良证券化产品,发起机构参与积极性仍将高涨。从产品类型看,信用卡不良贷款的期限短,发行效率较高,预计2018年发行量仍会大幅增长。从交易结构来看,2017年发行的不良资产支持证券较为一致,但已经出现了一些特殊之处,例如处置费用的支付比例及顺序、外部增信机构的承诺费、支付频率的规定等,未来随着发行经验不断增长,交易结构的设计将会有更多的创新;从政策层面看,国务院批转发改委《关于2017年深化经济体制改革重点工作的意见》提出在严格控制试点规模和审慎稳妥前提下,稳步扩大银行不良资产证券化试点参与机构范围。

二、租赁市场将迎来更大的机会

2017年为贯彻落实"房子是用来住的、不是用来炒的"这一重要举措,伴随着新一轮限购政策的推出,鼓励住房租赁的政策也纷纷推出。7月18日,住房和城乡建设部、发改委等九部委发布《关于在人口净流入的大中城市加快发展住房租赁市场的通知》,通知明确加快推进租赁住房建设,培育和发展住房租赁市场,各地要建设政府住房租赁交易服务平台,确保信息真实准确,解决信息不对称的问题;鼓励各地通过新增用地建设租赁住房,在新建商品住房项目中配建租赁住房等方式,多渠道增加新建租赁住房供应;加大对住房租赁企业的金融支持力度,拓宽直接融资渠道,支持发行企业债券、公司债券、非金融企业债务融资工具等公司信用类债券及资产支持证券,专门用于发展住房租赁业务。鼓励地方政府出台优惠政策,积极支持并推动发展房地产投资信托基金(REITs)。目前,住建部已会同有关部门选取了广州、深圳、南京、杭州、厦门、武汉、成都、沈阳、合肥、郑州、佛山、肇庆12个城市作为首批开展住房租赁试点。伴随着鼓励租赁市场发展的政策推出,2017年10月10日,支付宝宣布超过100万间公寓将正式入驻支付宝,在上海、北京、深圳、杭州、南京、成都、西安、郑州8个城市率先启用支付宝信用租房。支付宝用户芝麻信用超过650分的可在以上八个城市享受"免押金租房"。2017年12月20日,建设银行广东省分行宣布为发展租购并举,实现住有所居,银行推出存房贷业务,提升租赁住房流动性,该业务的推出有助于我国长租房市场的稳定快速发展。2017年,交易所市场魔方公寓、自如、新派公寓共发行3单以长租公寓租金收入为还款来源的ABS,合计发行规模11.2亿元,伴随今年政策红利,2018年以租金收入为底层资产的ABS有望迎来更多的机会。

三、PPP资产支持证券将有序开展

截至2017年10月31日,全国PPP综合信息平台项目管理库显示,我国采用PPP模式入库项目6 806个，项目总金额10.20万亿元，涉及能源、交通运输、水利建设、生态建设和环境保护、市政工程等多个领域。自2016年12月发改委、证监会联合发布《关于推进传统基础设施领域政府和社会资本合作（PPP）项目资产证券化相关工作的通知》以来，两所一会同时发文，支持PPP项目资产证券化，并设立绿色通道，落实专人专岗，提高审核效率，2017年6月财政部、中国人民银行、中国证监会联合发文，进一步规范PPP项目的相关事宜。2017年10月19日，深交所、上交所同时发布了PPP资产支持证券挂牌条件确认指南及信息披露指南，逐一明确了PPP项目收益权、PPP项目资产、PPP项目公司股权三种基础资产的合格标准，对原始权益人提出了特别要求，并提出了优先鼓励的项目。便于管理人和原始权益人等参与机构开展业务和加强风险管理，保护投资者合法权益，促进资产证券化业务健康发展。在多方政策支持下，2017年共发行PPP资产支持证券10单，合计90.09亿元。其中交易所发行9单，银行间发行1单资产支持票据。2018年随着入库项目的不断增多，发行规模有望进一步扩大。

2017年11月16日，财政部公布了《关于规范政府和社会资本合作（PPP）综合信息平台项目库管理的通知》，通知要求对新申请纳入项目管理库的项目进行严格把关，优先支持存量项目，审慎开展政府付费类项目，确保入库项目质量。各级财政部门组织开展项目管理库入库项目集中清理工作，并明确了不得入库的项目标准。该政策的出台使得未来入库的新项目更为规范，遏制隐性债务风险增量，降低PPP项目的底层资产风险。

四、消费金融ABS将持续规范发展

消费金融类资产具有笔数多、金额小、分散度高的特点，是天然的适合证券化的基础资产，2017年银行间市场发行消费贷ABS共23单，占银行间市场整体ABS的24.92%，交易所市场个人消费贷款ABS共121单，发行规模占交易所市场整体ABS的38.93%。但随着2017年12月1日央行和银监会《关于规范整顿"现金贷"业务的通知》的发布，小额贷款公司的资金来源未来将得到更加审慎的管理，以信贷资产转让、资产证券化等名义融入的资金应与表内融资合并计算，且不得超过当地现行执行比例，同时通知也对银行业金融机构参与"现金贷"业务作出了具体规范，对"现金贷"业务进行了清理和整顿。预计未来入池资产为现金贷业务将受到限制与影响，促使发起机构回归真正具有消费场景的消费贷资产。

第三章 资产证券化市场展望

一、资产证券化的发行规模将进一步扩大

银行间市场方面，2017年信贷资产证券化产品发行规模达5 977.29亿元，较去年同期的3 908.53亿元，同比增长约53%，较2014年实行注册制以来，同比增长约112%，整体呈快速增长态势，同时发起机构及市场各中介机构经验不断积累，产品结构逐渐丰富，非CLO类产品的规模也有较大幅度的提升。同时2017年11月17日，中国人民银行、银监会、证监会、保监会、外汇局联合发布了《关于规范金融机构资产管理业务的指导意见（征求意见稿）》。资管新规针对目前的资管产品存在的多头监管、监管套利、刚性兑付、多层嵌套等问题，出台了全面深刻的管理办法，规范的力度之大、范围之广都是前所未有的。但依据金融监督管理部门颁布规则开展的资产证券化业务，并不适用于此次的意见，未来无论在发行端还是投资端，资产证券化产品作为标准化产品都将在融资出表以及体现高收益资产价值方面发挥更重要的作用，预计2018年信贷资产证券化产品的发行量将会继续保持增长态势。产品结构方面，RMBS发行规模占比约为28.57%超过企业贷款CLO（规模占比约20.16%）成为占比最大的基础资产类型，消费贷（含信用卡贷款）放量提升以24.92%的规模占比也超过企业贷款CLO成为信贷资产证券化市场的新主力。但随着2017年12月1日央行和银监会《关于规范整顿"现金贷"业务的通知》的发布，小额贷款公司的资金来源未来将得到更加审慎的管理，同时通知也对银行业金融机构参与"现金贷"业务作出了具体规范，对"现金贷"业务进行了清理和整顿。预计未来消费贷（含信用卡贷款）则因《通知》的发布，在入池资产为现金贷的产品发行方面受到限制和影响，未来整体趋势或不明朗。

RMBS和车贷等个人贷款类产品发行规模仍会继续扩大,企业贷款CLO和租赁资产预计未来会有更多发起机构进行试水,发行规模在现有水平的基础上平稳发展;微小企业贷款和个贷不良资产证券化产品的发行量和规模预计随着部分银行零售转型、不良资产的暴露和处置要求的提高也有所提升。

资产支持票据(ABN)在2016年12月12日交易商协会发布了《非金融企业资产支持票据指引(修订稿)》之后,引入了特殊目的载体同时扩大了基础资产的范围,在2017年迎来了发行小高峰,发行规模约584.95亿元,较2016年的166.57亿元有较大提升,发行量同比增长251.17%,预计2018年仍会延续增长态势。

交易所市场方面,2017年企业资产证券化产品发行规模同比大幅增加,发行规模达到7 816.44亿元,占同年资产证券化产品发行量的50%以上,受其他证券化产品多元化发展的影响,占比较上年的60%有所下滑。预计在2018年,交易所的企业资产证券化产品仍然会保持增长态势,但是随着部分产品信用风险的暴露及对未来经济走势对企业信用影响保持谨慎,监管机构可能会继续收紧审批力度;另外在明年可能出现的资金压力下,发行利率可能出现不稳定的情况,利率可能上升拉高融资成本遏制发行规模。总体来看,预计交易所市场ABS继续增长,但是速度放缓。

二、资产证券化产品将逐渐成为我国债券市场组成部分之一

在全球主要资本市场的角度下,资产证券化已经是成熟债券市场的重要品种,发行体量较大,在转移和分散信用风险、拓宽金融机构融资渠道和资本管理方法、降低企业融资成本等方面发挥着积极的作用。从全球各大主要市场的实际情况来看,资产化产品已经是成熟债权市场中的重要组成部分。对原始权益人来说,有助于其分散风险、拓宽融资渠道和降低企业融资成本等;对投资者来说,有助于拓宽投资范围、降低投资风险和提高资产质量等。从具体的市场表现来看,截至2017年第三季度,美国资产

证券化产品（包括ABS和MBS）发行量已达到2.68万亿美元，占债券市场发行量（9.16万亿美元）的29.26%，这一比例较去年约30%的占比基本保持不变，资产证券化产品在美国市场已经较为成熟。

在我国，资产证券化产品近年来在银行间市场和交易所市场等一直保持着很快的发展速度，继2016年快速增长后，据统计，我国2017年共发行资产证券化产品约1.5万亿元，同比增长近64%；资产证券化市场存量为1.80万亿元，同比增长近67%。资产证券化产品余额对债券市场余额的占比不断上升，截至2017年底，该占比已经为2.42%，同比增长41.52%，未来预期成为我国债券市场的重要组成部分。

三、企业资产证券化将在银行间市场进一步扩升

作为我国主要的资产证券化市场，银行间市场和交易所市场2017年的发展都有若干新亮点和新趋势，就银行间市场而言，一是个人贷款类证券化产品保持快速增长的趋势，RMBS和消费贷产品都超过了企业资产证券化CLO的产品成为两大主力。二是资产支持票据（ABN）交易结构中SPV的引入和基础资产的扩大，为ABN在银行间市场的加速发展做好了制度和规则上的准备。2017年ABN产品入池的基础资产种类包括了融资租赁债权、收费收益权、个人消费贷款、应收账款、保理融资、CMBS及PPP类型，较2016年仅有融资租赁和应收账款的类型而言，基础资产的种类有了极大的扩展，发行规模也得到了约257%的增长。就交易所市场而言，2017年交易所企业资产证券化产品发行规模继续保持较高增长，与上年同期相比增长约75%，基础资产种类进一步丰富，债权类资产占比保持绝对优势，达到80%以上。其中，以消费类贷款为代表的个人类贷款作基础资产的证券化产品发行量大幅增长。

展望2018年，以ABN为载体，企业资产证券化将在银行间市场加速发展，为企业提供更宽阔的融资渠道；债权类资产仍然是资产证券化基础资产的主要部分，且个人债权类资产由于具有高分散性的特点，产品的整体

信用风险相对较低，更受投资人欢迎，间接降低了融资成本，具有很大发展潜力，将继续成为信贷资产证券化的主流资产，并且在企业资产证券化领域获得长足发展。

四、资产证券化一级、二级市场的投资将更加成熟

投资者群体将进一步扩大。就银行间市场而言，2017年参与银行间信贷资产支持证券投资的机构已包括银行理财、银行自营、公募基金、券商资管、保险机构、QFII、RQFII等，以及随着不良资产证券化产品的发行，国有四大资产管理公司、地方资产管理公司和私募基金都积极地参与到了各不良资产证券化产品次级档的投资中。同时随着"北向通"产品的上线，打通了境外投资人投资境内ABS产品的渠道。2017年8月，福元2017年第二期个人汽车抵押贷款资产支持证券成功发行，成为银行间市场首只通过"债券通（北向通）"引入境外投资者的资产支持证券。"北向通"有利于吸引更多境外投资人，并进一步提升中ABS市场的流动性和活跃度。从境外投资人通过"北向通"首投车贷ABS可以看出，境外投资人对分散性高、基础资产与主体信用分离的ABS产品更加感兴趣。预计银行间市场的投资者结构在2018年更加多元化。

次级产品和夹层产品价值显现。一方面，随着资产证券化市场不断发展，政策利好不断释放、市场体系较为成熟、信息披露机制的不断完善使得投资人的风险偏好发生了一定的分化。一部分投资人已较关注部分产品的夹层档和次级档的投资价值：对于部分产品而言ABS产品的夹层和次级收益也相对较高，再加上每年跟踪评级后，大部分ABS夹层档的级别会有调升，投资该类证券可能存在套利空间。另一方面，随着资管新规对非标投资的严格管控，传统非标投资、股票配资等高收益领域受到限制，ABS成为配置高收益资产的重要标的。可以预期，夹层投资和次级投资将会迎来更广阔的市场。

二级市场流动性持续改善。2017年资产证券化的一级发行市场仍在不

断扩大，二级市场的现券交易和传统利率债、企业信用债相比虽在成交规模上仍然较小，但和去年相比已有小幅提升。ABS产品由于产品本身交易结构较复杂，基础资产涉及种类较多且资产本身风险特征有不同的特点，同时入池资产一般都有不同程度的提前还款情况，存续期间的实际现金流分布往往和发行时预测的现金流分布有一定差异，对二级市场投资人的估值和风险把控能力都提出了更高的要求，因此较高的投资成本也直接影响了资产证券化产品在二级市场的现券交易情况。在质押式回购方面，虽然资产证券化产品具备进行质押式回购的资格，但由于资产证券化产品大多是过手型支付，可能出现回购期间所出质的证券出现不足额的现象，需进行进一步的追加或置换，也在一定程度上影响了质押式回购的交易情况。但总体来讲，随着存续期证券规模的不断扩大、信息披露的逐渐完善尤其是底层基础资产的情况以及未来现金流变化、提前还款情况和违约回收信息的及时披露，将更有利于二级市场的投资人把握产品的整体风险，及时准确地进行定价与估值方法的更新，未来二级市场的交易量规模仍会继续扩大。

五、市场风险逐步显现，信用风险管理仍受关注

近年来资产证券化市场信用风险逐步显现，2016年以来共发生17起评级下调、加速清偿等风险事件，并出现实质性违约，包括黄河大桥ABS违约、吉林水务ABS信用级别下调、宝信租赁2期ABS信用级别下调、华源热力ABS信用级别下调、庆汇租赁1期ABS停牌等事件。资产证券化的核心是"破产隔离、真实出售"，从国际成熟市场经验来看，以能够实现"真实出售"的债权类资产为支持的证券化产品规模占比在90%以上。然而，目前我国资产证券化市场中存在一些非债券类资产的证券化产品，该类产品很难实现真正意义上的"破产隔离、真实出售"，证券信用风险的大小仍依赖主体的信用水平，在宏观经济增速下行的背景下，信用风险将可能逐步暴露。总体而言，目前我国资产证券化市场尚存在基础制度安排不尽完善、业务规章和标准尚待统一、信息披露有待进一步规范、监管套

利等问题,可能在市场持续快速发展过程中积累了一些风险隐患。2018年资产证券化或迎来兑付高峰,因此在证券到期前更应关注信用风险事件的发生。

六、Fintech技术在资产证券化产品中的应用进一步成熟

2017年科技金融技术在金融市场的方方面面都产生了重要的影响,人工的柜台服务被智能的机器服务替代,交易算法的研究被越来越多地应用人工智能的技术,资产证券化的市场同样也在Fintech技术的影响下发生着深刻的变化。从资产的筛选到产品的设计,从评级的透明到产品后续的管理,市场都已涌现出了多家应用Fintech技术打造的资产证券化生态平台。我司也在该领域率先发力,2017年推出了旨在帮助发行人筛选资产、优化评级,帮助投资人了解资产信息与定价估值的全生态资产证券化信息平台。相信未来会有越来越多的Fintech技术应用于资产证券化的领域,全面提升从发起人到中介机构到投资人的全生态管理。